인생의 반전을 꿈꾸라

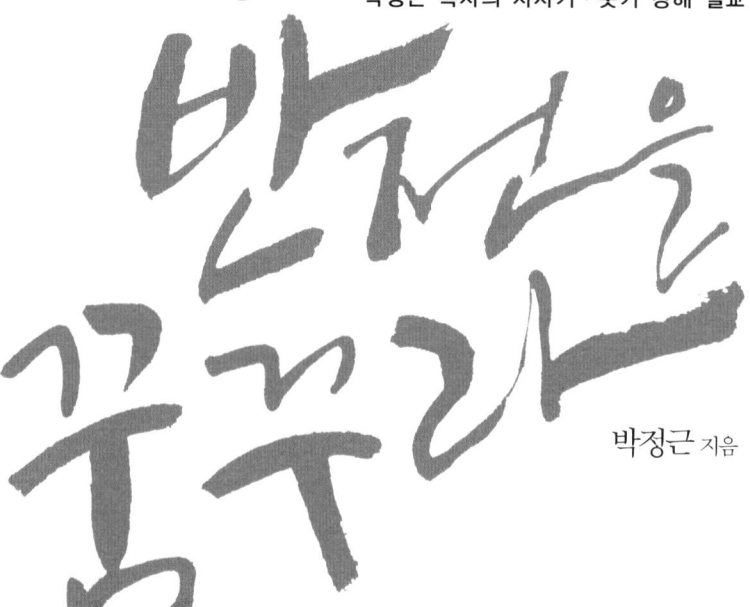

인생의 반전을 꿈꾸라

박정근 목사의 사사기·룻기 강해 설교

박정근 지음

Timothy Publishing House

차례

서문 | 6

1장 약속의 땅에서 열매를 맺으라 | 9
| 사사기 1:1-7

2장 멸망의 사이클에서 벗어나라 | 23
| 사사기 2:16-23

3장 하나님이 쓰시는 사람은 누구인가? | 37
| 사사기 3:7-11

4장 하나님이 사용하시는 지도자 | 51
| 사시기 4:4-10

5장 우리를 변화시키시는 하나님 | 65
| 사사기 6:14-16

6장 변화의 열쇠, 순종 | 79
| 사사기 6:25-32

7장 하나님의 뜻을 구하는 법 | 93
| 사사기 6:36-40

8장 승리하는 삶의 비결 | 107
| 사사기 7:2-8

9장 사탄의 전략 | 121
| 사사기 8:1-9

10장 인생의 마무리를 잘하는 법 | 133
| 사사기 8:22-27

11장 인생의 비극을 피하기 위하여 | 147
| 사사기 9:7-15

12장 실패와 약점을 뛰어넘어라 | 161
　　　| 사사기 11:29-33

13장 내가 거룩하니 너희도 거룩하라 | 175
　　　| 사사기 13:1-7

14장 안타까운 실패 | 189
　　　| 사사기 16:15-20

15장 회복 | 203
　　　| 사사기 16:23-31

16장 퇴락의 신호 | 217
　　　| 사사기 17:1-6

17장 혼돈에서 벗어나기 위하여 | 231
　　　| 사사기 19:25-30

18장 어두움을 비추는 등대 | 245
　　　| 룻기의 큰 그림

19장 어두움을 비추는 말 | 259
　　　| 룻기 1:16-17

20장 어두움을 비추는 눈 | 275
　　　| 룻기 1:19-22

21장 어두움을 비추는 삶 | 291
　　　| 룻기 2:10-16

22장 어두움을 비추는 사랑 | 305
　　　| 룻기 3:5-13

23장 어두움을 비추시는 하나님 | 319
　　　| 룻기 4:11-17

서문

이 세상에 굴곡이 없는 인생은 없다. 아무리 믿음이 좋은 사람이라도 그의 인생의 그래프에는 굴곡이 있기 마련이다. 구원 받은 우리는 우리의 신앙생활이 항상 평탄하게 수직 상승하기를 바라지만, 그것은 우리의 바람일 뿐 현실은 그렇지 못하다. 하나님이 사용하셨던 성경의 모든 인물들에게도 굴곡이 있었다. 그러나 그들은 그 굴곡에도 불구하고 항상 하나님께 나아감으로 마침내 주님을 닮는 성화를 이루어냈다. 주님을 향한 그 부단한 순례 여정이 그들로 하여금 '성경의 인물'이 되게 한 것이다. 그러므로 인생의 문제는 굴곡의 존재 여부가 아니라 굴곡에도 불구하고 우리의 신앙이 상승 곡선을 향해 나아가고 있는가 하는 것이다.

사사기에도 굴곡이 등장한다. 많은 성경학자들은 사사기를 하나의 사이클로 요약하곤 한다. 하나님의 은혜를 받은 이스라엘 백성들이 믿음의 길을 벗어나 타락의 길로 들어선다. 하나님은 그들을 교정하시기 위해 심판을 내리신다. 고통 가운데 처한 백성들은 하나님께 간구하고, 하나님은 사사들을 보내 그들을 이방인의 압박에서 구원하신다. 그리고 그 결과 평화가 온다. 평화 – 타락 – 심판 – 간구 – 구원 – 평화. 이러한 사이클이 사사기에는 끝없이 반복된다. 그러나 안타깝게도 사사기에 나타난 이스라엘 백성들의 사이클은 상승 곡선이 아니라 하향 곡선을 향해 나아갔다. 그리고 마침내 사사기의 마지막은 이렇게 결론지어진다. "그 때에 이스라엘에 왕이 없으므로 사람이 각기 자기의 소견에 옳은 대로 행하였더라"삿 21:25. 택함 받은 하나님의 백성으로서 얼마나 비참한 삶의 모습인가! 그 많은 사사들 그리고 저 유명한 기드온, 삼손과 같은 사사들에도 불구하고 이스라엘 백성들은 마침내 바닥을 치고 만 것이다.

그렇게 택함 받은 백성들이 암흑의 길을 헤매고 있을 때 감사하게도 이 세상에는 한줄기 빛이 비춰온다. 그런데 놀랍게도 그 빛은 택함 받은 이스라엘 백성으로부터가 아니라 이방인, 그것도 한 여인으로부터 비춰온다. 그녀의 이름은 '룻'이다. 성경에서 이방 여인의 이름을 따서 붙여진 유일한 책인 룻기는 비록 4장에 불과한 짧은 책이지만 그 위력은 어느 책 못지않다. 택함 받은 이스라엘 백성들이 그 큰 하나님의 은혜에도 불구하고 믿음의 바닥을 치고 있을 때 이방 여인 과부 룻은 인생의 수많은 고난에도 불구하고 하나님께 나아가고 있었다. 누가 감히 그녀의 인생에 굴곡이 없었다고 말할 수 있겠는가? 자신과 동서 그리고 시어머니 모두가 남편을 잃고 과부가 되었다. 얼마나 그 삶이 고달팠을까? 그러나 룻은 그 모든 굴곡을 넘어 하나님께로 향한다. 그리고 마침내 그리스도의 조상이 되는 영광을 누린다.

사사기와 룻기는 한 책이다. 그리고 그것은 바로 우리들의 이야기이다. 우리의 문제는 내 삶에 찾아온 고난이 아니다. 연약하여 실패한 것도 아니다. 실패와 굴곡이 우리의 인생을 가로막지 못하는 이유는 하나님은 언제나 우리의 실패와 굴곡보다 큰 은혜를 우리에게 베푸시기 때문이다. 우리가 그 은혜를 바라볼 수만 있다면, 그래서 수많은 굴곡에도 불구하고 룻과 같이 하나님을 향해 나아갈 수만 있다면 우리 역시 이 어두운 세상을 비추는 작은 등불이 될 수 있을 것이다. 수많은 인생의 실패와 굴곡으로 인해 아파하고 있는 형제 자매들에게 이 책이 위로와 힘이 되기를 소원한다.

2009년 가을
박정근

1장

약속의 땅에서 열매를 맺으라

사사기 1:1-7

왜 우리는 구원받았는데도 이 땅에서 하나님의 축복을
경험하지 못할까요? 불신자들과 똑같이 불평하고 낙담할까요?
3천 년 전 이스라엘 '그들'만의 이야기가 아니라 오늘 '우리'를 향한
하나님의 말씀이기도 한 사사기에서 그 답을 찾을 수 있습니다.

여호수아가 죽은 후에 이스라엘 자손이 여호와께 여쭈어 이르되 우리 가운데 누가 먼저 올라가서 가나안 족속과 싸우리이까 여호와께서 이르시되 유다가 올라갈지니라 보라 내가 이 땅을 그의 손에 넘겨 주었노라 하시니라 유다가 그의 형제 시므온에게 이르되 내가 제비 뽑아 얻은 땅에 나와 함께 올라가서 가나안 족속과 싸우자 그리하면 나도 네가 제비 뽑아 얻은 땅에 함께 가리라 하니 이에 시므온이 그와 함께 가니라 유다가 올라가매 여호와께서 가나안 족속과 브리스 족속을 그들의 손에 넘겨 주시니 그들이 베섹에서 만 명을 죽이고 또 베섹에서 아도니 베섹을 만나 그와 싸워서 가나안 족속과 브리스 족속을 죽이니 아도니 베섹이 도망하는지라 그를 쫓아가서 잡아 그의 엄지손가락과 엄지발가락을 자르매 아도니 베섹이 이르되 옛적에 칠십 명의 왕들이 그들의 엄지손가락과 엄지발가락이 잘리고 내 상 아래에서 먹을 것을 줍더니 하나님이 내가 행한 대로 내게 갚으심이로다 하니라 무리가 그를 끌고 예루살렘에 이르렀더니 그가 거기서 죽었더라 (삿 1:1-7).

교회생활을 하다보면 이상한 점을 하나 발견하게 됩니다. 구원받은 그리스도인의 삶이라고 해서 다 같은 것이 아니라는 점입니다. 어떤 그리스도인들은 하나님의 놀라운 축복을 풍성히 받아 누리는 반면에 어떤 그리스도인들은 그렇지 못합니다. 분명히 예수 그리스도를 구세주로 영접하고 죄 사함을 받았지만 그 삶에는 성령의 역사도, 평강도, 기쁨도 없습니다. 그저 주일에 교회에 나와서 예배드리는 것 말고는 믿지 않는 사람들과 전혀 다를 바 없습니다. 똑같이 불평하고 낙심하고 부부싸움을 합니다. 왜 그럴까요? 본문에 이에 대한 답이 나와 있습니다. 지옥행을 겨우 면하는 정도의 부끄러운 구원이 아니라 이 땅에서 하나님이 주시는 놀라운 축복을 받아 누리기를 원한다면, 사사기의 말씀에 귀 기울이기 바랍니다.

사사기는 여호수아가 죽고 난 후 이스라엘에 왕이 세워지기까지의 일을 기록해놓은 책입니다. 구체적으로 BC 1381년부터 BC 1050년까지 약 330년간의 사사 시대를 기록하고 있습니다. 총 21장으로 이루어져 있는데 간단히 구분하자면 처음 두 장은 서론이고, 마지막 다섯 장은 결론이며, 중간 부분인 3장부터 16장에는 열두 명의 사사가 등장합니다. 사사 중에는 우리가 잘 아는 삼손, 기드온, 드보라 같은 인물들이 등장합니다. 사사라는 말에는 '판결자' 혹은 '중재자' 라는 뜻이 있습니다. 오늘날 우리는 사사기를 읽으며 "우리 인생의 잘잘못에 대한 판결을 누가 내리는가" 라고 질문해볼 수 있습니다. 또한 인생에 대해 자신이 내린 판결이 옳은지 혹은 그른지 돌아볼 수 있습니다. 더 나아가 인생에서 잘못된 결정을 내렸을 때 자신의 삶과 가정에 어떤 심판이 닥치는지 생각해볼 수 있습니다.

사사기의 핵심 주제는 판결입니다. 그런데 사사기를 읽다보면 이스라엘 백성이 안타깝게도 그 점에서 실패했다는 사실을 알게 됩니다. 그들은 잘못된 판결을 하고 잘못된 결정을 내립니다. 그 결과 사사기는 이렇게 끝을 맺습니다.

"그때에 이스라엘에 왕이 없으므로 사람이 각기 자기의 소견에 옳은 대로 행하였더라" 삿 21:25.

한마디로 말해 자기 마음대로 살았다는 것입니다. 하나님을 믿는 백성이 자기 마음대로 산 결과는 고난이었습니다. 이것이 사사기의 결론입니다. 알다시피 이스라엘 백성들은 여호수아의 지휘 아래 가나안에 들어가 그 땅을 정복했습니다. 그러나 그 땅을 차지했음에도 불구하고 거기서 330년 동안 젖과 꿀이 아니라 가시와 고통을 맛보아야 했습니다. 그 이유가 무엇입니까?

우리는 그 문제를 반드시 알아야 합니다. 사사기는 '그들' 만의 이야기가 아니라 오늘날 '우리' 를 향한 말씀이기도 하기 때문입니다. 이렇게 바꾸어 질문해도 좋을 것입니다. "왜 우리는 구원받았음에도 불구하고 이 땅에서 하나님의 축복을 경험하지 못할까?" "왜 우리는 하나님이 약속하신 축복들을 경험하지 못하고 불신자들처럼 살아갈까?" 사사기에서 반드시 그 이유를 발견하고, 구원받은 이 땅에서 하나님의 축복을 누리며 살아가길 바랍니다. 그것이 올바른 그리스도인들의 모습입니다. 죽어서 영혼만 구원받는 것은 하나님의 뜻이 아닙니다. 하나님은 천국뿐 아니라 이 땅에서의 축복도 약속하셨습니다. 우리는 이 땅에 사는 동안 어떻게 구원의 축복을 경험할 수 있을까요?

전쟁은 아직 끝나지 않았다

먼저, 우리 삶에 아직 전쟁이 남아 있음을 기억해야 합니다. 사사기는 이렇게 시작합니다.

"여호수아가 죽은 후에 이스라엘 자손이 여호와께 여쭈어 이르되 우리 가운데 누가 먼저 올라가서 가나안 족속과 싸우리이까" 삿 1:1.

이것이 무슨 말입니까? 분명히 여호수아는 가나안 땅을 정복하지 않았습니까? 그는 이스라엘 백성을 이끌고 가나안 땅에 들어가서 그곳에 사는 31명의 왕들을 모두 정복하고 열두 지파에게 그 땅을 골고루 나누어주었습니다. 이스라엘 백성은 이미 가나안 땅을 받았습니다. 그런데 또 전쟁이라니요? 그것도 가나안 사람들과 말입니다. 여기에 핵심 메시지가 있습니다.

가나안 땅을 우리 그리스도인들의 삶으로 표현하자면 곧 구원의 축복입니다. 우리는 그리스도의 공로로 이미 구원받아 하나님의 축복을 누리는 가나안에 입성했습니다. 그러나 구원의 축복은 저절로 이루어지는 것이 아니라 적들과 전쟁하여 얻는 것입니다. 이스라엘 백성이 가나안 땅에 들어갔음에도 불구하고 하나님의 축복을 누리지 못한 이유는, 그들 앞에 놓인 전쟁에 실패했기 때문입니다.

우리 그리스도인들에게도 남은 전쟁이 있습니까? 물론입니다. 가나안 땅에 여전히 적이 남아 있었던 것처럼 우리 그리스도인들에게도 싸워야 할 적이 있습니다. 승리하는 그리스도인의 삶은 결코 저절로 이루어지지 않습니다. 구원은 받았지만 구원의 축복을 누리기 위해서 영적인 싸움을 해야 합니다. 그리고 그 싸움에서 이겨야 합니다. 우리에게는 여전히 적이 남아 있습니다.

그 첫 번째 적은 육신입니다. 여기서 육신이란 몸이 아니라 타락한 성품을 말합니다. 우리는 이 땅에서 죄 가운데 태어났습니다. 아담의 타락한 성품을 갖고 태어났기에 늘 죄를 짓습니다. 죄를 지어서 죄인이 아니라 죄인이기 때문에 죄를 짓는 것입니다. 성경은 이것을 가리켜 육신이라고 말합니다. 아무리 금식 기도를 하고, 제자 훈련을 받아도 이 육신은 그대로 살아 있습니다. 변하지 않습니다. 아무리 40일 금식 기도를 해도 일단 배를 채우고 나면 육신이 다시 살아납니다. 오직 성령의 능력으로 육신을 이기는 수밖에 없습니다. 그래서 사도 바울은 말합니다.

"육체의 소욕은 성령을 거스르고 성령은 육체를 거스르나니 이 둘이 서로 대적함으로 너희가 원하는 것을 하지 못하게 하려 함이니라" 갈 5:17.

두 번째 적은 세상입니다. "이 세상이나 세상에 있는 것들을 사랑하지 말라 누구든지 세상을 사랑하면 아버지의 사랑이 그 안에 있지 아니하니

이는 세상에 있는 모든 것이 육신의 정욕과 안목의 정욕과 이생의 자랑이니 다 아버지께로부터 온 것이 아니요 세상으로부터 온 것이라" 요일 2:15-16.

여기서 말하는 '이 세상'은 무엇입니까? 중세에는 이 구절을 오해해서 신앙을 지키기 위해서는 모두가 수도원에 들어가야 한다고 잘못 생각하기도 했습니다. 여기서 '이 세상'이란 세상의 잘못된 가치관을 말합니다. 돈이면 다 된다는 생각, 쾌락이 행복을 가져다준다는 생각, 이런 잘못된 생각들이 우리의 적입니다. 텔레비전은 지금도 우리에게 이런 가치관을 심어줍니다. 우리나라 사람들이 하루 평균 다섯 시간 동안 텔레비전을 본다고 합니다. 그런데 성경을 읽는 시간은 하루에 몇 분이나 될까요? 우리는 알게 모르게 세상의 가치관에 젖어 있습니다. 우리는 이것과 싸워야 합니다.

마지막으로, 우리의 적은 사탄입니다. "근신하라 깨어라 너희 대적 마귀가 우는 사자같이 두루 다니며 삼킬 자를 찾나니" 벧전 5:8.

사탄은 인격적인 존재입니다. 사탄을 믿지 않는다면 하나님을 믿지 않는 것과 똑같습니다. 사탄은 실제로 존재하며 지금도 역사하고 있습니다. 저는 목회하면서 사탄의 역사를 많이 봐왔습니다. 다투거나 싸울 일이 없는 사람들이 이유 없이 사이가 멀어지는 경우, 교회 나오기 싫을 정도로 서로 얼굴 보기가 싫어질 경우가 종종 있습니다. 왜 그럴까요? 본인들은 모르겠지만 그 뒤에는 사탄이 있습니다. 사탄의 역사를 볼 줄 알아야 합니다. 그 사탄이 바로 우리가 싸워야 할 적입니다.

정말 하나님이 베푸신 구원의 축복을 이 땅에서 풍성하게 누리기를 바라십니까? 구원의 축복을 소유하기를 원하십니까? 그렇다면 우리에게 아직 싸워 이겨야 할 적이 있음을 기억하십시오. 그저 예배 한 번 드린다고 승리할 수 있는 게 아닙니다. 구원의 축복은 저절로 생기지 않습니다. 가나안 땅에 들어간 이스라엘 백성들이 적과 계속해서 싸워 축복을 쟁취했듯이 우리 그리스도인들 역시 이 땅에서 사는 동안 남은 전쟁을 치러야 합니다. 영적인 싸움을 계속해야 합니다.

작은 죄 하나가 끝내 인생을 망친다

둘째, 구원의 축복을 누리기 위해서는 삶의 현장에서 타협해서는 안 됩니다. 사사기 1장의 주제는 타협입니다. 1장을 언뜻 읽어보면 별 의미 없는 몇몇 전쟁에 관한 기록같다는 인상을 받지만, 자세히 들여다보면 거기에는 중요한 교훈이 들어 있습니다. 1장은 세 부분으로 나눌 수 있습니다. 1-15절은 유다의 전쟁을 기록하고 있는데, 그들은 혼자 힘만으로는 부족해서 형제와 동맹을 맺습니다. "시므온, 우리와 같이 가자. 너희가 도움이 필요할 때 우리도 도와주마." 연합 작전을 편 유다 족속은 자기 몫으로 배분된 땅에 올라가서 그곳에 있는 적들을 다 몰아내고 하나님의 축복을 받아 누립니다. 이것이 1장 전체의 이야기라면 얼마나 좋을까요? 하지만 이야기는 그렇게 전개되지 않습니다. 16절부터 21절까지는 시므온 지파의 전쟁을 다루고 있는데, 이 전쟁에는 유다 지파도 참가합니다. 그런데 한 사건이 일어납니다.

"여호와께서 유다와 함께 계셨으므로 그가 산지 주민을 쫓아내었으나 골짜기의 주민들은 철 병거가 있으므로 그들을 쫓아내지 못하였으며"삿 1:19.

적들이 만만치 않자 그들을 쫓아내기를 포기한 것입니다.

"베냐민 자손은 예루살렘에 거주하는 여부스 족속을 쫓아내지 못하였으므로 여부스 족속이 베냐민 자손과 함께 오늘까지 예루살렘에 거주하니라"삿 1:21.

처음에 유다 지파는 가나안을 모두 쫓아냈지만, 시므온과 베냐민 지파는 힘이 부치자 쫓아내는 일을 중단해버렸습니다. 다른 지파들은 어떻게 했을까요? 다른 지파들의 형편은 22절부터 기록되어 있는데 거기에서 더 기막힌 일이 벌어집니다.

"요셉 가문도 벧엘을 치러 올라가니 여호와께서 그와 함께 하시니라 요셉 가문이 벧엘을 정탐하게 하였는데 그 성읍의 본 이름은 루스라 정탐꾼들이 그 성읍에서 한 사람이 나오는 것을 보고 그에게 이르되 청하노니 이 성읍의 입구를 우리에게 보이라 그리하면 우리가 네게 선대하리라 하매 그 사람이 성읍의 입구를 가리킨지라 이에 그들이 칼날로 그 성읍을 쳤으되 오직 그 사람과 그의 가족을 놓아 보내매 그 사람이 헷 사람들의 땅에 가서 성읍을 건축하고 그것의 이름을 루스라 하였더니 오늘까지 그 곳의 이름이 되니라"삿 1:22-26.

애당초 하나님은 이스라엘 백성들에게 가나안 땅에 들어가거든 가나안 사람들을 다 쫓아내라고 하셨습니다. 왜 그러셨을까요? 그들과 함께 살면서 그들의 잘못된 습성을 배울 것을 염려하셨기 때문입니다. 그런데 요셉 족속들은 어떻게 합니까? 오히려 그들과 손을 잡았습니다. 성읍에서 나온 사람에게 "성에 관한 정보를 주면 살려주겠다"고 제안합니다. 결국 그 사람은 동족을 팔아먹는 배신자가 되고, 이스라엘 땅에 큰 성읍을 건설합니다. 자기 세력을 구축했다는 말입니다.

성경은 여기에서 그치지 않고 더 놀라운 사실을 말해줍니다. "므낫세가 벧스안과 그에 딸린 마을들의 주민과 다아낙과 그에 딸린 마을들의 주민과 돌과 그에 딸린 마을들의 주민과 이블르암과 그에 딸린 마을들의 주민과 므깃도와 그에 딸린 마을들의 주민들을 쫓아내지 못하매 가나안 족속이 결심하고 그 땅에 거주하였더니 이스라엘이 강성한 후에야 가나안 족속에게 노역을 시켰고 다 쫓아내지 아니하였더라" 삿 1:27-28.

이스라엘 백성들이 가나안 사람들을 쫓아내지 않은 이유가 그럴 능력이 없어서가 아니라 그들에게 일을 시키기 위해서였다니 기가 차지 않습니까? 결국 이스라엘 백성들은 자신의 유익을 위해서 하나님의 말씀에 순종하지 않았던 것입니다. 그 결과는 어떻습니까? 그들이 처음에는 이스라엘 사람들을 위해 사역을 합니다. 그러나 훗날 이스라엘 백성들은 자신들이 살려두었던 그들 때문에 우상을 섬기게 되고 그로 말미암아 하나님의 징계를 받습니다.

이제 1장에 숨어 있는 핵심이 보입니까? 이스라엘 백성들은 처음에는 하나님의 말씀에 온전히 순종했습니다. 그 다음에는 부분적으로 순종합니다. 그 다음에는 완벽하게 불순종합니다. 완전한 순종, 부분적인 순종, 그 다음 전적인 불순종. 이것이 1장에 담긴 하나님의 메시지입니다. 하나님의 백성들이 어쩌다가 이렇게 되었을까요? 타협 때문이었습니다. 이스라엘 백성들은 타협했기 때문에 약속의 땅 가나안에 들어갔음에도 하나님의 축복을 누리지 못하고 맙니다. 이것이 타협의 무서움입니다. 이 세상 누구도 하루아침에 멸망한 사람은 없습니다. 겉보기에는 하루아침에 무너진 것 같아도 그 속에는 그럴 수밖에 없었던 충분한 이유와 과정이 있습니다.

그리스도인들의 삶도 마찬가지입니다. 누군가 갑자기 믿음에서 떠나는 것 같습니다. 그토록 충성하던 사람의 믿음이 식어버린 것 같습니다. 우리 눈에는 그 모든 것들이 어느 날 갑자기 일어난 일 같지만 실은 그렇지 않습니다. 그렇게 되기까지 지나온 과정이 있게 마련입니다. 특별히 세상과 육신, 사탄과 타협한 결과입니다. 영적 생활도 마찬가지입니다. 쇠가 조금씩 녹슬 듯이 자그마한 타협이, 방치했던 나쁜 습관이, 작은 죄악 하나가 마침내 나의 인생을 망치고 맙니다.

아주 재미있는 미국 동화입니다.

어느 날 사냥꾼이 숲을 지나가다가 곰을 만나 총을 겨눕니다. 곰이 묻습니다. "네가 원하는 게 뭐냐?" 사냥꾼이 대답합니다. "너무 추워서 네 모피가 필요하다." 곰은 말했습니다. "네가 총을 쏘면 나는 죽겠지만, 너도 큰 상처를 입고 결코 무사하지 못할 것이다." 곰은 이어서 제안합니다. "나는 지금 배가 고파 죽을 지경이니 네가 일단 내 뱃속으로 들어와라. 그러면 나는 배를 채우고 너는 내 털을 온통 덮어쓰게 되니 서로 좋지 않느냐?" 그럴 듯하다고 생각한 사냥꾼은 스스로 곰의 뱃속으로 들어갑니다. 그리고 곰은 유유히 제 갈 길을 갑니다.

이것이 바로 타협의 무서움입니다. 사탄과 타협하면 희생은 언제나 우리 몫입니다. 이 세상에서 죄와 타협한 결과는 언제나 한결같음을 기억하십시오.

이스라엘 백성들이 가나안 땅에 들어가기는 했지만 하나님의 축복을 누리기보다는 고난과 어려움을 겪었던 것처럼, 비록 구원을 받았다 하더라도 육신이나 세상과 타협하면 이 세상에서 결코 하나님의 축복을 누릴 수 없습니다. 그렇게 해서 당할 것은 가시와 고난 말고는 없습니다. 그러다가는 결국 세상 사람과 똑같이 살 수밖에 없습니다.

하늘의 축복을 이 땅의 것과 비교하라

우리 앞에 남은 전쟁이 있음을 기억해야 합니다. 그저 예배 빠지지 않고 십일조만 꼬박꼬박 낸다고 해서 그리스도인답게 사는 것이 아닙니다. 그러면 하나님은 이렇게 말씀하실 것입니다. "가나안 땅에 들어가긴 했지만 정작 누려야 할 축복을 하나도 누리지 못했던 이스라엘 백성들처럼 너희도 그렇게 될 수밖에 없다."

우리 앞에는 싸워야 할 전쟁이 있습니다. 그런데 반드시 알아야 할 사실은, 우리 앞에 있는 적들을 두려워할 필요가 없다는 것입니다. 세상과 육신과 사탄이 강하기는 하지만 두려워할 필요는 전혀 없습니다. 그 이유가 무엇인지 아십니까? 가나안 땅이 여호수아에 의해 정복되었듯이 우리 앞에 있는 그 모든 적들은 이미 정복된 적들이기 때문입니다. 예수 그리스도가 십자가 위에서 보배 피를 흘리심으로써 사탄의 머리를 부수셨습니다. 사탄은 정복되었고, 우리는 구원받았습니다. 우리에게는 육신을 이길 힘이 있습니다. 성령 하나님이 우리 안에 거하시기 때문입니다.

우리는 그 전쟁을 기꺼이 치르기만 하면 됩니다. 타협하지 않고 하나님의 말씀을 따라 그 길을 걸어가기만 하면, 주의 말씀에 순종하기만 하면, 자신의 인생을 내어드리기만 하면 승리할 수 있습니다. 지나온 삶들을 되돌아보십시오. 신앙생활을 제대로 했다면 잠시나마 승리한 기간이 있을 것입니다. 하나님이 하늘에서 주시는 놀라운 축복은 이 땅의 것과 비교할 수 없습니다.

저는 설이 되면 원로 목사님들을 찾아뵙습니다. 이번에도 한 분을 찾아뵙고 얼마나 은혜를 받았는지 모릅니다. 여든 중반의 연세에 병든 몸을 이끌고 기도원에 계시다기에 기도원까지 찾아갔습니다. 기력이 쇠해서 기동하기도 불편하실 텐데 그 목사님은 기도원에서 닷새째 충만하게 말씀을 듣고 기도를 하고 계셨습니다. 돌아가는 저희 부부에게 안수 기도까지 해주셨습니다. 이것이 바로 하늘에서 내려오는 축복이 아니고 무엇이겠습니까?

우리는 늘 속습니다. 내가 행복하지 못한 것은 돈이 없어서, 무엇이 부족해서, 누구 때문이라고 생각합니다. 하지만 결코 그렇지 않습니다. 그것이 다 적들의 속임수입니다. 예수 그리스도의 뒤를 따라 승리의 길을 걸어가기만 하면 하늘 문이 열립니다. 그 축복은 이 땅의 그 무엇과도 비교할 수 없습니다. 잠깐의 쾌락과 결코 비교할 수 없습니다. 하늘에서 내려오는 놀라운 평안과 기쁨과 축복이 우리 자신과 우리의 가정과 자손들에게 넘칠 줄 믿습니다.

2장

멸망의 사이클에서 벗어나라

사사기 2:16-23

인간의 모든 흥망은 하루아침에 이루어지지 않습니다. 그 뒤에는 오랜 과정들, 즉 삶의 사이클이 존재합니다. 어둠으로 치닫는 멸망의 사이클에서 벗어나 하나님의 은혜와 축복의 사이클에 들어가는 길이 여기 있습니다.

여호와께서 사사들을 세우사 노략자의 손에서 그들을 구원하게 하셨으나 그들이 그 사사들에게도 순종하지 아니하고 오히려 다른 신들을 따라가 음행하며 그들에게 절하고 여호와의 명령을 순종하던 그들의 조상들이 행하던 길에서 속히 치우쳐 떠나서 그와 같이 행하지 아니하였더라 여호와께서 그들을 위하여 사사들을 세우실 때에는 그 사사와 함께 하셨고 그 사사가 사는 날 동안에는 여호와께서 그들을 대적의 손에서 구원하셨으니 이는 그들이 대적에게 압박과 괴롭게 함을 받아 슬피 부르짖으므로 여호와께서 뜻을 돌이키셨음이거늘 그 사사가 죽은 후에는 그들이 돌이켜 그들의 조상들보다 더욱 타락하여 다른 신들을 따라 섬기며 그들에게 절하고 그들의 행위와 패역한 길을 그치지 아니하였으므로 여호와께서 이스라엘에게 진노하여 이르시되 이 백성이 내가 그들의 조상들에게 명령한 언약을 어기고 나의 목소리를 순종하지 아니하였은즉 나도 여호수아가 죽을 때에 남겨 둔 이방 민족들을 다시는 그들 앞에서 하나도 쫓아내지 아니하리니 이는 이스라엘이 그들의 조상들이 지킨 것 같이 나 여호와의 도를 지켜 행하나 아니하나 그들을 시험하려 함이라 하시니라 여호와께서 그 이방 민족들을 버물려 두사 그들을 속히 쫓아내지 아니하셨으며 여호수아의 손에 넘겨 주지 아니하셨더라 (삿 2:16-23).

우리가 살아가는 길은 수없이 많아 보이지만 가만히 관찰해보면 결국 두 가지로 귀결됩니다. 하나는 흥하는 길이요, 다른 하나는 망하는 길입니다. 예수님은 이것을 생명으로 인도하는 좁은 문과 멸망으로 인도하는 넓은 문으로 표현하셨습니다.

그러면 사람이 어떻게 흥하고 망합니까? 모든 흥망은 하루아침에 이루어지는 법이 없습니다. 그 뒤에는 오랜 과정들, 다시 말하면 삶의 사이클이 존재합니다. 우리 모두에게는 삶의 사이클이 있습니다. 삶은 반복입니다.

사사기 역시 이스라엘 백성들의 삶을 하나의 사이클, 즉 순환 패턴으로 표현하고 있습니다. 이것이 사사기 전체의 핵심입니다. 이스라엘 백성들이 처음에는 여호와를 섬기다가 우상숭배에 빠지고, 결국은 다른 민족의 지배를 받고, 그 생활이 너무 힘드니까 하나님 앞에 간구하고, 그러면 하나님이 그들을 구원해주시고, 한동안 다시 여호와를 섬기고… 이스라엘 백성들은 330년 동안 그 패턴을 따라 움직였습니다.

어둠으로 치닫는 멸망의 사이클

본문은 사사기의 서론으로서 그런 패턴을 함축적으로 잘 보여줍니다. 이 사이클은 이스라엘 백성들뿐 아니라 오늘날 우리의 삶에도 그대로 나타나기 때문에 중요합니다. 먼저 이 사이클을 자세히 살펴보겠습니다.

11-13절 사이에 이 사이클의 첫 번째 패턴이 나타납니다. 바로 우상숭배입니다. 사사기 2장 11절은 "이스라엘 자손이 여호와의 목전에 악을 행하여 바알들을 섬기며"라고 이스라엘의 우상숭배를 짤막하게 표현하고 있습니다. 이 표현이 사사기 전체에서 여섯 번이나 등장합니다. 그것은 무엇을 말합니까? 이스라엘 백성들이 하나님의 곁을 떠나 죄를 범한 게 어쩌다가 한 번 있었던 일이 아니라 습관적인 일이었음을 단적으로 보여줍니다.

여호수아의 인도를 받아 가나안 땅에 들어온 이스라엘 백성들은 이제 여호수와가 죽고나자 여호와를 떠나 다른 신을 섬겼습니다. 하나님을 배반한 것입니다. 약속의 땅에 들어온 사람들이 어떻게 이런 행동을 할 수 있단 말입니까? 참으로 충격적인 일이지만 사실입니다. 우리의 삶에도 이러한 패턴이 나타나고 있습니다. 그것은 바로 우리의 이야기입니다. 구원을 받아 가나안 땅에 들어왔지만 우리도 조심하지 않으면 이스라엘 백성들처럼 우상을 숭배하며 살 수 있습니다.

왜 이러한 일이 일어났을까요? 무엇보다, 하나님의 은혜를 망각했기 때문입니다. 그들은 홍해를 건너고 광야를 지나서 가나안 땅에 들어오고나서 처음 얼마 동안은 하나님의 은혜에 깊이 감사하며 기쁨으로 주님을 섬겼습니다. 그러나 세월이 흘러가면서 서서히 하나님의 은혜를 잊기 시작했습니다. 차츰 감동이 사라졌습니다. 이것이 문제입니다. 그래서 주님은 우리에게 성찬을 명령하신 것입니다. 주님은 제자들에게 떡을 떼어주면서 뭐라고 말씀하셨습니까?

"이것은 너희를 위하여 주는 내 몸이라 너희가 이를 행하여 나를 기념하라 하시고" 눅 22:19 하.

초대교회는 모일 때마다 성찬식을 거행했습니다. 갈보리 십자가의 은혜를 매일매일 기억하기 위해서였습니다. 그래서 우리가 예배를 드리는 것입니다. 예배란 무엇입니까? 하나님의 은혜를 기억하는 것입니다. 구원의 감격 속에 빠져드는 것입니다. 하나님의 은혜와 그에 대한 감격을 망각하기 시작하면 우리도 이스라엘 백성과 마찬가지로 하나님을 떠나 하나님이 아닌 다른 것을 사랑하고 섬기게 됩니다.

이스라엘 백성들이 하나님의 곁을 떠나 우상을 섬긴 또 하나의 이유는, 하나님과의 교제를 잃어버렸기 때문입니다. 우리의 삶이 풍성해질 수 있는 방법은 하나밖에 없습니다. 그것은 생명 되신 주님과 끊임없이 교제하는 것입니다. 물론 성도간의 교제도 중요하지만 대개 1~2년을 못 갑니다. 왜 그럴까요? 교회 안에서도 대부분 성령의 은혜가 아닌 인간적인 호기심에서 만나기 때문입니다. 제대로 된 신앙인으로 자라기 위해서는 생명 되신 예수님과 깊이 교제해야 합니다. 그래서 예수님은 포도나무 비유를 가르쳐주셨습니다.

"내 안에 거하라 나도 너희 안에 거하리라 가지가 포도나무에 붙어 있지 아니하면 스스로 열매를 맺을 수 없음같이 너희도 내 안에 있지 아니하면 그러하리라"요 15:4.

"사람이 내 안에 거하지 아니하면 가지처럼 밖에 버려져 마르나니 사람들이 그것을 모아다가 불에 던져 사르느니라"요 15:6.

하나님과 교제하지 않는 사람은 포도나무에서 떨어져 나간 가지와 같습니다. 이스라엘 백성들은 가나안에 들어갔지만 하나님의 은혜를 잊어버리고 그분과의 교제에 소홀한 결과, 여호와를 떠나 이방 신에게 달려갔습니다. 구원받은 우리도 마찬가지입니다. 십자가의 은혜로 하나님의 자녀가 되었지만 매일매일 생명 되신 예수님께 붙어 있지 않으면, 하나님과 깊이 교제하지 않으면, 기도하지 않으면, 말씀 속에 거하지 않으면 말라비틀어질 수밖에 없습니다. 세상이 더 좋고, 쾌락이 더 좋아서 내 방식대로 살아가게 됩니다.

사이클의 두 번째 패턴은 노예생활로 나타납니다.

"여호와께서 이스라엘에게 진노하사 노략하는 자의 손에 넘겨 주사 그들이 노략을 당하게 하시며 또 주위에 있는 모든 대적의 손에 팔아 넘기시매 그들이 다시는 대적을 당하지 못하였으며"삿 2:14.

하나님을 떠난 결과는 언제나 노예생활입니다. 구원받은 백성 역시 하나님을 떠나서 죄를 범하면 죄의 노예가 되고 맙니다. 우리는 죄를 지을 때 늘 '이번 한 번만'이라고 생각합니다. 하지만 지난 인생을 돌아보십시오. 한 번으로 끝난 죄가 있었습니까? 천만에요. 한 번으로 그치는 죄는 없습니다. 결국은 죄의 노예가 되고 맙니다. 그래서 로마서 6장 16절은 말합니다.

"너희 자신을 종으로 내주어 누구에게 순종하든지 그 순종함을 받는 자의 종이 되는 줄을 너희가 알지 못하느냐 혹은 죄의 종으로 사망에 이르고 혹은 순종의 종으로 의에 이르느니라."

결국 죄의 종이 되어 사망에 이르고 맙니다. 여호와를 떠나 우상을 섬기면 노예생활만 기다릴 뿐입니다. 그 결과는 비참함입니다.

"그들이 어디로 가든지 여호와의 손이 그들에게 재앙을 내리시니 곧 여호와께서 말씀하신 것과 같고 여호와께서 그들에게 맹세하신 것과 같아서 그들의 괴로움이 심하였더라" 삿 2:15.

하나님을 떠나 노예가 된 이스라엘 백성들은 심한 괴로움을 당했습니다. 그러다 이제 정신을 차리고 하나님 앞에 간구합니다. 그들이 하나님께 부르짖었다는 직접적인 언급은 없지만 그것을 시사해주는 중요한 구절이 18절에 나옵니다.

"여호와께서 그들을 위하여 사사들을 세우실 때에는 그 사사와 함께 하셨고 그 사사가 사는 날 동안에는 여호와께서 그들을 대적의 손에서 구원하셨으니 이는 그들이 대적에게 압박과 괴롭게 함을 받아 슬피 부르짖으므로 여호와께서 뜻을 돌이키셨음이거늘" 삿 2:18.

이스라엘 백성들이 하나님을 향해 부르짖자 자비로우신 하나님은 그들을 구원하십니다.

"여호와께서 사사들을 세우사 노략자의 손에서 그들을 구원하게 하셨으니" 삿 2:16.

하나님은 언제나 우리의 기도에 응답하십니다. 우리가 죄를 지어서 잘못된 가운데 있더라도 회개하고 간절히 하나님 앞에 부르짖으면 우리를 돌아보시고 어려운 자리에서 구원해주십니다. 역대하 7장 14절에서 하나님은 이렇게 말씀하십니다.

"내 이름으로 일컫는 내 백성이 그들의 악한 길에서 떠나 스스로 낮추고 기도하여 내 얼굴을 찾으면 내가 하늘에서 듣고 그들의 죄를 사하고 그들의 땅을 고칠지라."

이스라엘 백성들이 여기서 그쳤더라면, 이것이 그들 인생의 결론이었더라면 얼마나 좋았을까요? 그러나 그들은 그렇게 하지 못했습니다. 구원을 받고 난 후 얼마 동안은 여호와를 섬깁니다. 그런데 얼마 가지 않아 다시 우상을 섬기게 됩니다. 그래서 다시 고난에 빠집니다. 그들의 상태는 점점 더 악화되어갑니다. 처음에 우상을 50퍼센트 정도 섬겼다면, 그 다음 사이클에서는 60퍼센트를, 그 다음 사이클에서는 70퍼센트를 섬기는 등 그 정도가 심해집니다. 패턴이 반복되면서 점점 멸망의 길로 치닫습니다. 얼마나 가슴 아픈 일입니까?

신학자들은 사사기에 나오는 이 모습을 가리켜 '멸망의 사이클'이라고 이름 붙였습니다.

죄 자체를 슬퍼하며 회개하라

이스라엘 백성의 이 불행한 이야기를 하나님이 기록하신 이유는 오늘 우리로 하여금 그 멸망의 사이클에서 벗어나 천성을 향한 축복의 길을 걷게 하기 위해서입니다. 어떻게 하면 이 불행한 사이클에서 벗어날 수 있을까요? 먼저, 형벌을 피하려고 애쓰기보다는 죄 자체를 깊이 회개해야 합니다. 죄를 지어 고난이 찾아오면 많은 사람들이 어떻게 행동합니까? 이스라엘 백성같이 회개합니다. 왜 회개합니까? 많은 경우, 죄 때문에 맞게 될 결과가 두렵기 때문입니다. 그 힘든 고통을 피하기 위해 부르짖을 뿐입니다.

예를 들어, 성적인 죄를 지었다고 칩시다. 어떻게 됩니까? 죄를 지었기 때문에 하나님의 곁을 떠나게 됩니다. 죄의 노예가 되는 것입니다. 잠시 쾌락을 누리는 것 같지만 그 결과는 언제나 똑같습니다. 불명예와 수치와 가정 파괴와 같은 고난이 찾아옵니다. 고난의 폭풍이 닥쳐오면 누구라도 두려워서 회개하기 시작합니다. 하나님께 부르짖습니다. "하나님, 구해주세요. 잘못했습니다. 회개합니다. 구해주시면 다시는 죄를 짓지 않겠습니다."

그러나 대부분의 경우 이러한 회개는 고난을 피하기 위한 것이지 죄 자체를 깊이 뉘우치는 회개가 아닙니다. 이런 회개는 근본적인 해결책이 되지 못합니다. 두려움에 쫓겨서 하는 회개는 진정한 회개가 아니기 때문입니다. 이런 식으로 회개해서는 고난이 지나면 또 죄를 반복하게 됩니다.

이것이 이스라엘 백성의 잘못이었습니다. 그들은 한 번의 범죄에 그치지 않고 점점 더 멸망의 사이클로 달려 나갔습니다. 수없이 회개하면서도 삶은 전혀 달라지지 않았습니다. 왜일까요? 그들은 단지 고난이 두려워서 하나님께 부르짖었을 뿐 진정으로 회개하지 않았기 때문입니다. 근본적으로 죄 자체를 슬퍼하고 회개해야 합니다. 범죄에 따르는 벌 때문이 아니라 죄 자체가 슬프고 괴로워서 울 줄 알아야 합니다. 아버지의 회초리가 무서워서가 아니라 십자가의 은혜와 사랑 때문에 죄가 싫어지고 회개하는 역사가 일어나야 합니다.

　누구나 실수를 하게 마련입니다. 죄를 짓지 않는 사람이 어디 있을까요? 우리 모두가 이스라엘 백성들과 같은 사이클을 돌게 마련입니다. 그 멸망의 사이클에서 벗어나기를 원한다면 죄를 깊이 뉘우치시기 바랍니다. 진정으로 회개해야 합니다. 죄가 싫어져야 합니다. 고난이 두려워서가 아니라 죄 자체가 싫어서 애통해하며 회개해야 잘못을 반복하지 않을 수 있습니다.

무슨 일이 있어도 하나 됨을 지키라

　둘째, 멸망의 사이클에서 벗어나기 위해서는 날마다 성령의 능력으로 죄를 이겨나가야 합니다. 우리는 누구나 육신을 입고 살고 있습니다. 이 육신은 무언가에 중독되기 쉽습니다. 알코올 중독이나 마약 중독만 중독이 아닙니다. 우리의 육체는 성과 권력과 음식에 중독될 수 있고, 다른 사람의 인정을 받는 것에도 중독될 수 있으며, 거짓말에 중독되기도 하고, 누군가를 미워하고 질투하는 일에도 쉽게 중독됩니다. 우리 주위에서 화내는 것에 중독된 사람을 흔히 찾아볼 수 있습니다. 다른 사람을 조종하는 일에 중독된 사람도 있습니다. 특히 여자에게 그런 경우가 많습니다. 여자는 남자보다 힘이 약하다보니 힘센 남자를 뒤에서 조종하려는 경향이 있습니다.

우리는 과연 이런 중독에서 벗어날 수 있을까요? 본문대로 표현하자면, 잘못된 삶의 사이클에서 벗어날 수 있을까요? 성경은 감사하게도 '그렇다'고 대답합니다. 우리는 멸망의 사이클에서, 자신도 모르게 육체에 밴 중독에서 벗어날 수 있습니다.

로마서 6장 2절은 "죄에 대하여 죽은 우리가 어찌 그 가운데 더 살리요"라고 말합니다. 무슨 말입니까? 신분상 우리는 이미 죄에 대하여 죽은 자입니다. 어떻게 죽은 자가 죄에 반응할 수 있겠습니까? 그러므로 우리는 이제부터 죄에 대하여는 죽은 자같이 살아야 합니다. 죄가 오면 "나는 죽었다"라고 복창해야 합니다. 우리는 승리할 수 있습니다. 그리스도가 우리 안에 들어오심으로써 죄의 요구에 이제 "안 돼", "나는 죽었다"라고 말할 능력이 우리 안에 생겼습니다. 그것을 로마서 8장 2절은 이렇게 표현합니다.

"이는 그리스도 예수 안에 있는 생명의 성령의 법이 죄와 사망의 법에서 너를 해방하였음이라."

우리는 죄의 법에서 해방된 자입니다. 그러므로 죄의 법칙에 순종할 필요가 없습니다. 이제 어떻게 살아야 할까요? 성경은 이렇게 결론 맺고 있습니다.

"그러므로 너희는 죄가 너희 죽을 몸을 지배하지 못하게 하여 몸의 사욕에 순종하지 말고 또한 너희 지체를 불의의 무기로 죄에게 내주지 말고 오직 너희 자신을 죽은 자 가운데서 다시 살아난 자같이 하나님께 드리며 너희 지체를 의의 무기로 하나님께 드리라"롬 6:12-13.

우리는 승리할 수 있습니다. 죄를 짓지 않을 수 있습니다. 많은 사람들이 죄를 짓고나서 "마음은 원이로되 육신이 약합니다"라고 말하지만 그것은 구원받기 전의 상태입니다. 구원받으면 성령이 내 안에 들어옵니다. 생명의 성령의 법이 죄와 사망의 법에서 우리를 이미 해방시킨 것입니다. 우리는 죄에 대해서 죽었습니다. 마음먹고 성령님께 순종하기만 하면 죄를 이길 수 있습니다. 이것이 멸망의 사이클에서 벗어나는 길입니다. 날마다 자신의 몸을 의의 병기로 하나님께 드림으로써 성령님께 순종해야 합니다.

성령님께 순종하면서 살아가기 위해서는 어떻게 해야 합니까?

먼저, 자신의 약점을 잘 알아야 합니다. 선천적이든 후천적이든 자신이 무엇에 쉽게 끌리는지 아는 것이 중요합니다. 자신이 어떤 환경에서 죄를 가장 많이 짓는지, 무엇 때문에 죄를 짓는지 잘 돌아보십시오. 언어, 생각, 성적 문제, 돈 등 자신의 취약 분야를 잘 알고 있어야 합니다.

둘째, 약점을 알았으면 그 죄와 싸워 이기기 위해서 최선을 다해야 합니다. 예를 들어, 혼자 있을 때는 괜찮은데 사람들을 만날 때 문제가 생기는 경우를 생각해봅시다. 분위기가 고조되면 자신도 모르게 남의 흉을 보거나, 해서는 안 될 이야기를 전하는 것입니다. 그러면 어떻게 해야 합니까? 분위기에 휩쓸릴 수 있는 곳에는 되도록 가지 말아야 합니다. 불가피하게 가야 한다면 그 전에 반드시 기도해야 합니다. 모임 중에라도 입이 간지러울 때마다 기도해야 합니다. 집에 돌아온 후에도 반드시 반성의 시간을 가져야 합니다. 깜빡하고 남의 흉을 본 것이 생각난다면 회개 기도를 해야 합니다. 이렇게 최선을 다하다보면 놀라운 변화가 일어납니다.

어떤 사람은 혼자 있는 시간에 죄를 많이 짓습니다. 혼자 있으면 자꾸 이상한 상상이 떠오른다고 합니다. 어떤 사람은 자기보다 예쁜 여자를 보면 질투가 마구 생긴다고 합니다. '내 인생은 왜 이럴까', '내 키는 왜 이렇게 작지' 하는 생각 때문에 우울증에 빠지는 경우도 많습니다. 그럴 때는 어떻게 해야 합니까? 가능하면 혼자 있는 시간을 줄이고 성도들을 자주 만나야 합니다. 그리고 혼자 있는 시간을 잘 사용해야 합니다. 설교 테이프를 듣는다든지, 좋은 음악을 듣는다든지, 사람들과 교제한다든지 하며 노력해야 합니다. 그런 작은 일로도 멸망의 사이클에서 벗어날 수 있습니다.

마지막으로, 성령님을 의지해야 합니다. 우리를 바꿀 수 있는 분은 결국 하나님밖에 없습니다. 이스라엘 백성들이 죄를 짓고 노예생활을 하다가 너무 힘이 들어서 하나님 앞에 부르짖었더니 어떻게 되었습니까? 누가 그들을 구원했습니까? 바로 하나님이 그들의 간구를 듣고 그들을 구원하셨습니다. 자기 힘으로는 자기를 구원할 수 없습니다. 자기 힘으로는 자기 습관을 바꿀 수 없습니다. 이미 굳어버린 삶의 패턴을 스스로는 바꿀 수 없습니다. 그러나 하나님께 부르짖으면 하나님이 우리의 잘못된 삶을 바꾸어주십니다.

어떤 신학자는 성령의 능력을 돛을 달고 가는 배에 비유했습니다. 작은 배는 노를 저어갈 수 있으나 큰 배는 아무리 힘껏 노를 저어도 꿈쩍하지 않습니다. 그런데 그 배에 큰 돛을 달면 아예 노가 필요 없어집니다. 바람으로 그 거대한 배가 물 위를 미끄러지듯이 달려나갈 테니까요. 살아계신 성령 하나님이 우리 안에 거하십니다. 우리는 이 땅에서 구원받고 나서도 늘 죄를 짓고, 그로 인해 죄의 노예 노릇을 하는 저질스러운 삶을 살 필요가 없습니다.

　우리의 삶은 바뀔 수 있습니다. 비록 죄를 짓고 실수는 하겠지만 그 강도가 점점 약해집니다. 죄의 횟수가 줄어들면서 우리는 조금씩 거룩해집니다. 여전히 사이클 안에 있겠지만 그것은 죄가 아니라 하나님을 향해 달려가는 은혜와 축복의 사이클입니다. 이것이야말로 구원받은 백성이 살아갈 합당한 삶입니다.

3장

하나님이 쓰시는 사람은 누구인가?

사사기 3:7-11

하나님은 이스라엘 백성들이 고난 중에 부르짖을 때
사사를 세워 그들을 구해내셨습니다.
우리 사회와 가정에도 사사가 필요합니다.
하나님은 어떤 사람을 찾으실까요?
오늘의 삼갈과 에훗과 옷니엘은 누구일까요?

이스라엘 자손이 여호와의 목전에 악을 행하여 자기들의 하나
님 여호와를 잊어버리고 바알들과 아세라들을 섬긴지라 여호
와께서 이스라엘에게 진노하사 그들을 메소보다미아 왕 구산
리사다임의 손에 파셨으므로 이스라엘 자손이 구산 리사다임
을 팔 년 동안 섬겼더니 이스라엘 자손이 여호와께 부르짖으매
여호와께서 이스라엘 자손을 위하여 한 구원자를 세워 그들을
구원하게 하시니 그는 곧 갈렙의 아우 그나스의 아들 옷니엘이
라 여호와의 영이 그에게 임하셨으므로 그가 이스라엘의 사사
가 되어 나가서 싸울 때에 여호와께서 메소보다미아 왕 구산
리사다임을 그의 손에 넘겨 주시매 옷니엘의 손이 구산 리사다
임을 이기니라 그 땅이 평온한 지 사십 년에 그나스의 아들 옷
니엘이 죽었더라(삿 3:7-11).

정도의 차이는 있지만 모든 사람에게는 자기를 비하하는 마음이 숨어 있습니다. '나 같은 사람이 무엇을 할 수 있겠어? 나는 안 돼. 나는 아무것도 할 수 없어. 내가 무슨 집사라고.' 겉으로 표현하지 않아서 그렇지 누구에게나 이런 마음이 있습니다. 재능이 뛰어나거나 삶의 조건이 좋다고 해서 이런 마음이 없는 것은 아닙니다. 통계에 의하면 오히려 아이큐가 좋은 사람일수록 자기 비하가 심하다고 합니다.

당신은 어떻습니까? 때로 자신이 못났다고 생각한 적은 없습니까? 지금도 그런 생각에 사로잡혀서 남몰래 괴로워하고 있지는 않습니까? '나는 남보다 못하다', '나는 아무것도 할 수 없다', '나는 신앙생활을 제대로 못한다'고 지레 포기하고 있지는 않습니까? 주위를 보면 외적인 조건에 지나치게 신경 쓰는 사람들이 있습니다. 분수에 넘치게 큰 차를 타고, 집과 외모와 학벌에 지나치게 집착을 하고 자녀들에게도 그런 생각을 심어주려고 합니다. 그런데 그 마음을 자세히 들여다보면 거기에는 자기 비하가 깔려 있습니다. 그런 마음을 감추기 위해 외적인 조건에 치중하는 것이라고 심리학자들은 말합니다.

자기 비하는 신앙생활에도 큰 영향을 끼칩니다. 자신은 죄를 많이 지어서, 너무 못나서 하나님께 쓰임 받을 수 없다고 생각하는 것입니다. 과거의 잘못과 쉽게 변하지 않는 단점들로 인해 부정적인 생각을 가지고 자기 비하를 합니다. 그 결과 종종 하나님의 부르심에 올바로 반응하지 못합니다. 하나님이 주신 축복의 길을 제대로 걸어가지 못합니다. 놀랍게도 이스라엘의 역사상 가장 뛰어난 지도자였던 모세 역시 한때 이런 자기 비하에 사로잡혀 있었습니다. 그는 자신을 부르시는 하나님 앞에서 이렇게 응답합니다.

"내가 누구이기에 바로에게 가며 이스라엘 자손을 애굽에서 인도하여 내리이까" 출 3:11 하.

우리말로는 점잖게 번역되어 있지만 이 말씀을 잘 묵상해보면 "도대체 내가 뭐라고… 나 같은 것이 어떻게…"라고 말하고 있습니다. 하나님을 위해 일어났다가 살인자로 몰려서 도망친 후 모든 지위와 가진 것을 잃어버리고 사막에서 40년을 지내면서 모세는 아마도 자기 비하에 시달렸던 것 같습니다. 그래서 어느 날 하나님이 떨기나무 가운데서 나타나 그를 부르실 때 이렇게 대답한 것입니다.

모세에게 자기 비하의 마음이 있었다면 우리는 오죽하겠습니까? 우리 모두에게는 이렇게 자기를 비하하는 마음이 있습니다. 우리 모두가 죄인이고 부족하고 단점이 많은 인간이기 때문입니다. 겉으로는 아무렇지 않은 것 같아도 우리 마음속에는 사탄이 공격하기에 좋은 연약한 모습들이 자리 잡고 있습니다.

어떻게 해야 자기 비하를 극복하고 하나님이 부르신 길로 걸어갈 수 있을까요? 사사기 3장에는 처음으로 세 명의 사사가 등장합니다. 옷니엘과 에훗과 삼갈입니다. 하나님은 이스라엘 백성들이 고난 중에 부르짖을 때 이 세 명의 사사들을 보내어 그들을 고난 가운데서 구원하셨습니다. 그들은 강력한 적으로부터 하나님의 백성들을 구하는 능력 있는 일을 해냈습니다. 이런 일을 감당한 세 사람은 어떤 사람입니까? 하나님은 어떤 사람을 사용하셨을까요?

좋은 가문, 훌륭한 신앙을 갖춘 옷니엘

첫 번째, 우리에게 친근한 옷니엘입니다. 그는 유다 족속으로서 유명한 지도자 갈렙의 사촌 동생입니다. 본문은 그를 이렇게 소개합니다. "갈렙의 아우 그나스의 아들 옷니엘." 갈렙은 여호수아와 함께 이스라엘 백성들을 이끌고 가나안에 들어간 유명한 지도자입니다. 그의 사촌 동생이었으니 옷니엘이 신앙적으로 얼마나 좋은 가문에서 태어났는지 알 수 있습니다. 신앙적으로 좋은 가문이라는 점, 경건한 부모 밑에서 태어나 자랐다는 점은 하나님 앞에서 큰 축복이 아닐 수 없습니다.

암으로 죽어간 한 젊은 목회자가 있었습니다. 그는 부모가 예수님을 믿어 어릴 때부터 교회에 다녔고 하나님 앞에 자신의 삶을 드렸습니다. 그래서 신학교를 나와서 목회를 했는데 그만 암에 걸려서 일찍 생을 마감하게 되었습니다. 이제 마지막이 가까워져서 가족들이 침상 곁에 모였는데 그는 아버지와 독대하고 싶으니 나머지 가족들은 나가달라고 부탁합니다.

다른 가족들이 자리를 비우고 아버지만 남게 되자 아들은 이렇게 이야기합니다. "아버지, 제가 안을 수 있도록 가까이 좀 와주시겠어요?" 연약한 아들이 자기 가슴을 안을 수 있도록 아버지가 최대한 가까이 가자 아들이 아버지를 꼭 껴안습니다. 아들은 또 부탁을 합니다. "아버지, 이제 아버지가 저를 좀 안아주시겠어요?" 아버지는 감정이 북받쳐서 눈물이 터질 것 같았지만 참고 아들을 안아주었습니다. 그러자 아들이 고백합니다. "아버지, 제가 이 세상에서 하나님께 받은 가장 큰 축복은 다름 아닌 아버지, 어머니였어요. 제게 하나님을 알게 해주시고 경건이 무엇인가를 가르쳐준 아버지의 선물 정말 감사드려요. 제가 이 땅을 떠나며 가장 감사한 점이 바로 아버지, 어머니입니다." 그리고 그 아들은 떠나갔습니다.

그렇습니다. 이 세상에서 가장 큰 선물은 무엇일까요? 가장 큰 축복은 무엇일까요? 하나님을 사랑하는 부모를 만나는 것보다 더 큰 축복은 없습니다. 당신에게 그러한 부모가 있다면 하나님께 감사하십시오. 혹 당신이 집안에서 처음으로 예수님을 믿고 있다면 경건한 부모가 되어서 자녀들이 그러한 축복을 누리게 하시기 바랍니다. 자녀에게 이것보다 더 큰 선물은 없습니다.

옷니엘은 좋은 가문에서 태어났을 뿐만 아니라 용기가 넘치는 능력 있는 사람이었습니다. 그는 이미 사사가 되기 전에 기럇세벨을 치고 이겨서 상급으로 갈렙의 딸 악사를 아내로 얻었습니다. 그 당시에는 친족끼리 결혼하는 풍습이 있었기에 조카와 결혼하는 것이 아무런 문제가 되지 않았습니다. 또한 그는 하나님의 능력을 체험하며 살았습니다. 그래서 본문은 이렇게 말합니다.

"여호와의 영이 그에게 임하셨으므로 그가 이스라엘의 사사가 되어 나가서 싸울 때에 여호와께서 메소보다미아 왕 구산 리사다임을 그의 손에 넘겨 주시매 옷니엘의 손이 구산 리사다임을 이기니라"삿 3:10.

옷니엘은 좋은 가문에서 태어났을 뿐 아니라 부모의 신앙을 이어받아 삶 속에서 성령 하나님을 날마다 체험하며 신앙의 진보를 이룬 사람입니다. 하나님은 이런 사람을 제일 먼저 사용하십니다.

약점조차 하나님을 위해 사용한 에훗

두 번째로 하나님이 사용하신 사람은 에훗입니다. 옷니엘 덕분에 이스라엘에는 40년간 평안이 찾아옵니다. 그러나 이스라엘 백성들은 또 하나님을 떠납니다. 그 결과 모압 왕 에글론 아래에서 18년 동안 노예생활을 하게 됩니다. 사사기 3장은 이 부분을 이렇게 얘기합니다.

"이스라엘 자손이 또 여호와의 목전에 악을 행하니라 이스라엘 자손이 여호와의 목전에 악을 행하므로 여호와께서 모압 왕 에글론을 강성하게 하사 그들을 대적하게 하시매 에글론이 암몬과 아말렉 자손들을 모아 가지고 와서 이스라엘을 쳐서 종려나무 성읍을 점령한지라 이에 이스라엘 자손이 모압 왕 에글론을 열여덟 해 동안 섬기니라"삿 3:12-14.

18년 동안 이스라엘 백성들은 모압 왕 에글론에게 많은 공물을 바칩니다. 에훗은 공물을 가지고 모압으로 가는 사절단의 대표였습니다. 그는 공물을 바친 후 이스라엘로 돌아가다가 중간에 사신들을 남겨두고 다시 돌아와 에글론 왕에게 독대를 청합니다. 평상시 같으면 이 같은 청을 들어주지 않았겠지만 공물을 많이 받고 기분이 좋아진 에글론 왕은 이를 허락합니다. 에훗은 독대한 그 자리에서 에글론 왕을 칼로 찔러 죽이고 준비했던 군사를 일으켜서 모압 사람들을 진멸합니다. 그런 에훗은 어떤 사람입니까? 성경은 에훗을 이렇게 소개하고 있습니다.

"이스라엘 자손이 여호와께 부르짖으매 여호와께서 그들을 위하여 한 구원자를 세우셨으니 그는 곧 베냐민 사람 게라의 아들 왼손잡이 에훗이라"삿 3:15 상.

"왼손잡이 에훗이라"는 구절을 주의해서 보십시오. 특이하지 않습니까? 성경은 그를 왼손잡이라고 소개하고 있습니다. 여기에는 문화적인 해석이 필요합니다.

오늘날 우리 사회에는 왼손잡이에 대해 아무런 편견이 없습니다. 오히려 왼손을 쓰는 사람이 재주가 뛰어난 경우가 많다고 보고되고 있습니다. 하지만 불과 몇십 년 전만 해도 왼손잡이에게 상당한 편견이 있었습니다. 그래서 부모들은 아이들이 왼손을 쓰면 나무랐습니다. 어떤 부모는 아이의 왼손을 묶어 놓고 오른손으로 밥을 먹도록 교육시켰습니다. 왼손잡이 여자라는 이유로 결혼을 거절당하는 경우도 있었습니다.

왼손잡이에 대한 편견은 거의 전 세계적으로 존재했습니다. 영어 'gauche'라는 단어에는 '솜씨가 서툰'이란 뜻이 있는데 원래는 '왼손잡이'라는 뜻입니다. '해로운'이라는 뜻을 가진 'sinister'라는 영단어는 라틴어로 '왼손잡이'라는 뜻입니다. 반대로 '재주가 많은'이란 뜻의

'dexterous'는 '오른손잡이'라는 뜻입니다. 이것만 보아도 왼손잡이에 대한 편견이 세계적으로 얼마나 심했는가를 알 수 있습니다.

왼손잡이에 대한 편견은 당시 이스라엘에서도 굉장히 심했습니다. 성경을 읽어보면 "그리스도께서 하나님 우편에 앉아 계시느니라"와 같이 우편이라는 말이 많이 나옵니다. 여기서 오른쪽은 능력을 뜻합니다. 어떤 나라에서는 두 번째 서열의 신하는 항상 왼쪽에 앉습니다. 왼쪽이 보다 약하다고 생각하기 때문입니다. 이스라엘에서는 왼손을 쓰는 사람은 하나님의 축복과 거리가 멀다고 생각했습니다. 따라서 왼손잡이로 태어난 사람들은 인정을 받지 못하고 자기 비하와 열등감에 빠져 있는 경우가 많았습니다. 그런 사람은 출세하기 어려웠습니다. 당시 문화로 볼 때 에훗은 큰 핸디캡을 가지고 태어난 셈입니다.

그러나 에훗은 약점에 굴복하지 않고 오히려 그 약점을 이용해서 이스라엘을 구원합니다. 당시의 전사들은 거의 다 오른손잡이였고 칼을 왼쪽에 찼습니다. 하지만 왼손잡이인 에훗은 오른쪽에 칼을 찼습니다. 모압 왕을 만나러 갈 때도 오른쪽 허벅지에 칼을 숨기고 갔습니다. 모압 왕은 에훗을 만날 때 어느 정도 경계는 했을 것입니다. 그래서 왕의 경호원들이 미리 에훗의 왼쪽 다리를 더듬어보았을지도 모릅니다. 오른쪽 다리에 칼을 숨겼으리라는 생각은 못했겠지요. 하지만 기회를 엿보던 에훗은 오른쪽 허벅지에 숨겼던 칼을 꺼내서 모압 왕을 찔렀습니다. 그는 자기 약점을 오히려 하나님의 영광을 위해 사용했고, 그 결과 이스라엘을 해방시킬 수 있었습니다.

우리도 에훗처럼 자신의 약점을 극복하고 그것을 장점으로 만들 수 있어야 합니다. 이 세상에 약점이 없는 사람은 아무도 없습니다. 다들 허세를 부려서 그렇지 하나님 앞에서 우리는 모두 선천적이든 후천적이든 약점이 있습니다. 그 약점을 하나님 앞에서 올바로 사용하는 것이 중요합니다.

저의 은사 중에 유명한 하워드 헨드릭스 교수가 있는데, 그가 어릴 때 부모님이 별거를 했다고 합니다. 그리고 열여덟 살 때 아버지와 어머니가 함께 있는 모습을 처음 보았답니다. 부모님이 자기를 낳자마자 18년 동안 별거를 해오다가 자신이 그분들의 이혼 재판에 증인으로 나서면서 법정에서 처음으로 부모님이 함께 있는 모습을 본 것입니다. 그러니 그의 어린 시절이 얼마나 비참했을까요? 그런데 오늘날 미국에서 가장 유명한 가정 사역자가 누구인지 아십니까? 바로 하워드 헨드릭스 교수입니다. 그는 자신의 가장 큰 약점, 부모의 사이가 좋지 않아서 이혼 가정에서 자랐다는 약점에 주저앉지 않고 오히려 가정을 세우는 일로 하나님 앞에 쓰임 받고 있습니다. 이것이 바로 그리스도인의 삶입니다.

약점이 있습니까? 주저앉지 마십시오. 하나님은 약점을 가진 사람을 사용하십니다. 아니, 성경에서 하나님이 사용하신 사람들 가운데 약점이 없는 사람은 아무도 없습니다. 사도 바울을 보십시오. 그는 육체적으로 약점이 많았습니다. 어떤 병인지 알 수 없지만 고질병이 있었고 외모도 볼품 없었던 것 같습니다. 언변도 그다지 뛰어나지 않았던 것 같습니다. 정신적으로도 얼마나 큰 고통에 시달렸겠습니까? 그는 예전에 예수 믿는 사람들을 잡아다가 옥에 가두었던 사람입니다. 스데반을 돌로 쳐 죽이는 일에 앞장을 섰지요. 훗날 예수 그리스도를 영접하고나서 자기가 죽인

스데반이 의인이라는 사실을 알게 되었으니 마음에 얼마나 큰 짐을 지고 다녔겠습니까? 그는 이처럼 여러 모로 약점이 있었지만 하나님은 이런 그를 들어 크게 사용하셨습니다.

약점이 있느냐 없느냐가 아니라 여호와를 얼마나 의지하느냐가 중요합니다. 하나님을 의지하면 어떤 약점이 있더라도 하나님께 쓰임 받습니다. 헬렌 켈러가 그랬고, 우리 시대의 레나 마리아가 그렇습니다. 이들은 오늘 이 시대의 에훗입니다. 사람의 눈으로 볼 때는 결코 극복할 수 없는 약점을 가지고 태어났지만, 그럼에도 불구하고 그 누구보다 강력하게 하나님의 일을 해내는 이들이 바로 오늘날의 에훗입니다.

출신 배경과 상관없이 하나님을 의지한 삼갈

마지막으로, 성경이 소개하는 사사는 삼갈입니다. 삼갈에 대해서 성경은 오직 한 구절만 할애해서 짤막하게 소개하고 있습니다.

"에훗 후에는 아낫의 아들 삼갈이 있어 소 모는 막대기로 블레셋 사람 육백 명을 죽였고 그도 이스라엘을 구원하였더라" 삿 3:31.

비록 한 구절이지만 삼갈에 대해 많은 점들을 말해줍니다. 먼저 삼갈이라는 이름은 히브리인의 이름이 아니라 가나안식 이름입니다. 그의 아버지 아낫이라는 이름은 가나안 사람들이 섬기는 신의 이름입니다. 그래서 어떤 학자들은 삼갈이 이스라엘 사람이 아니라 가나안 사람이라고 주장합니다. 그러나 저는 그렇게 생각하지 않습니다. 그러면 삼갈 부자는 왜 이스라엘 사람이면서도 가나안식 이름을 사용했을까요? 그것은 그 가정이 가나안의 문화에 그만큼 젖어 있었다는 반증입니다. 그 가문은 신앙의 가문이 아니었습니다. 그들의 선조는 이름을 가나안식으로 바꿀 정도로 이방 신을 열심히 섬겼던 것입니다.

뿐만 아니라 그는 농부 출신입니다. 그래서 본문은 그가 소 모는 막대기로 600명이나 되는 적을 물리쳤다고 말합니다. 우리나라의 소 모는 막대기로는 도저히 그렇게 많은 숫자를 죽이지 못합니다. 그저 몇 명 때리고 나면 부러지겠지만 당시의 소 모는 막대기는 특이해서 양쪽 끝에 쇠가 달려 있어서 소를 몰다가 밭을 갈기도 했습니다. 양쪽에 쇠가 달린 괭이를 연상하면 됩니다. 어쨌든 그는 전문적으로 군사 훈련을 받은 사람이 아니었습니다. 요즘 말로 그저 시골에서 농사짓는 사람, 3D 업종에 종사하는 청년에 불과했습니다. 그러던 그가 사사가 되어 이스라엘을 블레셋의 손에서 구원했습니다.

하나님은 다양한 사람들을 쓰십니다. 다시 말하면 어떤 종류의 사람도 다 쓰실 수 있습니다. 물론 하나님은 훌륭한 신앙의 가문에서 태어난 사람, 좋은 성품을 가진 사람을 쓰십니다. 한편 우리가 보기에는 약점이 많아서 절대로 쓰임 받지 못할 것 같은 사람도 들어 쓰십니다. 아무도 주목하지 않는 천한 가문 출신이라 할지라도 하나님은 들어서 쓰십니다. 문제는 우리의 배경과 환경, 재능, 출신이 아닙니다. 그런 것은 하나님 앞에서는 전혀 문제가 되지 않습니다. 과거에 하나님 앞에서 얼마나 큰 잘못을 저질렀는가도 중요하지 않습니다. 하나님은 모든 종류의 사람을 쓰십니다. 어떤 종류의 사람이든 하나님 앞에 나아와 그분을 의지하기만 하면, 그분 앞에 헌신하겠다는 마음만 있다면 들어서 쓰십니다.

그래서 역대하 16장 9절은 이렇게 말합니다.

"여호와의 눈은 온 땅을 두루 감찰하사 전심으로 자기에게 향하는 자를 위하여 능력을 베푸시나니 이 일은 왕이 망령되어 행하였은즉 이후부터는 왕에게 전쟁이 있으리이다 하매."

하나님은 전심으로 당신을 향하는 자에게 능력을 베푸십니다. 위의 구절은 하나님이 사울을 버리고 다윗을 택할 때 하신 말씀입니다. 사울은 보통 사람보다 머리 하나 정도가 더 큰 사람입니다. 얼굴도 잘생겼습니다. 그러나 결국 하나님께 버림을 받고 맙니다. 그 다음 왕인 다윗은 어떤 사람입니까? 그는 양치는 목동이었습니다. 일곱 명의 형이 사무엘과 왕이 되기 위한 인터뷰를 할 때, 다윗의 아버지조차 그 존재를 잊어버리고 있었던 보잘것없는 목동 다윗. 그러나 그에게는 특별한 무엇인가가 있었습니다. 그는 전심으로 여호와를 찾는 사람이었습니다.

하나님은 지금도 이 땅을 감찰하고 계십니다. 지금 이 시간에도 성령이 운행하며 찾고 계십니다. 어떤 사람을 찾는지 아십니까? 가문이 좋은 사람, 능력 있는 사람이 아닙니다. 아무리 약점이 많고 출신이 좋지 않더라도 그 마음이 오로지 하나님만 앙망하는 자, 살아계신 하나님을 갈급해 하는 자, 목마른 사슴이 시냇물을 찾듯이 하나님 사랑하기를 힘쓰는 자, 이 땅의 더 나은 조건에 연연하지 않고 하나님의 나라를 위해 무엇인가를 하려는 자, 바로 그런 사람을 찾으십니다. 찾는 즉시 그를 통해 이 세상을 구원하실 줄 믿습니다.

우리 모두가 사사가 될 수 있습니다. 오늘 우리에게는 사사가 필요합니다. 우리 사회와 가정에 사사가 필요합니다. 본문은 이스라엘 백성이 아니라 우리를 향한 말씀입니다. 하나님은 오늘도 삼갈을 찾으시고, 에훗을 찾으시고, 옷니엘을 찾으십니다. 우리 모두가 하나님 앞에 나아가 그분의 사사가 될 수 있기를 바랍니다.

4장
하나님이 사용하시는 지도자

사사기 4:4-10

사사기는 지도자의 중요성을 보여주는 책입니다. 하나님은 이스라엘 백성들이 위기에 처할 때마다 지도자를 세워 그들을 구원하셨습니다. 여성 지도자가 거의 없던 시대에 사사가 되었던 드보라의 삶을 통해 하나님께 쓰임 받는 지도자 상을 그려볼 수 있습니다.

그 때에 랍비돗의 아내 여선지자 드보라가 이스라엘의 사사가 되었는데 그는 에브라임 산지 라마와 벧엘 사이 드보라의 종려나무 아래에 거주하였고 이스라엘 자손은 그에게 나아가 재판을 받더라 드보라가 사람을 보내어 아비노암의 아들 바락을 납달리 게데스에서 불러다가 그에게 이르되 이스라엘의 하나님 여호와께서 이같이 명령하지 아니하셨느냐 너는 납달리 자손과 스불론 자손 만 명을 거느리고 다볼 산으로 가라 내가 야빈의 군대 장관 시스라와 그의 병거들과 그의 무리를 기손 강으로 이끌어 네게 이르게 하고 그를 네 손에 넘겨 주리라 하셨느니라 바락이 그에게 이르되 만일 당신이 나와 함께 가면 내가 가려니와 만일 당신이 나와 함께 가지 아니하면 나도 가지 아니하겠노라 하니 이르되 내가 반드시 너와 함께 가리라 그러나 네가 이번에 가는 길에서는 영광을 얻지 못하리니 이는 여호와께서 시스라를 여인의 손에 파실 것임이니라 하고 드보라가 일어나 바락과 함께 게데스로 가니라 바락이 스불론과 납달리를 게데스로 부르니 만 명이 그를 따라 올라가고 드보라도 그와 함께 올라가니라 (삿 4:4-10).

지도자는 배의 선장과 같은 존재입니다. 배에서 선장의 지도력이 중요한 것은 무엇보다 그 지도력에 따라 배에 탄 사람들의 생사가 좌우될 수 있기 때문입니다. 이런 사실은 배뿐만 아니라 세상의 그 어떤 단체에도 적용됩니다. 국가, 회사, 단체 그리고 가정의 흥망이 지도자의 지도력에 달려 있다고 해도 과언이 아닙니다.

　사사기는 지도자의 중요성을 보여주는 책입니다. 하나님은 백성들이 위기에 처할 때마다 지도자를 세워서 그들을 위기에서 구해내셨습니다. 그들이 바로 사사들입니다. 사사기를 읽으면서 지도자는 태어나는 것이 아니라 만들어진다는 사실을 알아야 합니다.

　어떤 사람이 한 동네를 여행하다가 그곳의 노인에게 물었습니다. "이 동네에 지도자가 태어난 적이 있습니까?" 그 질문에는 '이런 작고 초라한 동네에서 무슨 지도자가 나겠느냐?'는 경멸의 뜻이 담겨 있었습니다. 노인은 이렇게 대답했습니다. "아니요. 없습니다. 우리 동네에는 아이만 태어났습니다." 무슨 말입니까? 지도자는 태어나는 것이 아니라 만들어진다는 사실을 노인은 에둘러서 가르쳐준 것입니다.

　그렇습니다. 지도자는 만들어집니다. 아무리 약점을 가지고 태어났다

해도, 장애를 가지고 태어났다 해도 인생을 온전히 하나님께 드리기만 하면 하나님은 지도자로 만들고 그들을 통해 역사를 바꾸셨다고 사사기는 증언합니다. 에훗이 그러했고, 삼갈이 그러했습니다. 우리가 할 질문은 "어떻게 하면 하나님이 쓰시는 지도자가 될 수 있는가"입니다.

본문의 4장은 5장과 짝을 이루는 쌍둥이 장입니다. 두 장 모두 같은 내용을 담고 있지만 조금 다른 방법으로 표현되고 있습니다. 이 두 장을 학과목에 비유하자면 4장은 역사 과목이고, 5장은 음악 과목쯤 됩니다. 그만큼 5장은 시적으로 표현되어 있습니다. 두 장에 이어지는 긴 이야기를 요약하자면 이렇습니다.

두 여인, 드보라와 야엘

옛날에 아주 나쁜 왕이 살았습니다. 왕에게는 흉포한 장관이 있었는데 어느 날 왕이 그 장관에게 900대의 철병거를 주면서 이웃 나라를 침공하라고 합니다. 장관은 900대의 철병거를 가지고 착한 이웃 나라를 정복합니다. 그날 이후 착한 나라는 고통을 겪습니다. 그런데 어느 날 그 약한 나라에 세 사람이 일어나서 동포들을 압제에서 구원하게 됩니다.

이 세 사람은 과연 어떤 인물일까요? 첫 번째 사람은 종려나무 밑에 앉아서 재판하던 재판관이었고, 두 번째 사람은 전쟁에 나가 싸우던 병사였고, 세 번째 사람은 작은 망치와 장막 말뚝을 가진 여인이었습니다. 보잘것없는 이 세 사람이 일어나 나라를 구하고 그 나라에는 행복이 찾아왔습니다.

본문에 나오는 나쁜 왕의 이름은 야빈이고 장관은 시스라입니다. 시스라는 철병거 900대를 가지고 이스라엘을 침공해 들어가 전쟁에서 이긴 후에 이스라엘을 탄압했습니다. 이스라엘 백성들은 고통 중에 부르짖었고, 하나님은 여선지자 드보라를 보내서 그들을 구원하셨습니다. 그런데 실제로 전쟁에 나가서 싸운 사람은 드보라가 아니라 바락이라는 남자였습니다. 사사기에 나오는 사사가 열두 명이냐, 열세 명이냐를 놓고 의견이 분분합니다. 어떤 신학자는 열두 명이라고 하고 어떤 신학자는 열세 명이라고 하는데, 바락이 사사인가 아닌가 하는 것 때문에 의견이 갈리는 것입니다. 사사기 어디에도 바락이 사사라는 말은 없습니다. 그런데 히브리서 11장에 시비가 될 만한 한 구절이 등장합니다.

"내가 무슨 말을 더 하리요 기드온, 바락, 삼손, 입다, 다윗 및 사무엘과 선지자들의 일을 말하려면 내게 시간이 부족하리로다" 히 11:32.

히브리서 기자는 믿음의 선지자들을 열거하면서 사사 가운데 세 명의 이름을 거론합니다. 거기에 본문에 나오는 인물이 언급되는데 그것은 놀랍게도 드보라가 아니라 바락입니다. 여기에서 논란이 시작됩니다. 그러니까 열두 명도 맞고, 열세 명도 맞습니다. 성경 어디에도, 아니 히브리서에도 바락이 사사라는 명백한 증거는 없습니다. 그러나 히브리서 기자는 바락을 사사로 인정하는 것 같습니다.

본문에서 드보라 외에 중요한 역할을 하는 한 사람이 더 등장하는데 그의 이름은 야엘입니다. 그 또한 여자입니다. 그녀는 헤벨의 아내였는데, 전쟁에 패한 시스라 장관이 도망을 가다가 야엘 집의 장막으로 숨어 들어왔습니다. 시스라가 자신을 숨겨달라고 하자 야엘은 그에게 "전쟁을 하느라 피곤할 테니 침상에서 좀 주무시라" 해놓고는 자는 사이에 망치와 장막 말뚝으로 그를 죽였습니다.

본문의 메시지를 제대로 파악하기 위해서는 등장인물들을 잘 관찰해야 합니다. 이스라엘의 적은 야빈 왕과 그의 장관 시스라 이렇게 두 명입니다. 이들을 대적하는 이스라엘의 지도자는 드보라와 야엘인데, 놀랍게도 그들은 모두 여자입니다. 이스라엘에는 분명히 바락이라는 군인이 있었고, 야엘에게도 헤벨이라는 남편이 있었지만 지도력을 발휘한 것은 두 여자입니다. 당시 이스라엘의 문화에서 여자가 지도력을 발휘하는 것은 매우 특이한 일이었습니다. 당시 지도자 자리는 항상 남자들의 것이었고, 시스라와 벌이는 전투도 분명히 남자들이 맡아 했습니다. 그 전투를 이끈 장군이 바락입니다. 하지만 중심 역할은 두 여자가 담당했습니다. 드보라는 이스라엘의 사사로 전쟁을 진두지휘했고, 야엘은 적의 수장을 죽임으로써 전쟁에 종지부를 찍었습니다.

우리는 이 본문을 당시 문화에 비추어 해석해야 합니다. 하나님은 남자들을 제쳐놓고 당시 상황으로는 결코 지도자가 될 수 없는 여자들을 사용하여 이스라엘을 구원하셨습니다. 여기에는 아주 중요한 메시지가 담겨 있습니다. 전쟁의 승패는 여호와께 달려 있지 사람에게 달려 있지 않다는 것입니다. 이스라엘뿐 아니라 오늘날 우리를 구원하는 분도 사람이 아니라 오직 여호와 하나님입니다. 사람은 그저 하나님께 사용될 뿐입니다. 하나님의 마음에 합하기만 하면 하나님은 굳이 남자가 아니라도 여자들을 사용하여 역사를 얼마든지 바꾸실 수 있습니다. 하나님 앞에서 남자냐 여자냐는 중요하지 않습니다. 장애가 있느냐 없느냐도 중요하지 않습니다. 더욱이 가문이 좋은가 나쁜가는 전혀 문제되지 않습니다. 하나님이 보시기에 출신과 재능과 노력은 중요하지 않습니다. 지도자는 태어나는 것이 아니라 만들어지는 것이기 때문입니다.

그러면 드보라의 어떤 점이 하나님의 마음에 합했을까요? 하나님이 당시 상황에서 절대적으로 불리한 조건에 있는 드보라와 야엘을 들어 사용하셨다면 오늘날 우리 역시 사용하실 수 있음을 믿습니다. 드보라와 같은 지도력만 구비한다면 하나님은 조건에 상관없이 우리를 들어 사용하실 것입니다. 하나님께 쓰임 받기 위해서는 어떤 지도력이 필요할까요? 하나님은 어떤 지도자를 오늘도 찾고 계실까요? 드보라의 삶에서 몇 가지를 살펴보겠습니다.

비판을 넘어 문제 해결로

먼저, 하나님이 찾으시는 지도자는 문제를 발견하고 해결하는 사람입니다. 당시 이스라엘은 많은 위기와 고통 가운데 있었습니다. 문제는 어느 누구도 자신들이 처한 상황과 문제를 직시하지 못했다는 것입니다. 도대체 문제가 무엇인지 몰랐습니다. 그러나 한 사람, 당시 상황에서는 결코 지도자가 될 수 없었던 여자인 드보라는 문제점을 파악하고 있었습니다. 놀랍게도 그녀는 그녀가 한 걸음 더 나아가 그 문제를 해결했습니다. 4장의 쌍둥이 장인 5장을 보십시오.

"아낫의 아들 삼갈의 날에 또는 야엘의 날에는 대로가 비었고 길의 행인들은 오솔길로 다녔도다"삿 5:6.

이스라엘의 문제를 문학적으로 표현하고 있는 구절입니다. 이 구절을 보면 넓은 거리에 행적이 끊어지고 사람들이 좁은 길로만 다녔다고 했습니다. 당시 사회의 문제를 이렇게 표현한 것입니다. 7절을 보십시오.

"이스라엘에는 마을 사람들이 그쳤으니 나 드보라가 일어나 이스라엘의 어머니가 되기까지 그쳤도다"삿 5:7.

하나님이 드보라를 사용하신 이유가 여기에 있습니다. 그녀는 문제가 무엇인지 알았고 나아가 그 문제를 적극적으로 해결했습니다. 오늘날 우리 사회의 문제점이 무엇인지 알고 있는 사람은 많습니다. 과거에 비해 좋은 교육을 받고 많은 정보를 가지고 있기 때문입니다. 그러나 안타깝게도 대부분의 사람들이 문제를 파악하고 지적하지만 적극적으로 나서서 해결하려 들지는 않습니다. 그저 비판하고 불평할 뿐입니다. 그러나 인류 역사에서 비평가들에 의해 역사가 바뀐 적은 한 번도 없습니다. 문제를 알고 비판하는 것은 반드시 필요한 일이지만 거기서 그쳐서는 안 됩니다.

하나님은 어떤 사람을 찾으십니까? 우리에게 무엇을 요구하십니까? 우리는 문제를 인식할 뿐만 아니라 한 걸음 더 나아가 팔을 걷어붙이고 그 문제를 해결해야 합니다. 그것이 바로 드보라가 한 일입니다. 그래서 하나님은 모든 남자들을 제쳐놓고 드보라를 사용하셨습니다. "내가 그때에 일어나서 이스라엘의 어미가 되었도다." 여자를 무시하는 사회에서 만민의 어머니가 된 것입니다. 어떤 문제가 있었고 그 문제 때문에 상처

받은 사람이 너무나 많았습니다. 드보라는 문제가 무엇인지 알 뿐만 아니라 적극적으로 그들을 마음에 품었습니다. 위로할 자를 위로했습니다. 남자가 못하니까 여자인 드보라가 일어나서 그 모든 문제를 해결했습니다. 이것이 '어미가 되었다'는 구절의 의미입니다.

목회하면서 제게 가장 필요한 사람이 있다면 바로 이런 사람입니다. 우리 교회라고 해서 문제가 없을까요? 교회에 나온 지 1년밖에 안 된 사람에게는 문제가 눈에 보이지 않습니다. 그러나 1년만 지나보십시오. 서서히 문제가 보이기 시작할 것입니다. 왜 그럴까요? 우선 지도자인 저부터 흠이 많은 사람이기 때문입니다. 교회가 교회다워지고, 오늘 이 사회가 하나님의 복을 받기 위해서는 문제를 지적하는 수준을 넘어 팔을 걷어붙이고 적극적으로 해결하는 사람이 필요합니다. 특별히 성전 건축을 하면서 그런 점을 많이 느꼈습니다. 성전 건축을 하다보면 무수한 문제가 생깁니다. 많은 분들이 기도해주시고 헌신하셨습니다. 몇몇 분은 문제점을 지적해주셨습니다. 어떤 분들은 문제를 알고서도 뛰어들어 일을 감당해주셨습니다. 할렐루야!

존 가드너는 이렇게 말합니다. "단체를 망치는 두 가지 잘못된 태도가 있다. 첫 번째는 비판 없는 사랑이고, 두 번째는 사랑 없는 비판이다. 비판 없는 사랑은 태만을 불러오고, 사랑 없는 비판은 파멸을 가져온다." 그렇습니다. 올바른 리더십은 문제를 파악하고, 나아가 그 문제를 해결하는 것입니다. 이것이 바로 긍정적이고 적극적인 리더십입니다. 가정에서도 마찬가지입니다. 자녀 문제, 부부 문제 등 무엇이 문제인지 알면서도 손놓고 있다면 하나님은 그런 사람을 들어 쓰시지 않습니다. 능력이 부족하더라도 문제가 무엇인지 알았다면 해결하려고 노력해야 합니다.

한 신학자는 어떤 단체에 가든지 거슬리는 것, 부족해 보이는 것, 비판할 것이 눈에 띈다면 그것을 위해 하나님이 자신을 부르셨다고 생각하면 된다고 말했습니다. 당신이 속한 가정이나 단체에서 부족한 점이 눈에 띕니까? 그렇다면 그 일을 위해 하나님이 당신을 부르신 것입니다. 비판하라고 부르신 게 아닙니다. 우리는 비판하는 단계를 뛰어넘어 문제를 해결하는 사람으로 부르심을 받았습니다. 이것이 바로 드보라의 리더십이자 오늘날 하나님이 찾으시는 지도자 상입니다.

'혼자'가 아니라 '함께'

둘째, 하나님이 찾으시는 지도자는 다른 사람과 함께하는 사람입니다. 문제를 발견하고 해결할 뿐만 아니라 그 일을 다른 사람과 함께하는 사람입니다. 2002년 월드컵에서 우리는 4강 신화라는 놀라운 성과를 이루었습니다. 그 핵심에는 히딩크라는 지도자가 있었습니다. 히딩크의 축구를 한마디로 표현하면 토털 사커total soccer 입니다. 그는 스타를 인정하지 않습니다. 그 동안 우리나라 축구는 한두 명의 스타에 의존해왔는데 히딩크는 그렇게 하지 않았습니다. 11명이 모두 공격과 수비에 가담합니다. 한마디로 팀워크를 강조했습니다. 그 결과 4강까지 올라갈 수 있었습니다.

그렇습니다. 하나님은 한 사람에게 역사를 맡기신 적이 없습니다. 리더십이 무엇입니까? 다른 사람에게 내재되어 있는 능력을 끌어내는 것입니다. 하나님은 교회를 몸에 비유하셨습니다. 우리 몸은 언제 가장 건강합니까? 언제 기운이 넘칩니까? 우리 몸에 있는 수천, 수백의 지체와 장기들이 모두 제 기능을 발휘할 때입니다.

리더십이란 모두가 함께 잘 되도록 서로를 돕는 것입니다. 드보라는 지혜가 있었지만 여자이기 때문에 힘이 없었습니다. 그래서 바락을 초청했습니다. 드보라는 혼자 모든 일을 하려고 하지 않고 다른 사람을 인정할 줄 알았습니다. 바락 안에 있는 능력을 키워 전쟁에서 승리하도록 도왔던 것입니다.

미국에서 음악 공부를 하고 있는 한국 유학생에 대해 "독주는 잘하는데 합주는 못한다"라는 평이 있습니다. 사실 독주보다는 합주가 어렵습니다. 합주는 다른 사람의 소리를 듣고 그것에 내 소리를 맞추어야 하기 때문입니다. 때로는 내 소리를 포기해야 됩니다. 다른 사람의 짐을 짊어져야 할 때도 있습니다. 성경은 이렇게 말합니다.

"너희도 성령 안에서 하나님이 거하실 처소가 되기 위하여 그리스도 예수 안에서 함께 지어져 가느니라" 엡 2:22.

이것이 하나님의 방법입니다. '혼자'가 아니라 '함께'입니다. 하나님이 교회를 만드신 이유가 여기에 있습니다. 하나님께 쓰임 받기를 원한다면 팀워크를 이루며 일해야 합니다. 혼자 소리를 내서는 안 됩니다. 같이 가야 합니다. 나보다 못해 보이는 사람도 다 필요해서 하나님이 보내셨습니다. 그런 사람과 손잡고 함께 일하는 사람, 하나님은 오늘도 그러한 지도자를 찾고 계십니다.

여호와를 얼마큼 의지하는가

마지막으로, 하나님이 찾으시는 지도자는 하나님을 신뢰하는 사람입니다. 그날의 전쟁은 도저히 승산 없는 싸움이었습니다. 야빈과 시스라는 철병거 900대, 오늘날로 말하면 탱크 900대를 가지고 있었습니다. 이에 반해 이스라엘에는 무기가 아무것도 없었습니다. 병력 수도 그들이 훨씬 많았습니다. 더구나 그 전쟁은 평지에서 벌어졌습니다. 평지에 전차 900대가 밀고 들어온다면 그 전쟁은 끝난 것 아니겠습니까? 그러나 놀랍게도 하나님이 개입하셨습니다. 하나님의 말씀을 듣고 드보라가 믿음으로 나아갔더니 하나님이 개입하셨습니다. 전쟁이 벌어진 날은 마침 이스라엘에 절대 비가 오지 않는 건기였습니다. 그런데 그날 하나님은 비를 내리셨고 전쟁터 옆을 흐르는 기손 강이 넘쳐흘렀습니다. 이 부분을 5장은 이렇게 표현합니다.

"기손 강은 그 무리를 표류시켰으니 이 기손 강은 옛 강이라 내 영혼아 네가 힘 있는 자를 밟았도다" 삿 5:21.

왜 옛 강이라고 했을까요? 건기에는 한 번도 범람한 적이 없기 때문입니다. 그런데 하나님이 건기에 폭우를 내리셔서 땅이 완전히 진흙탕이 되었습니다. 진흙탕 속에서 전차는 무용지물이 되고 말았습니다. 전차를 탄 사람들은 오히려 꼼짝도 못하고 진창에 갇혀 버렸습니다. 갑옷을 제대로 입지 못했던 이스라엘 사람들은 그저 창 한 개, 괭이 한 개를 들고 전장에 나가 진흙탕에서 무거운 갑옷을 입고 뒹구는 적을 간단히 물리쳤습니다.

하나님은 어떤 사람을 들어 쓰십니까? 자신의 힘이 아닌 여호와를 의뢰하는 사람입니다. 그날 적의 장수 시스라는 가장 힘없는 여인에게, 그것도 제대로 된 무기도 아닌 망치와 말뚝으로 죽임을 당합니다. 하나님은 이런 분입니다. 중요한 것은 나의 건강이나 경제력, 외모와 조건이 아니라 여호와께 얼마나 의지하느냐 하는 것입니다.

오늘 우리 사회를 위기라고 합니다. 정말 위기입니다. 경제가 심각합니다. 앞으로 석유를 두고 나라 간의 싸움은 더욱 치열해질 것입니다. 청소년 범죄는 날이 갈수록 늘어나고 가정은 수도 없이 깨지고 있습니다. 디모데후서 3장에서 말세에 대해 예언한 그대로입니다.

누가 당신의 가정과 교회와 사회를 구원할 수 있을까요? 기억하십시오. 하나님은 위기 때마다 사람을 찾으십니다. 오늘 당신이 드보라가 되기를 바랍니다.

5장
우리를 변화시키시는 하나님

사사기 6:14-16

불과 300명의 군사로 수만 명의 적군을 무찔렀던
기드온은 원래 용감한 사람이었을까요?
원래 믿음이 탁월하고 매사에 적극적이었을까요?
남몰래 포도주 틀에 밀을 찧던 소심한 사람을 하나님이
어떻게 용사로 바꿔놓으셨는지 그 비결을 살펴봅니다.

여호와께서 그를 향하여 이르시되 너는 가서 이 너의 힘으로 이스라엘을 미디안의 손에서 구원하라 내가 너를 보낸 것이 아니냐 하시니라 그러나 기드온이 그에게 대답하되 오 주여 내가 무엇으로 이스라엘을 구원하리이까 보소서 나의 집은 므낫세 중에 극히 약하고 나는 내 아버지 집에서 가장 작은 자니이다 하니 여호와께서 그에게 이르시되 내가 반드시 너와 함께 하리니 네가 미디안 사람 치기를 한 사람을 치듯 하리라 하시니라(삿 6:14-16).

한 시골 농부가 아들을 데리고 호텔에 갔습니다. 그는 평생 엘리베이터라는 것을 본 적이 없었습니다. 마침 그가 엘리베이터 맞은편 의자에 앉아 그것을 쳐다보고 있는데 그 큰 상자 문이 열리더니 할머니 한 분이 들어갔습니다. 그런데 몇 분 있다가 다시 상자 문이 열리더니 젊은 아가씨가 걸어 나오는 것입니다. 깜짝 놀란 농부는 옆에 있던 아들에게 소리쳤습니다. "빨리 가서 네 엄마 데려오너라."

당신은 현재의 모습에 만족합니까? 배우자의 모습에 만족합니까? 당신의 성품과 가정에 얼마나 만족하고 있습니까? 아마 우리는 모두 마음 깊은 곳에 변화에 대한 갈망이 있을 것입니다. 지금의 나보다 좀 더 거룩한 사람으로, 좀 더 나은 사람으로, 좀 더 멋진 아내와 남편으로, 그리고 자녀에게 존경받는 부모로 바뀌기를 소원할 것입니다. 진정 그런 변화를 바라고 있다면 본문은 바로 당신을 위한 말씀입니다.

본문에는 아주 유명한 사사가 등장합니다. 다름 아닌 기드온입니다. 불과 300명의 군사로 수만 명의 적을 물리친 용사. 주일학교 때부터 우리는 수없이 기드온 이야기를 들어왔습니다.

연약한 자에게 오시는 하나님

그런데 본문에는 그 동안 잘 알려지지 않은 기드온의 색다른 모습이 나옵니다. 기드온은 어떻게 그런 위대한 일을 할 수 있었을까요? 원래 용기가 대단한 사람이었을까요? 원래 믿음이 탁월하고 매사에 적극적이었을까요? 본문은 이에 대해 '아니요'라고 말합니다. 본문에 따르면 미디안이 이스라엘을 점령한 지 8년째 되는 해에 기드온이 등장합니다. 그 첫 모습은 이러합니다.

"여호와의 사자가 아비에셀 사람 요아스에게 속한 오브라에 이르러 상수리나무 아래에 앉으니라 마침 요아스의 아들 기드온이 미디안 사람에게 알리지 아니하려 하여 밀을 포도주 틀에서 타작하더니" 삿 6:11.

드보라 이후 40년의 태평세월이 지나고나서 이스라엘 백성들은 다시 죄를 저지르기 시작합니다. 그래서 하나님은 그들을 미디안 사람들의 손에 붙이셨습니다. 미디안 사람들은 이스라엘 사람들을 학대했는데 그 방법이 조금 특이했습니다. 평소에는 이스라엘 백성들이 농사를 짓도록 가만히 놔두다가 추수 때만 되면 벌 떼같이 내려와서 추수한 농작물을 다 빼앗아 가버렸습니다. 차라리 농사를 짓지 않았다면 몰라도 농사를 지어 놓기만 하면 와서 다 빼앗아 가는 일이 7년 동안 반복되었습니다. 그러니 이스라엘 백성들이 얼마나 괴롭고 궁핍해졌겠습니까?

바로 이런 때에 기드온이 포도주 틀에서 밀을 타작하고 있었습니다. 보통 밀은 사방이 탁 트여 바람이 잘 부는 곳에서 타작합니다. 그래야 바람이 불어서 껍질이 날아갈 테니까요. 그런데 기드온은 지금 포도주 틀에서 밀을 타작하고 있습니다. 포도주 틀이 어떻게 생겼는지 잘 모르겠으면 나무로 된 큰 통을 연상해보십시오. 그 통이 크다 한들 얼마나 크겠습니까? 그 안에서 얼마 되지 않는 밀을 타작하고 있는 것입니다. 그 모습을 한번 상상해보십시오. 몇 줌 되지 않는 밀을 나무통에 넣고 미디안 사람들에게 들킬까봐 노심초사하며 찧고 있는 모습. '들키면 어떻게 하지?' 하면서 불안해하는 모습. 이런 모습에서 과연 용사의 풍모를 느낄 수 있습니까? 이것이 바로 기드온이 성경에 처음 등장하는 모습입니다.

그런 기드온에게 한 사람이 다가옵니다. 본문은 그를 여호와의 사자라고 밝힙니다. 성경에 나오는 '여호와의 사자'는 히브리어로 볼 때, 앞에 정관사가 붙어 있는 경우와 그렇지 않은 경우가 있습니다. 정관사가 없는 여호와의 사자는 그저 한 명의 천사이지만, 정관사가 붙어 있는 여호와의 사자는 성육신하기 이전의 예수 그리스도, 곧 하나님을 가리킵니다. 창세기 18장, 출애굽기 3장을 보면 여호와의 사자가 나중에는 하나님의 자격으로 말씀합니다. 바로 제2위인 성자 하나님입니다. 예수님은 육신을 입고 이 땅에 태어나기 전에 종종 사람의 모습으로 나타났는데 지금 기드온에게 나타나신 것입니다.

하나님은 연약한 우리를 찾아오시는 분입니다. 오셔서 우리를 놀랍게 변화시키시는 분입니다. 이것이 본문이 가르쳐주는 중요한 내용입니다. 이미 살펴본 대로 기드온은 연약함을 지니고 있었습니다. 그는 환경적인 이유로 낙심하고 있었습니다. 미디안의 억압으로 그의 가족은 늘 두려움 속에서 지내야 했고, 경제적으로도 끼니를 걱정할 정도로 어려운 처지에 있었습니다. 그래서 그날도 몰래 마음을 졸이며 포도주 틀에 몇 줌의 곡식을 찧고 있었던 것입니다. 그는 스스로 보기에도 겁 많고 연약한 자였으며, 형편은 너무나 열악했습니다.

그래서 하나님이 기드온에게 이스라엘을 구원하라고 하자 어떻게 대답합니까? "주여 내가 무엇으로 이스라엘을 구원하리이까"삿 6:15 상. 곧 "하나님, 저는 아무것도 없습니다. 돈도, 능력도, 학식도 없습니다. 이런 제가 무엇으로 이스라엘을 구원하겠습니까?"라고 말한 것입니다. 그는 이어서 말합니다. "보소서 나의 집은 므낫세 중에 극히 약하고 나는 내 아비 집에서 제일 작은 자니이다"삿 6:15 하. 사실 기드온은 덩치가 그리 작았던 것 같지는 않습니다. 기드온이라는 말에는 '크다, 힘이 있다' 라는 뜻이 있으므로 아마 그는 덩치가 큰 사람이었을 것입니다. 많은 성경학자들은 이 말이 '막내'를 뜻한다고 추측하고 있습니다.

당신 또한 자신에 대해 이런 낮은 마음을 가지고 있지는 않습니까? 어릴 적 어머니와 아버지가 소리치며 싸우는 모습을 보면서 자신도 모르게 마음 깊이 새겨진 상처, 그로 말미암아 마음 깊은 곳에 자리 잡은 연약함, 그리고 두려움이 있지 않습니까? 그래서 경쟁 사회 속에서 살아가는 것이 두렵고, 언제 찾아올지도 모르는 고난이 두려워 지금도 포도주 틀에 숨어 지내는 사람들이 우리 가운데도 많이 있습니다. 사실 이런 두려움은 누구나 가지고 있습니다.

마음속 깊은 곳에 이런 연약함이 있다면 이 본문으로 하나님을 깊이 묵상하시기 바랍니다. 몰래 포도주 틀에 곡식을 찧으며 두려운 마음으로 식구들의 한 끼 식사를 준비하던 기드온을 찾아가신 주님이 바로 오늘 우리가 믿는 주님입니다.

숨은 가능성을 보시는 하나님

그분은 오늘도 연약한 우리를 찾아와 이렇게 말씀하십니다. "큰 용사여 여호와께서 너와 함께 계시도다" 삿 6:12 하. 이런 상황에서 "큰 용사여"라니 말이 됩니까? 아마 다른 사람이 이렇게 말했더라면 기드온은 놀리는 소리라고 생각했을 것입니다. 주린 배를 움켜쥐고 몰래 곡식을 찧고 있는 그에게 용사라니 말이 됩니까? 그러나 하나님은 분명 기드온을 향해 "큰 용사여"라고 부르십니다.

하나님은 지금 당신을 향해서도 그렇게 부르고 계십니다. "큰 용사여." 하나님의 음성이 들리십니까? 하나님은 연약한 자를 향하여 왜 그렇게 말씀하실까요? 하나님은 언제나 우리 안에 있는 가능성을 보시기 때문입니다. 사람들은 현재 모습만 보고 우리를 무시합니다. "너 같은 것이 무슨 일을 하겠느냐?"라며 낙심시킵니다. 그러나 하나님은 언제나 겉으로 드러난 모습보다 우리 안에 있는 가능성을 보시며 우리의 미래를 내다보십니다. 그래서 기드온을 향하여 "큰 용사여"라고 부르신 것입니다.

유명한 조각가 미켈란젤로는 어느 날 산에 올라갔다가 작품용으로 쓸 만 한 돌을 발견하고는 이렇게 소리쳤다고 합니다. "다윗이 여기 있구나." 옆에 있던 사람이 보면 정신이 나갔다고 하지 않겠습니까? 그러나 미켈란젤로는 돌 속에서 자신이 조각할 다윗 상을 미리 보았습니다. 당장은 평범한 돌이지만 그 돌 안에 있는 자질을 본 것입니다.

하나님은 우리 인생의 위대한 조각가입니다. 그분에게 실패란 없습니다. 그분은 언제나 우리 안에 있는 가능성을 보십니다. 현재는 형편이 딱

해서 포도주 틀에서 곡식 한 줌을 타작하는 농부에 불과하지만 하나님은 기드온 안에서 이스라엘을 구원할 가능성을 보셨습니다.

요한복음 1장에는 안드레가 베드로를 예수님께 인도하는 모습이 기록되어 있습니다. 베드로가 나타나자 예수님은 그를 보고 이렇게 말씀하십니다.

"네가 요한의 아들 시몬이니 장차 게바라 하리라 하시니라(게바는 번역하면 베드로라)" 요 1:42 하.

여기서 게바는 수리아어이고 베드로는 헬라어입니다. 둘 다 반석이라는 뜻입니다. 알다시피 베드로는 얼마나 약점이 많았습니까? 그는 미천한 어부 출신에 교육도 제대로 받지 못했습니다. 그래서 베드로전, 후서를 쓸 때도 직접 쓰지 못하고 말로 불러주면 다른 사람이 대필했습니다. 그는 성격이 급하고 의지가 약했습니다. 그래서 최후의 만찬 상 앞에서 죽는 곳까지 예수님을 따라가겠다고 큰소리쳤다가 막상 예수님이 체포되자 세 번이나 예수님을 부인하고 말았습니다. 이 모두는 그가 예수님과 3년간 동행하면서 제자 훈련을 받고 난 후 저지른 실수입니다. 하물며 그가 예수님을 처음 만났을 때에는 약점이 얼마나 많았겠습니까?

그러나 예수님은 베드로를 보자마자 이렇게 말씀하십니다. "네가 장차 게바가 되리라. 반석이 되리라." 예수님은 그의 가능성을 보시고 그를 믿어주셨습니다. 그 결과 마침내 베드로는 예수님의 수제자가 되었고 인격과 신앙이 변화됩니다. 믿을 만한 전승에 의하면, 그는 로마 군인들이 그를 예수님과 똑같이 십자가에 달려고 하자 "내가 어떻게 예수님과 같이 똑바로 달려 죽을 수 있겠는가? 나를 거꾸로 매달라"고 요청했다고 합니다.

에베소서 2장 10절은 우리의 정체성에 대해 아주 귀한 말씀을 전해주고 있습니다. "우리는 그가 만드신 바라." 헬라어로 직역하면 '우리는 그의 걸작' 이라는 말입니다. 당신이 하나님의 걸작임을 믿으십니까? 우리 구원받은 사람들은 모두 하나님의 위대한 작품입니다. 그리스도 예수 안에서 선한 일, 위대한 일을 하도록 지음 받은 것입니다. 하나님은 우리를 하나님의 형상을 따라 만드셨습니다. 그리고 죄로 말미암아 사탄의 종이 된 우리를 그리스도의 피 값으로 구속하셨습니다. 저와 당신은 얼마짜리일까요? 1억 원짜리일까요, 천 억 원짜리일까요? 아닙니다. 우리는 '예수님짜리' 입니다. 하나님의 목숨과 바꾼 존재들입니다. 예수 그리스도의 보배 피로 새로 지음을 받은 자들입니다. 그래서 고린도후서 5장 17절은 이렇게 말합니다.

"그런즉 누구든지 그리스도 안에 있으면 새로운 피조물이라 이전 것은 지나갔으니 보라 새것이 되었도다."

여기서 새 것이란 하나님이 만드신 걸작을 말합니다. 하나님은 우리 안에 이미 걸작을 만들어놓으셨습니다. 우리가 위대한 일을 하도록 부르셨습니다. 우리가 비록 연약해도 하나님은 우리를 믿어주시고, 우리가 마침내 하나님의 걸작이 될 것을 바라보시며 오늘도 낙심하고 있는 우리를 찾아와 "큰 용사여"라고 부르실 줄 믿습니다.

사람들은 늘 우리의 약점을 지적합니다. 사탄은 그 약점을 통해 우리를 낙심시킵니다. 세상에 약점 없는 사람이 어디 있겠습니까? 어릴 적에 상처받지 않은 사람이 어디 있겠습니까? 사탄은 그런 우리에게 속삭입니다. "너는 어릴 때 이미 깊은 상처를 받았기 때문에 변화될 수 없어. 그냥 그렇게 살아야 돼. 네 아버지가 늘 화를 내며 살았으니 너도 그렇게 화를 내는 거야. 그냥 그렇게 살 수밖에 없어. 네 아버지가 술에 절어 살았듯이 너도 알코올 중독자가 될 수밖에 없어. 그게 네 운명이야." 또 이렇게 속삭입니다. "너는 절대 좋은 부모가 될 수 없어. 네 아이들은 이미 상처를 받아버렸어."

그러나 그것은 사탄의 음성입니다. 하나님은 오늘 우리에게 "큰 용사여"라고 말씀하십니다. 우리는 변화될 수 있습니다. 우리를 변화시키기 위해 하나님이 인간의 몸을 입고 십자가에서 돌아가셨습니다. 우리에게 새 생명을 불어 넣어주셨습니다. 이제 우리는 새로운 피조물이 되었습니다.

우리와 함께하시는 하나님

하나님은 기드온을 큰 용사라고 부르실 뿐 아니라 "여호와께서 너와 함께 계시도다"삿 6:12 하라고 말씀하십니다. 우리가 용사인 이유는 잘났기 때문이 아닙니다. 약점이 없기 때문이 아닙니다. 여호와가 함께 계시기 때문입니다. 하나님이 우리와 함께하시겠다는 말씀이 구약 성경에만 114번이나 나옵니다.

존경하는 지도자 모세가 죽고나서 수많은 백성을 가나안으로 인도해야 했던 여호수아는 얼마나 두려웠을까요? 그 동안 백성들이 돌을 들어 모세를 죽이려고 하는 장면을 수차례 보면서, 원망하고 욕하는 모습을 보면서 '나라면 저렇게 못하겠다' 라는 생각을 수없이 했을 것입니다. 그런데 어느 날 모세는 떠나버리고 자기가 직접 백성을 인도해서 가나안에 들어가야 할 처지가 되었으니 얼마나 두려웠을까요? 두려움에 사로잡혀 있는 그에게 하나님은 찾아와 말씀하십니다.

"내가 네게 명령한 것이 아니냐 강하고 담대하라 두려워하지 말며 놀라지 말라 네가 어디로 가든지 네 하나님 여호와가 너와 함께 하느니라 하시니라" 수 1:9.

하나님은 임마누엘의 하나님입니다. 임마누엘이란 '하나님이 우리와 함께하신다' 는 뜻입니다. 하나님이 이렇게 약속하셨음에도 불구하고 기드온은 여전히 그 말씀을 확신하지 못하고 표징을 구합니다. 사실 이것이 우리의 모습 아니겠습니까? 아버지를 믿지 못해 수영장 물에 선뜻 뛰어들지 못하는 아이처럼 우리는 늘 머리로는 하나님이 어떤 분인 줄 알면서도 망설입니다. 그러나 하나님은 그런 기드온을 비난하지 않고 오히려 표징을 보여주십니다.

"하나님의 사자가 그에게 이르되 고기와 무교병을 가져다가 이 바위 위에 놓고 국을 부으라 하니 기드온이 그대로 하니라 여호와의 사자가 손에 잡은 지팡이 끝을 내밀어 고기와 무교병에 대니 불이 바위에서 나와 고기와 무교병을 살랐고 여호와의 사자는 떠나서 보이지 아니한지라" 삿 6:20-21.

1855년 봄, 열여덟 살 소년이 보스턴으로 이사 와서 한 교회에 출석을 합니다. 전에도 교회를 다녔던 그는 성경공부 반에 들어가 성경을 배우는데 얼마나 성경과 복음에 무지했던지 1년이 다 되도록 교인으로 등록하지 못했습니다. 그 당시 교회는 오늘날처럼 몇 주 출석하고 새가족공부 4주 과정을 마치면 교인 등록을 할 수 있는 체제가 아니었습니다. 교회위원회가 교인으로 합당하다고 인정해주어야만 비로소 교인으로 등록할 수 있었습니다. 그런데 소년은 성경도 잘 모르는데다 학교 교육을 제대로 못 받아서 문법도 틀리고 글씨도 엉망이었습니다. 그래도 열심히 성경공부를 하고 교회에 출석하니 위원회는 그 정성을 보고 마지못해 그를 교인으로 등록시켜주었습니다. 수년 후 세월이 흘러 그는 부흥사가 되어 전 미국을 변화시키는 놀라운 하나님의 사자로 쓰임 받았습니다. 그가 바로 D. L. 무디입니다.

하나님은 어떤 분입니까? 하나님은 연약한 우리에게 다가와 그분의 걸작으로 변화시키시는 분입니다. 그 하나님을 의지하며 살아가십시오. 하나님은 우리를 포도주 틀에서 역사의 무대로 이끌어내시는 분입니다. 당신 안에 하나님이 새롭게 만드신 놀라운 능력을 일깨우며 살아가십시오. 하나님께 인생을 맡기면 당신은 변화될 수 있습니다. 가정이 변화될 수 있습니다. 부부관계도 새로워질 수 있습니다. 우리의 힘으로는 불가능하지만 하나님의 능력으로는 불가능한 것이 없습니다. 기드온이 바위 위에 국과 제물을 쏟았더니 여호와의 사자가 지팡이를 대자 불이 반석에서 나와 모든 것을 살라버렸습니다. 하나님의 능력을 보여주시는 장면입니다.

당신은 아브라함과 마찬가지로 당신의 자손과 뭇사람에게 축복의 통로가 될 수 있는 큰 용사입니다. 하나님은 우리 마음 안에 있는 그 어떤 상처도 치유하실 수 있는 분입니다. 하나님은 우리의 어떤 약점도 변화시킬 수 있는 분입니다. 그 하나님을 믿으십시오. 하나님을 따라가기만 하면, 기드온을 들어서 위대한 일을 감당케 하셨던 그 하나님이 오늘 우리 인생과 가정과 후손들도 들어 쓰실 줄 믿습니다.

6장

변화의 열쇠, 순종

사사기 6:25-32

변화되기 원합니까? 정말 하나님의 은혜를 체험하고 싶습니까?
그저 교회만 왔다 갔다 하는 것이 아니라
살아계신 하나님의 능력이 나와 자손 대대에 전해지기를 원합니까?
놀라운 변화의 주인공이 되는 길이 여기에 있습니다.

그 날 밤에 여호와께서 기드온에게 이르시되 네 아버지에게 있는 수소 곧 칠 년 된 둘째 수소를 끌어 오고 네 아버지에게 있는 바알의 제단을 헐며 그 곁의 아세라 상을 찍고 또 이 산성 꼭대기에 네 하나님 여호와를 위하여 규례대로 한 제단을 쌓고 그 둘째 수소를 잡아 네가 찍은 아세라 나무로 번제를 드릴지니라 하시니라 이에 기드온이 종 열 사람을 데리고 여호와께서 그에게 말씀하신 대로 행하되 그의 아버지의 가문과 그 성읍 사람들을 두려워하므로 이 일을 감히 낮에 행하지 못하고 밤에 행하니라 그 성읍 사람들이 아침에 일찍이 일어나 본즉 바알의 제단이 파괴되었으며 그 곁의 아세라가 찍혔고 새로 쌓은 제단 위에 그 둘째 수소를 드렸는지라 서로 물어 이르되 이것이 누구의 소행인가 하고 그들이 캐어 물은 후에 이르되 요아스의 아들 기드온이 이를 행하였도다 하고 성읍 사람들이 요아스에게 이르되 네 아들을 끌어내라 그는 당연히 죽을지니 이는 바알의 제단을 파괴하고 그 곁의 아세라를 찍었음이니라 하니 요아스가 자기를 둘러선 모든 자에게 이르되 너희가 바알을 위하여 다투느냐 너희가 바알을 구원하겠느냐 그를 위하여 다투는 자는 아침까지 죽임을 당하리라 바알이 과연 신일진대 그의 제단을 파괴하였은즉 그가 자신을 위해 다툴 것이니라 하니라 그 날에 기드온을 여룹바알이라 불렀으니 이는 그가 바알의 제단을 파괴하였으므로 바알이 그와 더불어 다툴 것이라 함이었더라 (삿 6:25-32).

목회를 하면서 많은 사람들의 삶을 가까이에서 볼 수 있는 기회를 가집니다. 그러면서 똑같이 예수를 믿어도 그 결과는 사람마다 다르다는 것을 느낍니다. 어떤 이의 삶에는 뚜렷하고 놀라운 변화가 일어나는 반면, 어떤 이는 여러 해를 믿었음에도 불구하고 삶에 아무런 변화가 없습니다. 분명히 예수 그리스도를 영접하고 구원받은 하나님의 자녀들인데도 왜 그 삶에 아무런 변화가 일어나지 않는 걸까요? 왜 처음에는 뜨거워지는 것 같다가 이내 식어버리고 말까요? 본문이 그에 대한 답을 주고 있습니다.

기드온은 태어나면서부터 용사가 아니었습니다. 그는 겁이 많은 사람이었습니다. 그래서 미디안 사람들에게 들키지 않으려고 포도주 틀 속에 몇 줌 되지 않는 곡식을 넣고 두려운 마음으로 찧고 있었습니다. 그러한 그에게 하나님이 나타나 이렇게 말씀하십니다. "큰 용사여, 내가 너와 함께하마." 얼마나 은혜로운 말씀입니까? 이렇게 하나님은 언제나 우리를 찾아와 격려하고 위로해주시는 분입니다. 그 옛날 기드온에게 나타나 격려하고 위로하셨던 하나님이 바로 우리가 믿는 하나님입니다. 그 하나님은 지금도 우리를 찾아와 위로하고 격려하는 분이신 줄 믿습니다.

그런데 잊지 말아야 할 것이 있습니다. 기드온의 이야기가 여기서 끝나지 않는다는 것입니다. 겁 많던 기드온이 용사가 된 이유가 무엇입니까? 하나님이 그에게 나타나 위로해주셨기 때문입니까? 맞습니다. 성경은 분명 그렇게 가르쳐주고 있습니다. 그런데 하나님이 찾아와 그저 위로하시는 것만으로도 우리의 삶에 변화가 일어난다면 얼마나 좋을까요? 예수님을 구세주로 영접하고 하나님의 자녀가 되면 그날 이후로 삶이 저절로 변화되어 늘 승리하며 살게 된다면 얼마나 좋을까요? 그러나 본문은 그후 따르는 일에 대해 이야기합니다.

위로와 격려 그리고 명령

기드온에게 용기를 주고 위로하신 하나님은 이제 그가 해야 할 일들을 명령하십니다. 하나님이 어떤 일을 시키셨는지 보십시오.

"그 날 밤에 여호와께서 기드온에게 이르시되 네 아버지에게 있는 수소 곧 칠 년 된 둘째 수소를 끌어 오고 네 아버지에게 있는 바알의 제단을 헐며 그 곁의 아세라 상을 찍고 또 이 산성 꼭대기에 네 하나님 여호와를 위하여 규례대로 한 제단을 쌓고 그 둘째 수소를 잡아 네가 찍은 아세라 나무로 번제를 드릴지니라 하시니라" 삿 6:25-26.

바알의 제단이 왜 기드온의 집에 있었을까요? 어떤 성경학자들은 그 당시 집집마다 바알 제단이 있었다고 말하지만 그것은 믿기 힘든 견해입니다. 기드온의 집에 있던 바알 제단의 규모는 그렇게 작지 않았습니다.

그래서 성경학자들은 그 동네의 대표적인 바알 제단이 기드온의 집 뒤뜰에 있었다고 생각합니다. 저도 그 의견에 동의합니다. 그런데 하나님은 지금 동네를 대표하는 바알 제단과 아세라 상을 허물고 찍어버리라고 명령하십니다. 그것이 당시에 어떤 일인지 짐작됩니까? 하나님이 시키신 일은 결코 쉬운 일이 아니었습니다.

얼마 전 고고학자들이 기드온이 살았던 오브라는 곳 바로 옆 므깃도에서 바알 제단을 발굴해냈는데 그 규모가 생각보다 큽니다. 가로 세로가 각각 3미터이고 높이가 1.5미터 정도로서 돌과 진흙을 단단하게 쌓은, 오늘날로 말하면 대형 콘크리트로 만든 제단이었습니다. 그 크기와 규모로 볼 때 기드온이 마음먹는다고 해서 간단하게 처리할 수 있는 일이 아니었습니다. 기드온이 그 일을 혼자서 하지 않고 종 열 명을 데려와 한 것만 보더라도 이 제단이 얼마나 크고 무너뜨리기 어려웠을지 짐작해 볼 수 있습니다. 더군다나 하나님은 제단만 허물게 하신 것이 아니라 그 옆에 있는 아세라 상도 찍어서 그것으로 불을 때 기드온 아버지의 수소를 제물로 바치라고 명령하십니다.

"그 날 밤에 여호와께서 기드온에게 이르시되 네 아버지에게 있는 수소 곧 칠 년 된 둘째 수소를 끌어 오고 네 아버지에게 있는 바알의 제단을 헐며 그 곁의 아세라 상을 찍고" 삿 6:25.

네 아버지에게 있는 수소, 곧 7년 된 둘째 수소. 이것이 무슨 뜻일까요? 우리말 성경에는 수소 한 마리같지만, 히브리어 원문을 보면 두 마리 수소를 말하고 있습니다. "네 아비의 수소, 그 다음에 7년 된 둘째 수소"라는 뜻입니다. '네 아비의 수소'는 아마도 기드온의 아버지 요아스가 바알에게 바치려고 집안에서 기르던 젊은 수소를 말하는 것 같습니다. 하나님은 왜 7년 된 수소를 취하라고 했을까요? 그것은 이스라엘이 미디안의 점령 아래 있던 기간인 7년을 뜻하는 것 같습니다. 종들과 함께 제단을 헐고 아세라 상을 넘어뜨리는데도 아마 수소가 필요했을 것입니다. 그러고나서 찍어버린 아세라 상을 땔감 삼아 두 마리의 수소를 하나님께 제사로 드렸습니다. 이 일이 얼마나 중대하고 위험한지는 그 동네 사람들의 반응을 보면 짐작할 수 있습니다.

"성읍 사람들이 요아스에게 이르되 네 아들을 끌어내라 그는 당연히 죽을지니 이는 바알의 제단을 파괴하고 그 곁의 아세라를 찍었음이니라 하니"삿 6:30.

기드온이 한 일은 그만큼 위험한 일이었습니다. 동네 사람들의 마음에 불을 지르는, 도저히 용납될 수 없는 일을 하나님이 기드온에게 시키신 것입니다. 정말 목숨을 내놓고 해야 할 일이었습니다. 무엇이 우리의 삶에 변화를 가져다줍니까? 무엇이 우리의 삶에 승리를 가져다줍니까? 그것은 바로 하나님에 대한 올바른 순종입니다. 성경을 살펴보십시오. 하나님이 쓰셨던 인물 가운데 그분의 말씀에 순종하지 않고 삶의 변화를 체험한 사람이 있습니까? 단 한 사람도 없습니다.

어느 날 하나님은 아브라함에게 나타나 그를 만민을 축복하는 복의 통로로 삼을 것이라고 말씀하셨습니다. 분명 그것은 놀라운 은혜입니다. 우상을 섬기던 그를 불러서 모든 민족의 복의 근원으로 삼으시겠다니 얼마나 큰 은혜입니까? 그러나 말씀은 거기서 끝나지 않습니다. 하나님은 아브라함에게 본토 친척 아비 집을 떠나라고 명하셨고, 그는 그 말씀에 의지하여 떠났다고 성경은 전합니다. 그것도 갈 바를 알지 못하고 떠났습니다.

스스로를 인생의 실패자로 여기며 주저앉아 있던 모세에게 어느 날 하나님이 나타나 그를 부르셨습니다. 다 끝나버린 인생인 줄 알았는데, 나이 여든에 이제는 늙어서 아무것도 할 수 없을 줄 알았는데 하나님이 불러서 지도자로 삼으시겠다고 하니 웬 은혜입니까? 그런데 성경은 거기서 그치지 않고 다음 이야기를 들려줍니다. 모세가 하나님의 명령을 따라 이스라엘 백성을 구하기 위해 노구를 이끌고 애굽으로 떠났다고 말합니다. 성경을 보면 모세가 걸어간 순종의 길이 얼마나 힘하고 어려웠는지 잘 알 수 있습니다. 그러나 모세는 그 길을 꿋꿋이 걸어갔습니다.

하나님의 교회를 핍박하기 위해 다메섹으로 가던 사울에게 어느 날 하나님이 나타나셨습니다. 그것은 이해할 수 없는 은혜였습니다. 하나님을 핍박하는 자를 들어 복음을 전하는 도구로 삼으시겠다니 말입니다. 그러나 성경은 거기서 끝나지 않고 사울이 어떻게 하나님의 사도가 되었는지 증언합니다. 그는 그날 이후 오직 예수 그리스도의 말씀에 순종하며 살았습니다. 로마 감옥에서 자기 생명이 얼마 남지 않았음을 알고도 여전히 하나님을 신뢰하고 감사했습니다. 평생 순종하며 살았습니다.

삶에 순종의 열매가 있는가?

예수님을 믿는데도 왜 우리 삶에 변화가 없을까요? 우리에게 임한 하나님의 은혜가 모세와 아브라함과 사도 바울에게 임한 것보다 작아서일까요? 왜 다른 사람의 삶은 변하는데 나의 삶은 변하지 않을까요? 내게 임한 하나님의 은혜가 다른 사람의 것보다 작아서일까요? 당신 안에 이런 의문이 있습니까?

그렇다면 예수 그리스도를 믿은 후 당신이 하나님께 드린 순종의 열매를 한번 살펴보십시오. 해답은 거기에 있습니다. 성경에는 하나님이 우리에게 주시는 수많은 명령이 기록되어 있습니다. 십계명에도 명령이 가득합니다. 우상숭배하지 말라, 거짓말하지 말라, 간음하지 말라, 탐내지 말라…. 당신은 얼마나 순종했습니까?

예수님은 친히 우리에게 원수를 사랑하라고 말씀하셨습니다. 하물며 교회 안에 있는 형제는 어떻겠습니까? 당신은 이 말씀에 얼마나 순종했습니까? 부부 사이에, 형제 사이에, 성도 사이에 조금만 서운한 일이 있어도 가슴에 묻어두고 풀지 않는 자신의 모습을 살펴보십시오. 예수님은 땅 끝까지 가서 제자 삼으라고 명령하셨습니다. 서신서에도 수많은 명령이 나옵니다. 술 취하지 말라, 방탕하지 말라, 투기하지 말라, 음욕을 품지 말라, 땅엣것을 생각지 말라, 세상을 사랑치 말라, 성령의 충만함을 받으라, 위엣것을 찾으라, 너희 몸을 거룩한 산제사로 드리라…. 여기에 얼마나 순종했습니까? 순종하기 위해 얼마나 발버둥 쳐보았습니까?

하나님은 왜 이런 명령들을 성경에 기록하셨을까요? 그저 한 번 읽고 "은혜로운 말씀이구나" 하고 지나치라고 그 명령들을 주셨습니까? 아닙니다. 그 명령들을 주신 이유는 하나입니다. 바로 우리가 그렇게 살기를 원해서입니다. 예수님을 믿는다는 것은 보험에 가입하는 것이 아닙니다.

죽어서 지옥 가면 안 되니까 만일을 위해서 믿어두는 것이 아니란 말입니다. 저는 하나님의 은혜를 믿습니다. 성경의 인물들은 모두 은혜를 받고 난 후 삶이 달라졌습니다. 순종의 삶을 살았습니다.

하나님의 말씀에 순종하려고 애쓰지 않는다는 것은 우리가 믿은 복음이 가짜라는 말입니다. 우리가 하나님의 은혜가 무엇인지 모르는 사람이라는 뜻입니다. 구원을 쉽게 생각하지 마십시오. 이른바 값싼 은혜에 속지 마십시오. 그것은 하나님의 은혜가 아닙니다. 우리의 삶에 변화가 없는 이유는 단 하나입니다. 바로 순종하지 않는 것! 내 삶이 변화되지 않는 것은 내게 임한 하나님의 은혜가 부족해서가 아니라 내가 하나님의 말씀을 은혜로 받지 않고 순종하지 않기 때문입니다.

본문은 순종이 결코 쉬운 것이 아님을 가르쳐줍니다. 때로는 손해를 감수하고 목숨을 걸어야 할 때도 있습니다. 가진 재물을 다 걸어야 될 때도 있습니다. 순종에 앞서 우리는 종종 두려움을 느끼기도 합니다. 본문은 기드온이 하나님의 명령에 순종하자마자 두려움이 하루아침에 사라져버렸다고 말하지 않습니다.

"이에 기드온이 종 열 사람을 데리고 여호와께서 그에게 말씀하신 대로 행하되 그의 아버지의 가문과 그 성읍 사람들을 두려워하므로 이 일을 감히 낮에 행하지 못하고 밤에 행하니라" 삿 6:27.

순종이 왜 어려운지 아십니까? 두렵기 때문입니다. 목사인 저도 마찬가지입니다. '순종하다가 망할지 모른다. 손해 볼지 모른다' 는 마음이 제게도 있습니다. 이처럼 순종은 쉬운 일이 아닙니다. 그러나 순종은 구원받은 그리스도인들이 걸어가야 할 길입니다. 정말 하나님의 은혜가 무엇인지 아는 사람은 순종의 길을 갑니다. 기꺼이 좁은 길을 걸어갑니다. 그래서 예수님은 마태복음 7장에서 이렇게 말씀하십니다.

"나더러 주여 주여 하는 자마다 다 천국에 들어갈 것이 아니요 다만 하늘에 계신 내 아버지의 뜻대로 행하는 자라야 들어가리라"마 7:21.

분명히 "네 아버지의 뜻대로 행하는 자라야"라고 말씀하고 계십니다. 은혜는 반드시 행위로 나타나게 마련입니다. 은혜는 순종으로만 열매를 맺는 나무입니다. 변화되기 원합니까? 정말 하나님의 은혜를 체험하고 싶습니까? 그저 교회만 왔다 갔다 하는 것이 아니라 살아계신 하나님의 능력이 당신의 삶과 자손 대대에 전해지기를 원합니까? 그렇다면 순종하며 사십시오. 이제 결단하시기 바랍니다.

기드온과 같이 순종하기로 결단하고 어떤 어려움이 와도, 내 감정이나 이성으로는 납득되지 않아도 그 길을 걸어갈 때 우리에게 어떤 일이 일어나는지 성경은 분명하게 말해줍니다.

하나님께 기회를 드려라

먼저, 기드온은 동네 사람들의 분노와 위험에 직면했습니다. "성읍 사람들이 요아스에게 이르되 네 아들을 끌어내라 그는 당연히 죽을지니 이는 바알의 제단을 파괴하고 그 곁의 아세라를 찍었음이니라 하니"삿 6:30. 이것이 바로 순종의 결과입니다. 믿고 싶지는 않지만 하나님께 순종할 때 우리는 칭찬보다 비난을 받게 될 수 있습니다. 비난 정도가 아니라 아주 큰 위험을 맞이할 수도 있습니다. 많은 사람들이 하나님께 순종하고난 후 몰려드는 비난과 핍박 때문에 그 길을 금방 포기하고 맙니다. 예수님은 그 사실을 알고 요한복음에서 친히 이렇게 말씀하셨습니다.

"내가 너희에게 종이 주인보다 더 크지 못하다 한 말을 기억하라 사람들이 나를 박해하였은즉 너희도 박해할 것이요 내 말을 지켰은즉 너희 말도 지킬 것이라" 요 15:20.

이와 같이 순종의 길을 걸으면 핍박이 찾아옵니다. 그럼에도 끝까지 순종하면 어떤 일이 일어날까요?

그 다음 주위 사람들에게 변화가 일어났습니다. 기드온이 하나님의 명령에 순종하자 그 집안에 이상한 일이 일어납니다. 기드온의 아버지 요아스가 변화된 것입니다. 앞서 말한 대로 요아스는 자기 집 뒤뜰에 바알 제단을 세울 만큼 앞장서서 바알 신을 섬기는 사람이었습니다. 그런데 기드온이 순종의 삶을 살기로 하자 그는 동네 사람들에게 이렇게 대꾸합니다.

"요아스가 자기를 둘러선 모든 자에게 이르되 너희가 바알을 위하여 다투느냐 너희가 바알을 구원하겠느냐 그를 위하여 다투는 자는 아침까지 죽임을 당하리라 바알이 과연 신일진대 그의 제단을 파괴하였은즉 그가 자신을 위해 다툴 것이니라 하니라" 삿 6:31.

"바알 신이 살아 있다면 당연히 이 단을 헌 내 아들을 징벌하지 않겠느냐?"라고 말하고 있는 것입니다. 기드온의 아버지가 달라졌습니다. 우리 모두는 믿지 않는 배우자가 변화되기를 원합니다. 믿지 않는 자녀가 정말 하나님을 사랑하고 맡은 일을 잘 할 수 있기를 원합니다. 그런데 가족의 변화는 다름 아닌 내가 하나님 앞에 순종하는 데서 시작된다고 성경은 말합니다. 바꾸어 말하면, 내가 예수를 믿어도 가족이 참되게 변화되지 않는 이유는 내가 하나님의 말씀에 100퍼센트 순종하지 않았기 때문이라는 것입니다.

순종하는 삶에는 영향력이 있습니다. 과학자들도 말하고 있지만 사람에게는 기(氣)가 있습니다. 주일 예배 시간에 설교를 하다보면 1부, 2부, 3부 예배마다 분위기가 다른 것을 느낍니다. 더 재미있는 것은 성도들이 앉아 있는 자리별로 제 마음이 달라진다는 것입니다. 어떤 곳으로는 시선을 돌리기 싫을 때가 있는데 자세히 살펴보면 거기에는 예배에 집중하지 않는 사람들이 있습니다. 반대로 어떤 곳에서는 힘을 얻습니다. 거기에는 누군가 힘을 발산하는 사람이 있습니다. 설교자라면 모두 느껴보았을 것입니다. 이것이 바로 기입니다.

하나님의 말씀에 전적으로 순종하는 자, 거룩하게 사는 자, 주님을 의지하며 사는 자에게는 힘이 있습니다. 그 주위 사람들마저 생기가 돕니다. 이런 사람이 교회에 가면 교인들이 살아나고, 가정에 가면 가족들이 살아납니다. 이런 사람이 어떻게 지도자가 되지 않을 수 있겠습니까? 당신은 지금까지 어떤 힘을 발산했는지 한번 돌이켜보십시오.

마지막으로, 우리가 순종하며 살 때 주위 사람이 변화될 뿐만 아니라 자신에게 성령 충만이 일어납니다.

"여호와의 영이 기드온에게 임하시니 기드온이 나팔을 불매 아비에셀이 그의 뒤를 따라 부름을 받으니라" 삿 6:34.

기드온이 그냥 용사가 된 것이 아닙니다. 여호와의 신이 강림하여 나팔을 불자 겁쟁이였던 그에게 사람들이 몰려들기 시작했습니다. 할렐루야! 여호와의 신이 기드온에게 언제 임하셨습니까? 그가 바알 제단을 헐고 아세라 상을 찍어낸 다음입니다. 아무리 하나님을 뜨겁게 만나 감격의 눈물을 흘렸다고 해도 우리 집에, 우리 삶에 바알이 남아 있는 한 성령은 역사하지 않습니다. 하나님보다 더 사랑하는 것이 남아 있고, 내 고집이 남아 있을 때 성령은 역사하실 수 없습니다. 진정 변화되기를 원한다면 집 뒤뜰에 있는 아세라 상과 바알 제단을 헐라고 성경은 말합니다. 순종하라고 말합니다. 하나님보다 더 사랑하는 것을 포기하라고 말합니다.

하루는 시카고의 빈민 거리를 목사와 이발사가 나란히 걷고 있었습니다. 노숙자들이 거주하는 곳이라서 악취가 심하고 더러웠습니다. 이발사는 회의론자였는데 비아냥거리듯이 목사에게 말했습니다. "목사님, 정말 하나님이 살아계시고, 진정 사랑의 하나님이라면 사람들을 어떻게 저렇게 살도록 내버려두신단 말입니까?"

그때 마침 히피족이 그들의 곁을 지나갔습니다. 머리를 어깨까지 기르고 수염도 깎지 않은 모습이었습니다. 그때 목사는 이렇게 말했습니다. "아니, 당신은 소위 이발사라고 하면서 사람들이 저렇게 수염도 깎지 않고 난발을 하고 돌아다니도록 그냥 둡니까?" 그랬더니 이발사는 "그야 저 사람들이 이발소에 안 오니까 그렇죠. 오기만 하면 멋있는 신사로 만들어줄 텐데요"라고 대답했습니다. 그때 목사는 이렇게 말했습니다. "하나님도 마찬가집니다. 하나님께 당신의 삶을 맡기고 기회를 드린다면 그분은 당신의 삶을 변화시키실 수 있습니다."

그렇게 기회를 드리는 것이 순종입니다. 이왕 예수 믿을 바에야 하나님께 다 맡겨보지 않겠습니까? 왜 경계선에 서서 갈등합니까? 당신의 남은 생을 하나님께 다 맡겨서 기드온처럼 쓰임 받아 자신의 삶과 집안뿐 아니라 한 나라를 구원하는 놀라운 지도자가 되기를 바랍니다.

7장

하나님의 뜻을
구하는 법

사사기 6:36-40

수없는 선택 앞에서 우리는 방황하며 고민합니다.
그 모든 일에 하나님의 뜻을 알고 싶어합니다.
하나님 앞에서 이미 밝게 빛나는 별과 같은 존재인 우리가
어떻게 눈앞의 유익을 떠나 그분의 마음을
헤아릴 수 있는지 생각해봅니다.

기드온이 하나님께 여쭈되 주께서 이미 말씀하심 같이 내 손으로 이스라엘을 구원하시려거든 보소서 내가 양털 한 뭉치를 타작 마당에 두리니 만일 이슬이 양털에만 있고 주변 땅은 마르면 주께서 이미 말씀하심 같이 내 손으로 이스라엘을 구원하실 줄을 내가 알겠나이다 하였더니 그대로 된지라 이튿날 기드온이 일찍이 일어나서 양털을 가져다가 그 양털에서 이슬을 짜니 물이 그릇에 가득하더라 기드온이 또 하나님께 여쭈되 주여 내게 노하지 마옵소서 내가 이번만 말하리이다 구하옵나니 내게 이번만 양털로 시험하게 하소서 원하건대 양털만 마르고 그 주변 땅에는 다 이슬이 있게 하옵소서 하였더니 그 밤에 하나님이 그대로 행하시니 곧 양털만 마르고 그 주변 땅에는 다 이슬이 있었더라(삿 6:36-40).

그리스도인들에게 하나님의 뜻을 발견하는 것보다 더 간절하고 어려운 일은 없을 것입니다. 모두들 하나님의 뜻을 찾기 위해 나름대로 고민해보았을 것입니다. 우리 모두는 하나님의 뜻을 알고 그 길로 달려가기를 원합니다. 문제는 하나님의 뜻이 원하는 만큼 분명하게 다가오지 않는다는 것입니다. 그래서 신앙의 길을 가다가 지도를 잃어버린 사람마냥 방황할 때가 많습니다. 누구와 결혼할 것인가? 사업을 해야 하나, 아니면 직장을 다녀야 하나? 이사를 갈 것인가, 말 것인가? 직장 생활을 어떻게 해야 하나? 어디에 취직을 해야 하나? 수많은 선택 앞에서 우리는 방황하며 고민합니다. 그리고 이 모든 일에 하나님의 뜻을 알고 싶어 합니다.

양털 기적의 한계

기드온이 하나님의 뜻을 찾기 위해 양털을 사용한 이 본문은 웬만한 주일학교 학생이라면 아는 내용입니다. 이 구절을 볼 때마다 하나님의 뜻을 안타깝게 찾던 옛 기억이 되살아납니다. 고등학교를 졸업한 직후 저는 하나님이 저를 부르시는 것 같다는 느낌이 들었습니다. 신학교에 가라고 말씀하시는 것 같았습니다. 한두 번이 아니라 기도만 하면 그런 마음이 자꾸 들었습니다. 당시에 형님 세 분은 모두 이미 신학교를 졸업하거나 재학 중이었습니다. 그런 마음을 아버지께 말씀드렸더니 아버지는 펄쩍 뛰셨습니다. "형 셋이 다 신학교를 갔으니 너라도 사업을 물려받아 형들 목회하는 데 도움을 주면 좋지 않겠니"라고 회유하셨습니다. 그렇지만 하나님이 계속 저를 부르시는 것만 같았습니다. 하나님의 뜻이 어디에 있는지 굉장히 고민이 되었지요.

그러던 어느 날 이 본문을 읽고 나도 그 방법을 써봐야겠다는 생각에 집안을 뒤졌습니다. 하지만 양털이 있을 리는 없고 대신 자기 전에 빈 그릇을 갖다 놓고 기도했습니다. "주여, 신학교를 가는 것이 주의 뜻이면 내일 아침까지 이 빈 그릇에 물이 차게 하옵소서." 아침에 일어나보니 그릇은 바짝 말라 있었습니다. 왠지 한 구석에 서운한 마음이 들었습니다. 그래서 이번에는 그릇에 물을 가득 떠놓고 "주여, 신학교를 가는 것이 주의 뜻이면 이 물이 내일 아침에 바짝 마르게 하옵소서"라고 다시 기도했습니다. 어떻게 됐을까요? 물이 가득 차 있었습니다. 그래도 저는 신학교에 갔고 오늘날 목사가 되었습니다.

당신은 하나님의 뜻을 어떻게 찾고 있습니까? 우리 모두는 하나님이 기드온에게 하신 대로 하나님의 뜻을 우리에게 기적으로 분명하게 말씀해주시기를 원합니다. 단 몇 초라도 좋으니 직접 나타나 '그렇다' 혹은 '아니다'로 말씀해주시기를 원합니다. 어떤 그리스도인은 눈을 감고 성경을 펴서 손가락으로 짚은 구절을 주님의 뜻으로 받으려고 했다고 합니다. 그런데 이게 웬일입니까? 하필 거기에 "유다가 목매어 죽으니라"는 구절이 나온 것입니다. 이것은 아니다 싶어 다시 한 번 "주여" 하며 성경을 펼치니 뭐가 나왔는지 아십니까? "가서 너도 이와 같이 하라." 이것도 아니다 싶어서 삼세번 기도한 다음에 펼쳤더니 거기에는 이렇게 쓰여 있더랍니다. "어느 때까지 둘 사이에서 머뭇머뭇 하려느냐."

우리는 본문에 나온 기적이 우리에게도 일어나기를 희망합니다. 모두들 기드온을 부러워하며 '하나님이 내게도 나타나 뜻을 계시해주시면 얼마나 좋을까' 하고 생각합니다. 그러나 과연 본문에 나온 기드온의 행동이 본받을 만한 일입니까? 그의 행동은 옳은 것이었습니까? 본문은 과연 기드온을 칭찬하고 있습니까? 하나님은 지금도 당신의 뜻을 확정하기 위해 우리에게 이런 기적을 사용하기를 원하실까요? 오늘날 우리도 하나님의 뜻을 찾기 위해 기드온이 구한 대로 하나님 앞에 간구하는 것이 옳을까요?

많은 그리스도인들은 기드온의 양털 기적이 하나님의 뜻을 찾는 좋은 방법이라고 생각합니다. 그러나 본문을 자세히 들여다보면 거기에는 몇 가지 문제점이 있습니다.

먼저 기드온은 하나님의 뜻을 이미 명확하게 알고 있었습니다.

"기드온이 하나님께 여쭈되 주께서 이미 말씀하심같이 내 손으로 이스라엘을 구원하시려거든"삿 6:36.

"주께서 이미 말씀하심같이"에서 하나님이 이미 기드온에게 나타나 당신의 뜻을 명확하게 말씀하셨음을 알 수 있습니다. "내 손으로 이스라엘을 구원하려 한다"고 분명히 말씀하셨습니다. 기드온은 하나님의 뜻을 알고 있었습니다. 기드온을 통해 이스라엘을 구원하는 것, 그것이 하나님의 분명한 뜻이었습니다. 하나님은 기드온을 향한 당신의 뜻을 확증하기 위해 기드온에게 성령을 부어주시고 3만 2천 명이나 되는 이스라엘 백성을 기드온 앞으로 모이게 하셨습니다. 앞에서 보았듯이 원래 기드온은 용사가 아니라 겁이 많은 사람이었습니다. 그런 그에게 그 많은 사람들이 모였다는 것 자체가 놀라운 기적입니다. 이것보다 더 분명한 증거가 어디에 있습니까?

그럼에도 불구하고 기드온은 다시 하나님께 양털로 확증해주시기를 요구했습니다. 기드온의 요청에 하나님은 응답해주셨습니다. 하지만 하나님이 응답하셨다고 해서 그 행동이 옳았다는 뜻은 아닙니다. 자비로운 하나님이 믿음 없는 기드온을 긍휼히 여기셔서 응답하셨을 뿐이지 기드온의 행동이 옳은 것은 전혀 아니었습니다. 사실 기드온의 양털 사건은 하나님의 뜻을 찾는 좋은 방법이라기보다는 그의 믿음이 부족함을 여실히 보여준 사건입니다.

본문을 자세히 보면 양털 사건은 결국 문제를 해결하지 못했습니다. 첫날 기드온은 바짝 마른 마당 가운데 양털 한 주먹을 놔두고는 양털에만 이슬이 내려서 흠뻑 젖게 해달라고 기도합니다. 그러자 기도한 대로 기적이 일어났습니다. 그럼에도 기드온이 가지고 있는 문제는 해결되지 않았습니다. 그래서 다음 날에는 양털은 마르고 마당만 젖게 해달라고 바꿔서 기도를 합니다.

우리도 그렇습니다. "하나님, 꿈에 나타나 한 마디만 해주시면 따르겠습니다"라고 기도하다가 막상 그런 꿈을 꿔보십시오. 과연 그럴까, 개꿈은 아닐까 반신반의합니다. 우리는 기적에 만족하지 못합니다.

어느 집사님이 직장을 그만두고 사업을 하려니 너무 망설여지더랍니다. 그러다 망하는 것은 아닐까 걱정하며 하나님의 뜻을 알고 싶어 이렇게 기도했다고 합니다. "주님, 결정의 때가 다가왔습니다. 내일 저희 집 앞에서 까치가 울면 사업을 하라는 뜻으로 알아듣겠습니다. 주여, 응답해주옵소서." 아침에 일어났더니 웬일입니까? 바로 창문 앞에서 까치가 우는 것입니다. 집사님은 "하나님이 응답해주셨구나" 하며 매우 기뻐했습니다. 그러나 그 기쁨은 오래가지 않았습니다. 우연히 까치가 운 것은 아닐까 하는 의심이 든 것입니다.

이것이 기적의 한계입니다. 하나님은 우리가 양털의 기적을 통해 하나님의 뜻을 확인하기를 원하시지 않습니다. 그러면 어떻게 하나님의 뜻을 확인할 수 있을까요?

본질을 보라

먼저 하나님의 뜻을 알기 위해서는 하나님의 뜻에 대한 분명한 지식이 있어야 합니다. 하나님의 뜻에는 본질적인 뜻과 지엽적인 뜻 두 가지가 있습니다. 본질적인 뜻이란 하나님이 우리에게 가장 원하시는 것입니다. 그러므로 잘 알아야겠지요. 무엇을 하든지 본질을 아는 것이 가장 중요하지 않습니까? 감사하게도 성경에는 우리를 향한 하나님의 본질적인 뜻이 명확하게 나타나 있습니다. 하나님은 본질적인 뜻을 숨기지 않고 다 계시해주셨습니다. 그 가운데 대표적인 몇 가지만 살펴보겠습니다. 데살로니가전서 5장 16-18절입니다.

"항상 기뻐하라 쉬지 말고 기도하라 범사에 감사하라 이것이 그리스도 예수 안에서 너희를 향하신 하나님의 뜻이니라."

명확하지 않습니까? 항상 기뻐하는 것, 쉬지 말고 기도하는 것, 모든 일에 감사하는 것. 이것이 우리를 향한 하나님의 본질적인 뜻입니다.

데살로니가전서 4장 3절을 보십시오.

"하나님의 뜻은 이것이니 너희의 거룩함이라."

깨끗하게 사는 것, 사랑하며 사는 것, 감사하고 기뻐하며 사는 것, 세상에 빠지지 않고 하나님나라를 위해 헌신하며 사는 것. 이것이 우리를 향한 하나님의 본질적인 뜻입니다. 그밖에도 성경은 우리를 향한 하나님의 본질적인 뜻을 매우 명확하게 가르쳐주고 있습니다. 이 본질적인 뜻은 우리 인생의 대부분을 차지합니다.

물론 우리를 향한 하나님의 지엽적인 뜻도 있습니다. 예를 들어 누구와 결혼할지, 어떤 직장에 갈지, 집을 팔지 말지 하는 것이 모두 지엽적인 뜻입니다. 먼저 말해둘 것은 이 지엽적인 뜻은 어떻게 결정되든 그다지 중요하지 않다는 것입니다. 하나님은 우리의 운명보다 성품에 더 관심을 갖고 계십니다. 우리는 늘 지엽적인 문제에 매달려 필사적으로 하나님의 뜻을 구하지만, 사실 하나님은 이런 것보다는 본질적인 것에 더 관심이 많으십니다. 우리의 성품, 즉 어떤 사람이 되느냐에 관심을 두십니다.

성품이 운명을 좌우하는 법입니다. 하나님의 분명한 뜻은 우리가 어떤 사람이 되는가에 초점을 두고 있습니다. 그러므로 하나님의 뜻이 궁금하다면 '무엇을 할까?' 보다는 먼저 '어떤 사람이 될까?'를 생각해야 합니다. '누구와 결혼하는가?' 보다는 '어떤 배우자가 될 것인가?'가 더 중요합니다. 결혼에 맞는 성품은 전혀 준비되어 있지 않은 채 그저 키 크고, 직장 좋은 왕자님만 기다리고 있다면 그것이 과연 하나님의 뜻일까요? '어떤 직장에 다닐 것인가?' 보다는 '얼마나 성실하게 직장생활을 할 것인가?'가 더 중요합니다. '어디서 살 것인가?' 보다는 '어떻게 살 것인가?'가 더 중요합니다. 하나님의 마음에 합한 사람이 되는 것, 이것이 우리를 향한 하나님의 본질적인 뜻입니다.

그럼에도 많은 그리스도인들이 하나님의 본질적인 뜻보다는 지엽적인 뜻을 구하며 살아가고 있습니다. 왜 그럴까요? 그것이 우리의 유익과 직접 관련되기 때문입니다. 지엽적인 문제에 초점을 맞추고 사는 사람들은 늘 하나님께 양털로 확증받기를 원합니다. 하나님이 꿈에서 말씀해주시거나 기적을 베푸시거나 확증을 보여주시기를 원합니다. 그것도 안 되면 자신보다 영성이 높은 사람의 허락이라도 받고 싶어합니다. 기도원 원장의 입을 통해서라도 확증을 받고 싶어합니다. 왜 그럴까요?

그 밑바닥에는 '이 길이 하나님의 뜻이 아니면 어떡하지? 그래서 망하면 어떡하지?' 하는 두려움이 있기 때문입니다. 그 속에는 하나님나라에 대한 걱정보다는 손해보고 싶지 않은 이기심이 자리 잡고 있습니다. 하나님의 뜻을 갈급하게 찾는 궁극적인 이유는 다름 아닌 내가 잘 되기 위해서입니다. 이렇게 신앙생활을 한다면 사업 운이나 배우자 궁합을 보러 점쟁이를 찾아다니는 사람들과 다를 것이 무엇이겠습니까? 한번 진지하게 자신의 마음 밑바닥을 살펴보십시오. 주님은 이렇게 기도하라고 가르치셨습니다.

"나라가 임하시오며 뜻이 하늘에서 이루어진 것같이 땅에서도 이루어지이다"마 6:10.

나의 유익이 아니라 진정 아버지의 뜻을 구하는 것, 내가 망할까봐 두려워서 하나님의 뜻을 구하는 것이 아니라 진정 하나님의 뜻을 갈급해하는 것, 이것이 우리가 드려야 할 기도입니다. 하나님의 본질적인 뜻을 구하며 산다면 그 나머지 지엽적인 뜻은 그렇게 중요하지 않습니다. 그것에 인생을 허비할 필요가 없습니다. 하나님이 다 알아서 해주실 것이기 때문입니다. 이것이 믿음 있는 삶입니다. 예수님은 마태복음 산상수훈에서 이렇게 말씀하셨습니다.

"그러므로 염려하여 이르기를 무엇을 먹을까 무엇을 마실까 무엇을 입을까 하지 말라 이는 다 이방인들이 구하는 것이라 너희 하늘 아버지께서 이 모든 것이 너희에게 있어야 할 줄을 아시느니라 그런즉 너희는 먼저 그의 나라와 그의 의를 구하라 그리하면 이 모든 것을 너희에게 더하시리라"마 6:31-33.

두려움 없는 사랑

컴패션(Compassion) 선교 현장을 둘러보기 위해 교회 몇몇 집사님들과 함께 인도에 다녀온 적이 있습니다. 컴패션은 한 미국 목사님이 6.25

전쟁 중에 우연히 한국에 왔다가 수많은 고아와 어린이들을 보고 미국으로 돌아가서 만든 단체입니다. 한국 사람들을 위해 태어난 단체입니다. 1952년부터 수십 년 동안 10만 명의 한국 어린이들이 컴패션을 통해 도움을 받아왔습니다. 이제 그 기관이 자라서 전 세계 100만 명의 빈곤 어린이들을 지원하고 있습니다. 한 달에 3만 5천 원이면 음식과 학비, 기타 모든 것을 고등학교 졸업할 때까지 도와줄 수 있다고 합니다. 이제 한국은 혜택 받는 나라가 아니라 후원국이 되어서 빈곤으로 고통받는 어린이들을 돕고 있습니다.

우리 교회도 컴패션 사역에 동참할 길이 있는지 알아보기 위해 인도에 간 것입니다. 인도에 가보니 지금도 너무나 많은 어린이들이 굶주림에 시달리고 있었습니다. 나뭇잎으로 막아 놓은 작은 천막 같은 집에서 온 식구가 삽니다. 부엌이 있는 것도 아니고 방이 따로 있는 것도 아닙니다. 흙바닥에 대여섯 식구가 빡빡하게 모여 살고 있었습니다. 아이들은 제대로 먹지 못해 삐쩍 말라 있었습니다. 저희가 간 곳은 그렇게 어려운 지역이 아닌데도 형편이 그러했습니다. 오지에서는 아예 집도 없이 그냥 들에서 잔다고 합니다. 아이가 죽어가도 달리 도와줄 길이 없습니다.

그곳에서 며칠을 보내면서 너무나 많은 사람들이 어려움에 처해 있는 모습을 보고 마음이 좋지 않았습니다. 게다가 주말이 다가오면서 설교 걱정 때문에 이래저래 마음이 참 무거웠습니다. 그 사실을 어떻게 알았는지 우리를 맞아주신 집사님 두 분이 저를 설교 준비하라고 일행 가운데서 살짝 빼내어 바닷가에 보내주셨습니다. 그 마음이 얼마나 감사했는지 모릅니다.

한밤중에 인적이 드문 백사장에 도착했습니다. 적도가 가까워서 그런지 바다 끝까지 하늘 가득 별들이 펼쳐져 있었습니다. 어릴 적 보았던 별자리들이 다 보였습니다. 그 별들은 변함없이 그 자리에 있었습니다. 저는 바닷가에 앉아 시간 가는 줄 모르고 주님과 대화를 시작했습니다. 그날 주님은 웬일인지 더욱 가까이 계신 것 같았습니다. 저는 물었습니다. "하나님, 제가 무엇을 하기를 원하십니까? 왜 이 영혼들을 제게 보여주신 겁니까? 11억이나 되는, 멸망으로 달려가는 저 영혼들을 어쩌란 말입니까? 제가 무엇을 할 수 있단 말입니까? 마음이 무겁고 답답합니다."

북두칠성이 바다 위로 조금 더 옮겨갔을 때 밝은 별 하나가 눈에 들어왔습니다. 그리고 주님이 이렇게 말씀하시는 것 같았습니다. "정근아, 내 뜻을 모르겠니? 저 영혼들은 내게 맡겨라. 네가 노력할 일은 저 맑고 밝은 별이 되는 것이다. 깨끗하게 살고, 모두를 품으며, 늘 기쁨과 감사로 사는 사람이 되어라. 내가 너를 사랑한단다. 조금도 두려워하지 마라. 내가 네 모습 그대로 받았단다. 내가 너를 얼마나 사랑하는 줄 아니?"

그 말씀에 마음이 얼마나 기쁘던지 마음의 무거운 짐들이 모두 사라지는 것 같았습니다. 그러자 그 옆에 있는 수많은 별들이 보였습니다. 하나님은 계속해서 말씀하셨습니다. "네 옆을 둘러보아라. 수많은 별들이 있지 않니? 너는 혼자가 아니야. 이 일은 혼자 하는 게 아니다. 네 뒤에는 내가 있고, 너와 함께 이 일을 이루어갈 수많은 영혼들이 있단다." 저는 시간 가는 줄 모르고 백사장에 앉아서 하나님을 찬양했습니다.

그렇습니다. 우리는 두려워할 필요가 없습니다. 집을 팔고 이사를 가야 하는가, 사업을 해야 하는가 등 지엽적인 뜻도 중요하지만 그런 일을 결정할 때 조금도 두려워할 필요가 없습니다. 하나님이 우리를 사랑하시기 때문입니다. 우리가 아름다워서가 아니라, 무엇을 잘해서가 아니라 예수 그리스도가 십자가에 흘리신 보혈 때문에 하나님은 우리를 사랑하십니다. 우리는 이미 하늘의 밝은 별처럼 하나님 앞에서 빛나고 있는 존재들입니다.

이제 하나님의 뜻을 알기 위해 고민하지 마십시오. 지엽적인 뜻을 알기 위해 고민하기보다 성경에 나타난 하나님의 본질적인 뜻을 마음에 받아들이고 거룩한 삶, 하나님이 지시하신 놀라운 축복의 삶을 살기 위해 달려가기 바랍니다.

8장

승리하는 삶의 비결

사사기 7:2-8

밀려오는 삶의 고난과 역경 앞에서 하나님을 택하겠습니까,
아니면 스스로 인생을 개척해나가겠습니까?
믿음의 추를 던지겠습니까, 아니면 세상의 물질과 건강과
지위와 성공에 주사위를 던지겠습니까? 기드온에게 승리를 안겨주신
하나님은 오늘 당신에게도 승리를 안겨주실 수 있습니다.

여호와께서 기드온에게 이르시되 너를 따르는 백성이 너무 많은즉 내가 그들의 손에 미디안 사람을 넘겨 주지 아니하리니 이는 이스라엘이 나를 거슬러 스스로 자랑하기를 내 손이 나를 구원하였다 할까 함이니라 이제 너는 백성의 귀에 외쳐 이르기를 누구든지 두려워 떠는 자는 길르앗 산을 떠나 돌아가라 하라 하시니 이에 돌아간 백성이 이만 이천 명이요 남은 자가 만 명이었더라 여호와께서 또 기드온에게 이르시되 백성이 아직도 많으니 그들을 인도하여 물 가로 내려가라 거기서 내가 너를 위하여 그들을 시험하리라 내가 누구를 가리켜 네게 이르기를 이 사람이 너와 함께 가리라 하면 그는 너와 함께 갈 것이요 내가 누구를 가리켜 네게 이르기를 이 사람은 너와 함께 가지 말 것이니라 하면 그는 가지 말 것이니라 하신지라 이에 백성을 인도하여 물 가에 내려가매 여호와께서 기드온에게 이르시되 누구든지 개가 핥는 것 같이 혀로 물을 핥는 자들을 너는 따로 세우고 또 누구든지 무릎을 꿇고 마시는 자들도 그와 같이 하라 하시더니 손으로 움켜 입에 대고 핥는 자의 수는 삼백 명이요 그 외의 백성은 다 무릎을 꿇고 물을 마신지라 여호와께서 기드온에게 이르시되 내가 이 물을 핥아 먹은 삼백 명으로 너희를 구원하며 미디안을 네 손에 넘겨 주리니 남은 백성은 각각 자기의 처소로 돌아갈 것이니라 하시니 이에 백성이 양식과 나팔을 손에 든지라 기드온이 이스라엘 모든 백성을 각각 그의 장막으로 돌려보내고 그 삼백 명은 머물게 하니라 미디안 진영은 그 아래 골짜기 가운데에 있었더라 (삿 7:2-8).

우리는 이 땅에 사는 동안 승리하기를 원합니다. 때로 사탄의 궤계에 속아서 실패하기도 하지만 마음속에는 언제나 승리하며 살고 싶은 소원이 있습니다. 결혼생활은 물론이고 직장에서, 사업에서, 대인관계에서, 무엇보다 교회생활에서 성공하기를 원합니다. 어떻게 해야 승리하는 삶을 살 수 있을까요?

그 해답이 사사기 7장에 들어 있습니다. 기드온이 살던 당시 미디안은 7년 연속 타작할 때만 되면 이스라엘을 침공했습니다. 본문이 기록된 그 해에는 13만 5천 명이나 되는 엄청난 대군이 몰려와 진을 쳤습니다. 그들은 그 해에도 별 어려움 없이 이스라엘의 농사를 방해할 수 있으리라고 생각했습니다. 그러나 그 해의 현실은 이전과 조금 달랐습니다. 하나님이 한 사람을 준비하고 계셨기 때문입니다. 바로 기드온입니다.

네 군사가 너무 많구나

성령에 사로잡힌 기드온은 3만 2천 명의 군사를 이끌고 미디안 군과 싸우기 위해 남쪽 길르앗 산에 진을 쳤고, 미디안 군은 그들의 북쪽 모레 산 바로 앞 골짜기에 군영을 차리고 대치하고 있었습니다. 1절을 보면 두 진영 사이에 하롯이라는 샘이 흐르고 있었습니다. 미디안과 이스라엘 군대 양쪽 모두 물을 마실 곳이라고는 그 샘밖에 없었습니다. 그 샘에서 물을 떠먹는 일이 생각만큼 쉽지 않았을 것입니다. 왜 그럴까요? 적이 지켜보고 있기 때문입니다. 물을 떠오거나 물을 먹으러 가는 사람들은 매우 조심해야 했습니다. 그러한 상태에서 기드온은 길르앗 산 위에서 골짜기 평지에 있는 13만 5천 명이나 되는 미디안 군사들을 바라보고 있습니다. 이 장면을 본문은 이렇게 기록합니다.

"미디안과 아말렉과 동방의 모든 사람들이 골짜기에 누웠는데 메뚜기의 많은 수와 같고 그들의 낙타의 수가 많아 해변의 모래가 많음 같은지라" 삿 7:12.

지금 13만 5천 명이나 되는 군사들이 이를 갈고 있습니다. 그들의 전력은 대단했습니다. 그들이 데려온 약대 수가 바다의 모래같았다고 성경은 기록합니다. 그 대군을 바라던 기드온은 고개를 돌려 뒤에 있는 자신의 군사들을 바라봅니다. 그들의 수는 3만 2천 명에 불과했습니다. 기드온은 주님께 묻습니다. "하나님, 어찌하면 좋습니까? 우리 군사가 적어도 너무 적습니다. 이 군사로 도대체 어떻게 하란 말씀입니까? 방법을 가르쳐주십시오." 기드온은 다급한 마음으로 하나님께 기도했습니다. 기드온이 이렇게 번민하고 있을 때 하나님은 세상 그 누구도 들어보지 못한 기상천외한 말씀을 들려주십니다. "기드온아, 네 군사가 너무 많다. 너무 많은 군사를 데려왔어. 군사 수를 좀 줄여야겠구나."

하나님은 먼저 3만 2천 명 가운데 미디안 군사를 보고 두려워하는 자를 집으로 돌려보내라고 말씀하십니다. 기드온이 얼마나 불안했을까요? '과연 몇 명이나 돌아갈까?' 하는 조바심을 가지고 공표를 했습니다. "여러분 가운데 마음에 두려움이 있는 자는 집으로 돌아가도 좋습니다." 기드온은 '그래도 절반 정도는 남겠지'라고 생각했는데 2만 2천 명이 보따리를 싸들고 집으로 돌아가고 겨우 1만 명이 남았습니다. 이들이 13만 5천 명을 상대하려면 한 명당 13.5명을 상대해야 됩니다. 그러나 일은 여기서 끝나지 않습니다.

하나님은 1만 명 모두를 계곡으로 이끌고 가서 물을 마시게 합니다. 기드온은 이유를 모른 채 군사들을 이끌고 가서 물을 마시게 했는데 물 마시는 유형이 둘로 나뉘었습니다. 앞서 말했듯이 계곡 저편에는 적군이 진을 치고 있었기 때문에 계곡에 내려가 물을 먹기가 쉽지 않았습니다. 군사들은 아마 하루 이틀 물을 못 마셔서 갈증이 심했을 것입니다. 그래서 대부분은 무릎을 꿇고 시냇물에 머리를 박은 채 물을 벌컥벌컥 들이켰습니다. 개중에는 갈증을 참고 한 손에 무기를 들고 몸을 굽히지 않은 채 적들을 관찰하며 손으로 물을 떠서 혀로 핥아 먹는 사람들이 있었습니다.

그렇게 핥아 먹는 자의 수를 따로 세었더니 300명이었습니다. 하나님은 무릎을 꿇고 물을 먹은 9,700명을 다 집으로 돌려보내고, 손으로 물을 떠서 핥아 먹은 300명만 데리고 13만 5천 명을 상대하라고 하셨습니다. 무려 450대 1입니다. 하지만 놀랍게도 기드온은 그 300명의 군사로 미디안을 무찔렀습니다.

하나님은 이 본문을 통해서 어떤 교훈을 주고 계십니까? 우리는 어떻게 하면 그리스도인으로 살아가면서 승리할 수 있을까요?

마음속의 두려움을 없애라

먼저 승리하는 그리스도인으로 살기 원한다면 마음속에서 두려움을 제거해야 합니다. 그날 2만 2천 명이나 되는 사람들은 왜 전쟁에 참가하지 못했습니까? 두려움에 사로잡혀 있었기 때문입니다.

"이제 너는 백성의 귀에 외쳐 이르기를 누구든지 두려워 떠는 자는 길르앗 산을 떠나 돌아가라 하시니 이에 돌아간 백성이 이만 이천 명이요 남은 자가 만 명이었더라" 삿 7:3.

하나님이 돌아가라고 말씀하신 자들은 어떤 사람들이었습니까? 두려워서 떠는 자였습니다. 하나님은 지금 두려워서 떠는 자는 결코 영적 전쟁에서 승리할 수 없다고 말씀하십니다. 다시 말해, 영적 전쟁에서 승리하기를 원한다면 먼저 마음속 깊은 곳에 있는 두려움을 제거해야만 한다는 것입니다. 사실 이 땅에서 사는 동안 우리를 가장 괴롭히는 것은 마음 깊이 숨어 있는 두려움입니다. 질병에 대한 두려움, 사고에 대한 두려움, 실패에 대한 두려움 그리고 원인도 모를 두려움에 현대인들은 시달리고 있습니다.

당신의 내면을 한번 자세히 들여다보십시오. 구원받고 하나님을 믿고 따르는데 왜 마음에 기쁨이 없는 걸까요? 왜 평강이 없는 걸까요? 왜 이렇게 불안할까요? 자세히 파헤쳐보면 우리 마음 깊숙이 두려움이 자리잡고 있기 때문입니다. 어떤 사람들은 교회에 다니면서도 여전히 적극적으로 교회 봉사를 하지 못합니다. 과거에 교회 일에 적극적으로 나섰다가 상처 받은 기억이 있거든요. 또 다시 상처를 받을까봐 두려운 것입니다. 두려움 때문에 교회생활을 제대로 하지 못하고, 남에게 마음 한 번 주지 못한 채 두려움에 젖어 사는 사람들이 교회 안에 얼마나 많은지 모릅니다.

인도에 재미있는 설화가 있습니다. 어느 날 마술사가 무서워서 떨고 있는 쥐 한 마리를 보았습니다. 무엇을 무서워하나 보았더니 고양이를 보고 떨더랍니다. 그래서 마술사는 쥐를 고양이로 만들어주었습니다. '이제 괜찮겠지' 하고 봤더니 웬걸요? 고양이가 되고나서도 떠는 것입니다. 개가 무서워서요. 마술사는 고양이가 된 쥐를 개로 만들어주었습니다. 그랬더니 이번에는 호랑이가 무서워서 떨더랍니다. 그래서 한 번 더 호랑이로 만들어주었습니다. 그랬더니 사냥꾼이 무서워서 떨더랍니다. '이제는 마지막이겠지' 생각하며 마술사는 호랑이가 된 쥐를 사냥꾼으로 만들어주었습니다. 그랬더니 아내를 보고 무서워하여 내친 김에 아내로 만들어주었지요. 그랬더니 뭐가 무서워서 떤 줄 아십니까? 부엌에 있는 쥐가 무서워서 떨더랍니다.

두려움은 환경의 문제가 아닙니다. 두려움은 마음의 문제입니다. 두려움을 느끼기 시작한 사람은 환경이 완벽해져도 계속해서 두려워합니다. 환경이 나빠서, 두려워할 만한 일이 생겨서, 사업이 위기에 처했기 때문에 두려워하는 것이 아니라 마음 자체에 두려움이 있기 때문에 두려워하는 것입니다.

두려움에 사로잡혀 있는 한 영적 전쟁에서 승리할 수 없다고 하나님은 말씀하십니다. 우리는 두려워서 집으로 돌아간 2만 2천 명과 똑같습니다. 진정으로 영적 전쟁에서 승리하기 원한다면 무엇보다 마음에 있는 두려움을 떨쳐내시기 바랍니다.

두려움은 불신앙입니다. 정말로 하나님이 살아계심을 믿는다면, 하나님이 온 우주를 주관하시고, 내 인생을 붙들고 계시며, 나를 위해 십자가에서 죽으실 만큼 나를 사랑하는 것을 믿는다면 무엇이 두렵겠습니까? 병을 두려워할 필요가 없습니다. 실패도 두려워할 필요가 없습니다. 죽음도 두려워할 필요가 없습니다. 우리는 하나님이 정하신 때에서 1초도 넘기지 않고 이 땅을 떠날 줄 믿습니다. 하나님이 허락하시지 않으면 참새 한 마리도 결코 땅에 떨어지지 않습니다.

하나님은 영적 전쟁을 치르는 그리스도인들이 가져야 할 태도에 대해 이렇게 말씀하십니다.

"네가 나가서 적군과 싸우려 할 때에 말과 병거와 백성이 너보다 많음을 볼지라도 그들을 두려워하지 말라 애굽 땅에서 너를 인도하여 내신 네 하나님 여호와께서 너와 함께 하시느니라"신 20:1.

"말하며 이르기를 이스라엘아 들으라 너희가 오늘 너희의 대적과 싸우려고 나아왔으니 마음에 겁내지 말며 두려워하지 말며 떨지 말며 그들로 말미암아 놀라지 말라 너희 하나님 여호와는 너희와 함께 행하시며 너희를 위하여 너희 적군과 싸우시고 구원하실 것이라 할 것이며"신 20:3-4.

건강, 경제 상황, 자녀 문제, 이 모든 것을 하나님이 지켜주실 줄 믿기 바랍니다. 조금도 두려워하지 마십시오. 두려움은 불신앙입니다. 혹시 마음속 깊은 곳에 두려움이 있다면 하나님 앞에서 그 두려움을 해결하십시오. 두려움이 있는 사람은 영적 전쟁에서 결코 승리할 수 없습니다. 모든 것을 하나님께 맡겨드리십시오.

삶의 목적을 분명히 하라

둘째, 영적 전쟁에서 승리하기 원한다면 삶의 목적을 분명히 해야 합니다. 1만 명 중에 전쟁에 참여하지 못하고 돌아간 9천 700명은 시냇가에서 무릎을 꿇고 물을 마신 자들입니다. 그들의 문제가 무엇입니까? 그들은 당면한 문제에 급급하여 본분을 잊어버렸습니다. 이것이 핵심입니다. 그들의 본분은 전쟁을 하는 것이었기에 당연히 적을 경계해야 했습니다. 그들은 지금 집에 있다가 군사로 불려왔습니다. 앞서 말한 대로 그 시냇가에서 물을 마시는 것은 상당히 위험한 일이었습니다. 적이 지켜보고 있었으니까요. 주변 수풀에 적이 매복해 있을 수도 있지 않겠습니까? 그러나 이 9천 700명은 목마름을 해결하는 데 급급해 자신이 군사임을, 전쟁 중에 있음을 까맣게 잊어버렸습니다. 본분을 내팽개친 것입니다.

이것이 혹시 당신의 문제는 아닙니까? 우리가 누구입니까? 구원받은 하나님의 백성이요 그리스도의 군사입니다. 구원받은 우리가, 천국을 소유한 우리가, 죽어서 영생을 얻을 우리가 왜 종종 실패합니까? 능력이 없어서인가요? 아닙니다. 우리가 실패하는 것은 현재의 필요에 빠져 우리의 신분을 잊고 살기 때문입니다.

목회를 하면서 안타까운 현실을 자주 봅니다. 그리스도인들이 안 믿는 사람들보다 실패를 더 많이 경험한다는 것입니다. 왜 그럴까요? 우리가 그들보다 못해서가 아닙니다. 우리의 신분을 잊어버리기 때문입니다. 어떤 사람은 신앙생활을 잘 하다가 병에 걸리면 신앙생활을 포기합니다. 모든 우선순위를 병 고치는 데 둡니다. 병만 고칠 수 있다면 이단도 좋고, 미신도 좋다는 것입니다.

신실하던 한 집사님이 암을 고치겠다고 안식교로 떠난 경우를 보았습니다. 아무리 말려도 결국 떠났습니다. 그는 의사였는데, 안식교회에서 채식요법을 하면 낫는다는 말을 믿었습니다. 하지만 병이 낫지 않자 멕시코에 있는 다른 종교를 찾아 나섰다가 결국 멕시코 국경에 이르러 차 안에서 죽음을 맞이했습니다.

이런 일이 우리 주위에 얼마나 많은지 모릅니다. 이런 사람들이 바로 무릎을 꿇고 물을 마신 9,700명에 해당하는 사람들입니다. 당장의 갈증이 너무 심해서 본분을 잊어버린 사람들입니다. 어떤 사람에게는 사업이, 어떤 사람에게는 자녀가 강렬한 목마름입니다. 평소에는 신앙생활을 잘 하는 것 같은데 문제가 터지면 그리스도인이라는 본분을 까맣게 잊고 그 앞에 무릎을 꿇고 맙니다.

우리 그리스도인들이 불신자들처럼 당면한 문제에 빠져서 자기 본분과 마땅히 갈 길을 망각하면 영적 전쟁에서 승리할 수 없다고 성경은 분명하게 말합니다. 예수님이 이 땅에서 제일 먼저 당하신 시험이 이런 것이었습니다. "이 돌로 떡을 만들어 먹어라." 사탄이 언제 이 말을 했습니까? 예수님이 40일간 굶었을 때였습니다. 그 당시 예수님께 가장 시급한 것이 무엇이었겠습니까? 음식입니다. 사실 예수님은 돌로 떡을 만드실 능력이 충분히 있었습니다. 그런데 사탄이 다가와 시험합니다. "뭘 그렇게 고생하십니까? 이 돌로 떡을 만들어 드시지."

우리 그리스도인들에게도 수많은 현실적인 필요들이 존재합니다. 떡이 필요치 않다는 말이 아닙니다. 떡뿐입니까? 건강, 사업, 자녀 등 모두가 물과 떡만큼이나 시급하고 중요한 일입니다. 그러나 반드시 기억해야 할 사실은 우리는 이런 것들을 얻기 위해 부름 받은 존재가 아니라는 것입니다. 이것이 우리의 목적이 될 수는 없습니다. 이런 것을 목적으로 사는 한 우리는 세상에 무릎 꿇을 수밖에 없습니다. 영적으로는 구원받았어도 이 땅에 사는 동안 실패할 수밖에 없습니다. 그래서 주님은 사탄에게 이렇게 대답합니다.

"예수께서 대답하여 이르시되 기록되었으되 사람이 떡으로만 살 것이 아니요 하나님의 입으로부터 나오는 모든 말씀으로 살 것이라 하였느니라"마 4:4.

떡도 필요하지만 최종적으로 구할 것은 그의 나라와 의입니다. 그것을 힘써 구하고 목적으로 삼아 살기로 하면 성경은 이렇게 약속합니다.

"공중의 새를 보라 심지도 않고 거두지도 않고 창고에 모아들이지도 아니하되 너희 하늘 아버지께서 기르시나니 너희는 이것들보다 귀하지 아니하냐"마 6:26.

목마름 때문에 고난당하는 분이 있습니까? 자녀와 사업과 이 땅을 살아가는 문제 때문에 괴로움을 당하는 분이 있습니까? 하나님의 말씀으로 권면합니다. 직면한 그 문제 때문에 당신이 누구인가를 망각하는 어리석음을 범치 마시기 바랍니다. 이 땅에서의 삶은 잠깐입니다. 우리는 영원한 세계를 소유한 하나님의 백성들입니다.

여호와 하나님만 신뢰하라

마지막으로, 여호와 하나님만 신뢰해야 합니다. 이 땅에서 승리하기 위해서는 오직 여호와 하나님만 신뢰해야 합니다. 사사기 7장 2절은 성경에서 가장 중요한 말씀 중 하나입니다. 그리스도인들이 치르는 영적 전쟁의 원리를 설명해주고 있기 때문입니다.

"여호와께서 기드온에게 이르시되 너를 따르는 백성이 너무 많은즉 내가 그들의 손에 미디안 사람을 넘겨 주지 아니하리니 이는 이스라엘이 나를 거슬러 스스로 자랑하기를 내 손이 나를 구원하였다 할까 함이니라" 삿 7:2.

그리스도인들이 승리하는 비결은 무엇입니까? 한마디로 여호와 하나님을 의뢰하는 것입니다. 하나님만 신뢰하고 사는 것입니다. 오직 하나님께 영광을 돌리는 것입니다. 아마 그날 기드온은 하나님의 말씀을 듣고 간이 철렁 내려앉았을 것입니다. 3만 2천 명의 군사도 너무 적어 고민하고 있는데 그 수가 너무 많으니 돌려보내라니요. 군사 300명만 거느렸을 때 어쩌면 기드온은 포기했을지도 모릅니다. '이판사판이다. 1만 명이나 300명이나 어차피 적의 수에는 상대가 안 되는 걸.'

기드온은 숫자에 대한 개념을 버리기 시작했습니다. 자신의 능력에 대해서 완전히 포기한 것입니다. 어지간해야 자기 능력에 한번 의지해보든지 할 텐데 아예 상대가 안 되니까요. 그렇게 동원할 수 있는 자원이 모두 떨어진 그 순간 기드온은 하나님을 바라보게 된 줄 믿습니다. 그날 이스라엘이 사용한 무기가 무엇입니까? 고작 300명이 든 것은 겨우 항아리와 횃불뿐이었습니다. 그것으로 무슨 전쟁을 할 수 있을까요?

하나님은 우리에게 철저한 교훈을 주고 계십니다. 승리의 요건이 우리에게 있지 않다는 것입니다. "너희는 나를 의지해야 한다"고 말씀하시는 줄 믿습니다. 하나님만 의지하고 살라는 것입니다. 재능이 없어서 고민하거나 재산이 많지 않아 낙심하거나 외모가 빼어나지 않아 위축된 사람이 있다면 오히려 하나님을 찬양하시기 바랍니다. 왜냐하면 당신은 하나님이 사용하시기에 가장 적합한 사람이기 때문입니다. 어쩌면 당신은 지금 승리의 문턱에 와 있는지 모릅니다. 우리가 믿는 하나님은 3만 2천 명 대신에 300명을 즐겨 사용하시는 분입니다.

하나님은 언제나 연약한 자를 들어 강한 자를 부끄럽게 하시는 분입니다. 지금 고난 중에 있다면, 몸이 약하다면, 경제적으로 어렵다면 당신은 하나님이 사용하시기에 가장 합당한 상태에 있는 것입니다. 그러므로 두려움과 낙담과 좌절을 떨쳐버리고 여호와 하나님께 나아가십시오. 당장의 필요에 무릎 꿇지 말고 하나님 앞에 인생을 맡겨보십시오. 300명으로 13만 5천 명을 무찌르신 그 하나님은 오늘 당신에게도 승리를 안겨주실 수 있는 분입니다. 기드온에게 승리를 안겨주신 그 하나님이 지금도 살아계십니다.

자신에 대해 만족합니까? 가진 것이 많습니까? 재능이 뛰어납니까? 그렇다면 하나님 앞에서 겸손을 배우십시오. 자기 능력으로 인생에서 성공할 경우 두 가지 위험에 빠질 수 있습니다. 하나는 하나님을 의지하지 않게 되는 것입니다. 또 하나는 성공한 후에 하나님께 영광을 돌리지 않는 것입니다. 이것이 우리의 가장 큰 적입니다. 바로 이것 때문에 하나님은 3만 2천 명이 아닌 300명으로 미디안을 무찌르게 하셨습니다. 스스로 높아지지 않도록, 여호와가 승리하게 해주셨다는 고백을 하도록 열악한 조건을 허락하신 것입니다.

하나님을 택할 것인지, 아니면 스스로 인생을 개척해나갈 것인지 결정해야 합니다. 믿음의 추를 던질 것인지, 아니면 세상의 물질과 건강과 지위와 성공에 주사위를 던질 것인지 결정해야 합니다. 신앙의 길은 쉬운 길이 아닙니다. 우리 모두가 하나님께 자신의 주사위를 던질 수 있기를 바랍니다.

조건이 열악하다고 생각될 때마다 300명을 즐겨 사용하시는 하나님을 바라보십시오. 이 세상의 힘은 아무것도 아닙니다. 숫자는 아무것도 아닙니다. 지위도 아무것도 아닙니다. 이런 것들로는 결코 영적 전쟁에서 승리할 수 없습니다. 저 영원한 하늘나라에 가면 아무것도 남지 않습니다. 이 땅은 물론, 하늘나라에서 우리를 성공으로 이끄실 분은 오직 하나님 한 분뿐입니다. 그분만 앙망하며 살면서 이 땅과 저 영원한 나라에서 날마다 승리를 체험하기 바랍니다.

# 9장
사탄의 전략

사사기 8:1-9

왜 우리는 서로 사랑하지 못하고 마음을 아프게 할까요?
왜 감사하기보다는 서운한 마음을 품고 살아갈까요?
왜 형제를 도와주기는커녕 비난부터 할까요? 우리가 겪는
모든 불화에 드리워진 사탄의 검은 술수는 무엇일까요?

에브라임 사람들이 기드온에게 이르되 네가 미디안과 싸우러 갈 때에 우리를 부르지 아니하였으니 우리를 이같이 대접함은 어찌 됨이냐 하고 그와 크게 다투는지라 기드온이 그들에게 이르되 내가 이제 행한 일이 너희가 한 것에 비교되겠느냐 에브라임의 끝물 포도가 아비에셀의 맏물 포도보다 낫지 아니하냐 하나님이 미디안의 방백 오렙과 스엡을 너희 손에 넘겨 주셨으니 내가 한 일이 어찌 능히 너희가 한 것에 비교되겠느냐 하니라 기드온이 이 말을 하매 그 때에 그들의 노여움이 풀리니라 기드온과 그와 함께 한 자 삼백 명이 요단 강에 이르러 건너고 비록 피곤하나 추격하며 그가 숙곳 사람들에게 이르되 나를 따르는 백성이 피곤하니 청하건대 그들에게 떡 덩이를 주라 나는 미디안의 왕들인 세바와 살문나의 뒤를 추격하고 있노라 하니 숙곳의 방백들이 이르되 세바와 살문나의 손이 지금 네 손 안에 있다는거냐 어찌 우리가 네 군대에게 떡을 주겠느냐 하는지라 기드온이 이르되 그러면 여호와께서 세바와 살문나를 내 손에 넘겨 주신 후에 내가 들가시와 찔레로 너희 살을 찢으리라 하고 거기서 브누엘로 올라가서 그들에게도 그같이 구한즉 브누엘 사람들의 대답도 숙곳 사람들의 대답과 같은지라 기드온이 또 브누엘 사람들에게 말하여 이르되 내가 평안히 돌아올 때에 이 망대를 헐리라 하니라(삿 8:1-9).

저희 아이들이 아주 어렸을 때, 어느 날 텔레비전에 푹 빠져 뭔가를 보고 있었습니다. 그 표정이 아주 심각했습니다. 굉장히 안타까워하고 불쌍해서 어쩔 줄 몰라 하는 표정이었습니다. 뭔가 하고 봤더니 사슴이 사자에게 잡혀서 숨을 헐떡이며 죽어가고 있는 모습이었습니다. 초식동물들이 사나운 짐승들에게 잡아먹히는 장면을 가끔 텔레비전으로 생생하게 보면서 야생의 세계가 얼마나 치열한 전쟁터인가를 깨닫습니다.

생존은 저절로 이루어지는 것이 아닙니다. 치열한 전쟁을 치러야만 생명을 유지할 수 있습니다. 이른바 생존 경쟁. 말이 경쟁이지 사실 전쟁이지요. 모든 동물들이 이런 전쟁을 치르며 생명을 유지하고 있습니다.

그런데 치열한 생존 경쟁에는 한 가지 공통점이 있습니다. 누구든 살아남기 위해서는 포식자들의 접근을 미리 감지해야 한다는 것입니다. 그들의 접근을 미리 아는 동물은 살아남지만, 그들이 가까이 올 때까지 알아채지 못하면 운명은 뻔합니다. 그들의 밥이 되는 것이지요.

사탄이 호시탐탐 노리는 것

성경은 놀랍게도 이런 생존 경쟁의 법칙을 그리스도인에게 적용합니다. 하나님은 베드로전서 5장에서 이렇게 말씀하십니다.

"근신하라 깨어라 너희 대적 마귀가 우는 사자같이 두루 다니며 삼킬 자를 찾나니"벧전 5:8.

우리 역시 전쟁터에 살고 있다는 말씀입니다. 우리의 삶이 겉으로는 평안해 보여도 영적으로는 그렇지 않다는 것입니다. 지금도 마귀는 우는 사자처럼 우리 주위를 돌며 기회를 엿보고 있습니다. 누가 영적 전쟁에서 살아남으며 승리할 수 있습니까? 근신하는 자입니다. 깨어 있는 자입니다. 마귀의 공격과 궤계를 능히 아는 자들만이 영적 전쟁에서 승리할 수 있습니다.

사자는 평생 수많은 짐승을 사냥하지만 그 방법은 언제나 동일합니다. 소리를 죽여 최대한 상대에게 가까이 다가가 상대가 잠시 방심한 틈을 타서 공격하는 것입니다. 그 간단한 수법에 얼마나 많은 짐승이 희생되는지 모릅니다.

마귀가 그리스도인들을 공격하는 방법 또한 그렇게 복잡하지 않습니다. 무슨 특별한 방법을 사용하는 것이 아닙니다. 그들은 지난 수천 년 동안 같은 방법으로 믿는 사람들을 공격해왔습니다. 그들이 사용하는 방법은 단 하나, 곧 우리의 관계를 파괴하는 것입니다. 하나님과 우리의 관계를 파괴하고, 사람과 사람의 관계를 파괴하는 것이 사탄의 공격법입니다.

이 간단한 술수에 말려들어 지금까지 수많은 사람들이 희생되어왔고 지금도 희생되고 있습니다. 인류의 조상 아담과 하와가 바로 그 꼬임에 빠져 에덴동산에서 쫓겨나고 말았습니다. 사탄은 하나님과 아담의 관계를 공격했습니다. 그러고나서 곧바로 아담과 하와의 사이를 공격합니다. 선악과를 먹은 책임을 서로에게 미루게 하여 부끄러움 없이 솔직하던 부부관계를 파괴했습니다. 동일한 수법으로 형제 사이를 갈라놓아 형 가인이 아벨을 죽이고 맙니다.

이것이 창세기 처음에 나오는 이야기입니다. 하나님은 왜 이 이야기를 성경의 첫 부분에 쓰셨을까요? 그 이유는 사탄의 궤계를 아는 것이 매우 중요하기 때문입니다. 에덴동산에서 아담과 하와, 가인과 아벨의 관계를 공격하던 사탄은 지금도 우는 사자처럼 저와 당신을 공격하고 있습니다. 수많은 세월이 지났지만 그 방법은 조금도 변하지 않았습니다. 그자는 지금도 우리의 관계를 파괴하여 우리를 파멸의 구렁텅이로 몰아넣고자 발악하고 있습니다. 그래서 사도 바울은 이렇게 고백합니다.

"너희가 무슨 일이든지 누구를 용서하면 나도 그리하고 내가 만일 용서한 일이 있으면 용서한 그것은 너희를 위하여 그리스도 앞에서 한 것이니 이는 우리로 사탄에게 속지 않게 하려 함이라 우리는 그 계책을 알지 못하는 바가 아니로라" 고후 2:10-11.

지금 사도 바울은 고린도 성도들에게 서로 용서하고 사랑하라고 권면하고 있습니다. 왜 우리는 서로 사랑하고 용서해야 합니까? 그것은 우리가 사탄의 궤계를 알고 있기 때문입니다. 다시 말해, 우리의 관계를 파괴하는 배후에는 반드시 사탄의 보이지 않는 술수가 있다는 것입니다. 그 술수를 알지 못하고 속아서 부부 사이에, 형제 사이에, 성도 사이에 서로 용서하지 않고 분한 마음과 미움을 가지고 살기 시작하면 우리 모두 사탄의 밥이 되어 멸망하고 말 것입니다. 그 사실을 알기 때문에 사도 바울은 지금 고린도 성도들에게 이렇게 말하고 있는 것입니다. 11절을 다시 보십시오.

"이는 우리로 사탄에게 속지 않게 하려 함이라 우리는 그 계책을 알지 못하는 바가 아니로라."

사탄의 궤계가 무엇입니까? 바로 관계를 파괴하는 것입니다. 그 자는 어떻게든 사람과 사람, 사람과 하나님의 관계를 파괴하고자 합니다. 그 한 가지 방법으로 지금까지 온 인류와 수많은 가정, 수많은 교회, 수많은 그리스도인의 삶을 파멸의 구렁텅이로 몰아넣었습니다.

불화의 배후에 누가 있는가?

어떻게 해야 사탄에게 속지 않을 수 있을까요? 본문은 기드온이 전쟁에서 승리하고 난 후에 벌어진 일을 기록하고 있습니다. 그들은 하나님의 도움으로 13만 5천 명의 적들 가운데 12만 명을 죽이고 이제 남은 적의 뒤를 쫓고 있습니다. 누구도 승리를 예측하지 않았던 어려운 전쟁을 치르고나서 기드온과 300명의 용사가 얼마나 피곤하고 지쳤겠습니까? 그들의 형편을 본문은 이렇게 표현하고 있습니다.

"기드온과 그와 함께 한 삼백 명이 요단 강에 이르러 건너고 비록 피곤하나 추격하며 그가 숙곳 사람들에게 이르되 나를 따르는 백성이 피곤하니 청하건대 그들에게 떡덩이를 주라 나는 미디안의 왕들인 세바와 살문나의 뒤를 추격하고 있노라 하니"삿 8:4-5.

전쟁을 하면 피곤한 것이 당연하지만 이 전쟁이 어디 보통 전쟁입니까? 300대 13만 5천의 싸움이었습니다. 이렇게 기드온과 용사들이 목숨을 걸고 어려운 전쟁을 승리로 이끌었는데 그 형제 에브라임 사람들이 찾아와서 뭐라고 항의했는지 아십니까? 그 반응이 참으로 놀랍습니다.

"에브라임 사람들이 기드온에게 이르되 네가 미디안과 싸우러 갈 때에 우리를 부르지 아니하였으니 우리를 이같이 대접함은 어찌 됨이냐 하고 그와 크게 다투는지라"삿 8:1.

에브라임은 이스라엘의 열두 지파 중 가장 크고 중요한 지파였습니다. 성전이 없던 때에 하나님의 장막 실로가 그들의 영역에 속해 있었습니다. 그들을 가나안으로 이끌었던 여호수아가 에브라임 지파 출신이었으니 더 말해 무엇하겠습니까? 그들은 자부심이 대단했습니다. 그러한 그들이 지금 기드온에게 와서 전쟁할 때 자신들을 부르지 않았다고 따지고 있는 것입니다.

겉으로 보기에 이 항의는 매우 합당합니다. 기드온은 개별적으로 각 지파에게 초대장을 보내지 않았기 때문입니다. 그러나 그 속을 조금 더 들여다본다면 그들은 지금 공연히 억지를 쓰고 있는 것에 불과합니다. 비록 개별적으로 부르지는 않았지만 기드온이 전쟁을 한다는 소식을 온 이스라엘 사람들이 알고 있었습니다. 게다가 기드온은 열두 지파 가운데 누구라도 참전해달라고 요청했습니다. 그런데도 전쟁이 시작될 때에는 가만히 있다가 막상 전쟁이 승리로 끝나자 자기 지파를 개별적으로 부르지 않았다고 따지고 있는 것입니다.

사실 그들의 항의는 질투와 쓸데없는 자존심에서 나온 것이었습니다. 그저 자신들의 명예만 중요하게 생각한 좁은 소견에 불과했습니다. 기드온이 전쟁에 승리하여 누가 유익을 보게 되었습니까? 에브라임 지파에도 유익이 돌아왔습니다. 7년간 미디안 사람들에게 압박당하던 노예 같은 삶에서 벗어나게 되었습니다. 하나님의 기적 같은 도우심으로 전쟁에서 승리했지만, 지금 그들은 하나님의 이름을 찬양하기는커녕 잘못된 자존심과 질투로 기드온과 300명의 용사를 비난하고 있습니다.

안타깝게도 많은 경우 위기는 가까운 가족과 형제 그리고 믿는 성도들에게서 나옵니다. 이 세상에서 가장 강했던 로마는 외부 침입이 아니라 내부 분열 때문에 망했습니다. 여태껏 망한 국가나 몰락한 단체들을 보면 거의가 내부 분열을 일으키며 무너졌다는 사실을 알 수 있습니다.

에브라임 지파가 이렇게 억지를 부리자 기드온은 얼마나 억울했겠습니까? 당연히 그들에게 화를 내고 당당하게 대항할 수 있었습니다. 그가 에브라임 지파와 싸운다고 해서 비난할 사람은 아무도 없었습니다. 그러나 기드온이 에브라임 지파와 싸우느라 적의 잔당을 추격하지 못했다면 어떤 일이 벌어졌을까요? 적들은 곧바로 전열을 가다듬고 되돌아와 300명밖에 되지 않는 기드온의 용사들을 멸망시키고 말았을 것입니다. 그러나 본문을 보면 기드온은 에브라임 지파와 맞서 싸우지 않고 이렇게 응대합니다.

"기드온이 그들에게 이르되 내가 이제 행한 일이 너희가 한 것에 비교되겠느냐 에브라임의 끝물 포도가 아비에셀의 맏물 포도보다 낫지 아니하냐 하나님이 미디안 방백 오렙과 스엡을 너희 손에 넘겨 주셨으니 내가 한 일이 어찌 능히 너희가 한 것에 비교되겠느냐 하니라 기드온이 이 말을 하매 그때에 그들의 노가 풀리니라"삿 8:2-3.

화를 내면서 싸워도 시원치 않을 판인데도 기드온은 오히려 "너희가 낫다. 그래 너희가 크다. 너희가 행한 일이 위대하고 나는 아무것도 아니다"라고 말하며 그들의 노를 가라앉힙니다. 기드온은 이렇게 에브라임 지파와의 싸움을 피하고 계속해서 미디안의 패잔병들을 추격합니다. 얼마나 피곤했을까요? 전쟁만 해도 피곤한데 같은 민족에게 억울한 누명까지 쓰니 얼마나 지쳤겠습니까?

그러나 그는 피곤함을 무릅쓰고 두 왕 세바와 살문나가 이끄는 미디안 군대를 추격하여 숙곳이라는 곳에 도착합니다. 그곳에 이르러 그는 너무 배가 고파서 형제인 숙곳 사람들에게 떡을 좀 달라고 요청합니다. 그랬더니 그들이 어떻게 응대했는지 아십니까? 그들은 기드온의 요구를 거절했습니다. 그뿐 아니라 조롱했습니다.

"숙곳의 방백들이 이르되 세바와 살문나의 손이 지금 네 손 안에 있다는거냐 어찌 우리가 네 군대에게 떡을 주겠느냐 하는지라"삿 8:6.

쉽게 말해 "어쩌다가 운이 좋아서 전쟁에 이겼는지 몰라도 세바와 살문나의 손이 네 손에 있다고 네가 어떻게 감히 우리에게 떡을 요구하느냐? 너희에게 떡을 줬다가 네가 전쟁에서 지면 그 책임을 누가 질 것이냐? 세바와 살문나가 쳐들어 와서 네게 떡을 줬다고 우리를 멸망시키지 않겠느냐? 지난번에는 운이 좋아서 이겼을 뿐이다. 300명으로 1만 2천 명은 어림도 없지"라고 조롱하며 떡을 주지 않은 것입니다. 불신과 조롱과 배신, 이 모든 것들이 적들이 아닌 동족으로부터 나와 기드온과 그 군사들의 마음을 찢었습니다. 불행하게도 이런 현상은 지금도 그대로 재현되고 있습니다.

누가 우리의 마음을 가장 아프게 하던가요? 누가 우리를 믿어주지 않던가요? 누가 우리에게 조롱의 눈길을 보내던가요? 우리는 때로 누구에게 배반을 당합니까? 바로 형제와 가족입니다. 같은 교회에서 생활하는 성도들입니다. 가슴 아프지만 사실입니다. 왜일까요? 왜 우리는 서로 사랑하지 못하고 서로 마음을 아프게 합니까? 왜 하나님이 이루신 놀라운 일들을 찬양하기보다는 생각이 조금 다르다고 비난하고 욕하고 조롱합니까? 왜 감사한 마음보다는 서운한 마음을 가지고 살아갈까요? 왜 형제가 고생하는 것을 보고 도와주기는커녕 그의 헌신을 조롱하며 잘못되기를 바랄까요?

그 이유는 다름 아니라 그것이 사탄의 공격이기 때문입니다. 가족 간의 불화를 상담해보면 이유가 특별히 없는 경우가 많습니다. 성도 사이에 서운하게 생각하는 것도 그 원인을 캐보면 별것 아닙니다. 대화를 통해 얼마든지 풀 수 있는 일이 대부분입니다. 그런데도 서로를 미워하고 마음을 닫고 삽니다. 왠지 아십니까? 배후에서 사탄이 공격하고 있기 때문입니다.

우리 그리스도인들이 그 사실을 알아야 합니다. 사탄의 술수를 알아야 합니다. 감사하게도 기드온은 그 사실을 알았습니다. 그래서 온갖 억울한 소리를 듣고도 그들과 다투지 않고 계속 전쟁에 집중하여 마침내 승리를 거두었습니다.

성령의 하나 됨을 지키라

사탄의 궤계, 즉 하나 됨을 해치는 술수를 어떻게 물리칠 수 있을까요? 첫째, 나의 자존심보다 하나 됨을 중요하게 여기십시오. 그 어떤 경우에도 하나 됨을 지켜야 합니다. 자존심이 상해도, 억울한 소리를 들어도, 섭섭해도, 무시를 당해도, 말도 안 되는 소리를 듣더라도 하나 됨을 포기하지 마십시오. 어떤 이유에서건 하나 됨을 포기하면 그 순간 사탄의 술수에 넘어가게 됩니다. 그래서 성경은 이렇게 말합니다.

"평안의 매는 줄로 성령이 하나 되게 하신 것을 힘써 지키라"엡 4:3.

왜 힘쓰라고 했을까요? 그것을 지키는 것이 쉽지 않기 때문입니다. 가정에서 부부가 하나 됨을 지켜야 합니다. 교회에서 하나 됨을 지켜야 합니다. 억울해도, 분통이 터져도, 내 의견이 관철되지 않아도 상대를 용서하고 사랑하며 하나 됨을 지키는 축복이 있기를 바랍니다.

둘째, 어떤 대가를 치르더라도 소명을 잃지 마십시오. 기드온이 전쟁에서 승리한 것은 끝까지 목표를 잃지 않았기 때문입니다. 그의 소명은 다름 아닌 미디안을 물리치는 것이었습니다. 그는 자신의 소명과 목표를 끝까지 포기하지 않았습니다. 그래서 온갖 비난과 조롱에도 굴하지 않고 끝까지 미디안 군대를 추격하여 그들을 물리쳤습니다. 당신의 소명은 무엇입니까? 자녀들을 향해, 부모를 향해, 형제들을 향해 가지고 있는 소명 그리고 이 땅을 사는 동안 하나님이 주신 소명은 무엇입니까?

사탄의 공격이 분명한데도 그것을 알지 못하고 아주 사소한 일에 서운한 마음이 생겨서 관계가 깨지고, 하나님이 주신 소명을 팽개쳐 버리는 사람을 많이 보았습니다. 나중에는 예배도 잘 드리지 않게 되더군요. 이것을 보고 누가 웃겠습니까? 웃는 자는 단 하나밖에 없습니다. 바로 사탄입니다. 이렇게 해서는 우리의 영혼이 파멸되고, 가족이 다치며, 성도들이 상처받는 일만 생깁니다. 마음속의 서운한 감정들 때문에 사랑하는 가족들과 담을 쌓고 사는 것은 원하는 일이 아니지 않습니까? 사탄의 술수를 이기기 원한다면 어떤 대가를 치르더라도 하나님이 주신 소명만은 붙들기를 주의 이름으로 부탁드립니다. 하나님의 길에서 떠나지 마십시오. 그 길을 붙드십시오.

"근신하라 깨어라 너희 대적 마귀가 우는 사자같이 두루 다니며 삼킬 자를 찾나니" 벧전 5:8.

이 말씀으로 사탄의 공격에서 벗어나 그리스도의 보혈로 승리하는 강한 그리스도인이 되기를 바랍니다.

10장
인생의 마무리를 잘하는 법

사사기 8:22-27

마무리를 잘 하는 인생이 아름답습니다.
전성기에 아무리 잘 살았다고 해도 마지막이 부실하면
실패한 인생이 되고 맙니다. 기드온의 실수를 반면교사로 삼아
끝까지 넘어지지 않고 인생이라는 경주를
잘 마치는 법을 배울 수 있습니다.

그 때에 이스라엘 사람들이 기드온에게 이르되 당신이 우리를 미디안의 손에서 구원하셨으니 당신과 당신의 아들과 당신의 손자가 우리를 다스리소서 하는지라 기드온이 그들에게 이르되 내가 너희를 다스리지 아니하겠고 나의 아들도 너희를 다스리지 아니할 것이요 여호와께서 너희를 다스리시리라 하니라 기드온이 또 그들에게 이르되 내가 너희에게 요청할 일이 있으니 너희는 각기 탈취한 귀고리를 내게 줄지니라 하였으니 이는 그들이 이스마엘 사람들이므로 금 귀고리가 있었음이라 무리가 대답하되 우리가 즐거이 드리리이다 하고 겉옷을 펴고 각기 탈취한 귀고리를 그 가운데에 던지니 기드온이 요청한 금 귀고리의 무게가 금 천칠백 세겔이요 그 외에 또 초승달 장식들과 패물과 미디안 왕들이 입었던 자색 의복과 또 그 외에 그들의 낙타 목에 둘렀던 사슬이 있었더라 기드온이 그 금으로 에봇 하나를 만들어 자기의 성읍 오브라에 두었더니 온 이스라엘이 그것을 음란하게 위하므로 그것이 기드온과 그의 집에 올무가 되니라(삿 8;22-27).

해운대 센텀시티에 예배당을 건축하면서 한 가지 배운 사실이 있습니다. 건축은 기초와 골격이 중요하지만 마무리도 중요하다는 것입니다. 사실 건축에서는 이 모든 것이 다 중요하지만 우리 눈에 가장 인상적인 것은 아무래도 실내 인테리어, 곧 마무리입니다. 우리의 인생도 마무리가 잘 되어야 아름답습니다. 전성기에 아무리 잘 살았다고 해도 마지막이 부실하면 실패한 인생이 되고 맙니다.

성경에는 의외로 인생에 실패한 사람들이 등장하는데 대표적인 예로 솔로몬을 들 수 있습니다. 솔로몬을 모르는 사람이 있을까요? 하나님의 성전을 지은 이스라엘의 왕. 탁월한 지혜로 나라를 강국으로 만들고 널리 명성을 떨친 왕. 그러나 그렇게 지혜로웠던 솔로몬의 마지막 인생은 그리 아름답지 못했다고 성경은 전합니다. 그는 수많은 후궁을 얻었습니다. 그 후궁들이 이스라엘에 들어오면서 각자가 섬기는 신들을 가지고 들어와 이스라엘에 우상을 퍼뜨렸고, 훗날 그 우상들 때문에 이스라엘은 남북으로 나뉘고 말았습니다.

기드온과 그 집에 올무가 되니라

본문에도 인생의 마무리에 실패한 사람이 등장합니다. 놀랍게도 그 사람은 기드온이었습니다. 기드온이 누구입니까? 하나님께 크게 쓰임 받았던 사람입니다. 앞서 우리는 그의 인생을 들여다보며 은혜를 받지 않았습니까? 그는 군사 300명을 데리고 13만 5천 명의 미디안 군사를 물리친 놀라운 용사입니다. 그러나 성경은 그가 인생의 마지막에 실패했다고 말합니다. 그가 실패했다면 우리도 실패할 수 있습니다. 도대체 기드온은 무엇에 실패했을까요?

미디안과의 전쟁이 끝나자 백성들이 기드온에게 와서 요청합니다.

"그때에 이스라엘 사람들이 기드온에게 이르되 당신이 우리를 미디안의 손에서 구원하셨으니 당신과 당신의 아들과 당신의 손자가 우리를 다스리소서 하는지라" 삿 8:22.

한마디로 "우리의 왕이 되어주십시오. 당신의 집안은 그만한 대접을 받을 가치가 있습니다"라고 말하는 것입니다. 기드온은 그들의 요청에 이렇게 대답합니다.

"기드온이 그들에게 이르되 내가 너희를 다스리지 아니하겠고 나의 아들도 너희를 다스리지 아니할 것이요 여호와께서 너희를 다스리시리라 하니라" 삿 8:23.

얼마나 아름다운 고백입니까? "나는 너희의 왕이 되지 않겠다. 너희는 여호와만 섬겨라. 여호와 하나님이 너희의 왕이다." 기드온은 왕이 되는 것을 거절하고 백성들을 하나님께 인도했습니다.

그런데 그런 다음 백성들에게 한 가지 부탁을 합니다. 미디안 사람들에게서 뺏은 금귀고리를 달라고 한 것입니다. 당시 문화를 살펴보면 미디안 남자들은 금귀고리를 즐겨 착용했습니다. 특별히 용사들은 더했습니다. 그런데 13만 5천 명을 물리쳐서 그들 대부분이 죽었으니 금귀고리를 얼마나 많이 노획했겠습니까? 그 양이 여기서는 세겔로 나와 있는데 우리에게 익숙한 단위로 환산하자면 금 7천 200돈으로 약 10억 원이 넘는 액수입니다.

본문에 의하면 기드온은 그 금으로 에봇을 만들었습니다. 에봇은 가슴에 받쳐 입는 의복입니다. 로마 군병이 가슴에 찼던 갑옷을 생각하면 상상이 될 것입니다. 그런데 에봇은 제사장만, 그것도 대제사장만 입을 수 있는 특별한 옷이었습니다. 제사장이 하나님의 뜻을 알고자 하나님께 나아가 기도할 때 입는 남다른 의미가 있는 옷입니다. 그런데 기드온은 백성들에게서 받은 금으로 에봇을 만들었습니다.

본문을 읽어보면 우상의 의미로 에봇을 만든 것 같지는 않습니다. 그러면 왜 제사장이 입는 에봇을 만들었을까요? 그것도 화려한 금으로 말입니다. 사사기를 읽어보면 어디에도 제사장의 역할이 뚜렷하게 나오지 않습니다. 사사 시대에는 아론의 뒤를 이은 제사장들이 제 임무를 다하지 못한 것 같습니다. 백성들에게 하나님의 뜻을 제대로 전달해줘야 하는데 그 역할을 하지 못한 것이지요.

그래서 아마도 기드온 자신이 그 역할을 감당하려고 금으로 에봇을 만들었던 것 같습니다. 이미 하나님께 계시를 받은 경험도 있으니 자신이 직접 대제사장 역할을 하려고 에봇을 만든 것입니다. 동기는 그렇게 나쁘지 않았습니다. 오히려 선했다고도 할 수 있습니다. 백성들에게 하나님의 뜻을 전해주고자 하는 마음이었으니까요. 그러나 본문은 그 에봇이 가져온 결과를 이렇게 말하고 있습니다.

"기드온이 그 금으로 에봇 하나를 만들어 자기의 성읍 오브라에 두었더니 온 이스라엘이 그것을 음란하게 위하므로 그것이 기드온과 그의 집에 올무가 되니라"삿 8:27.

기드온이 금으로 화려하게 에봇을 만들어서 자기 동네에 갖다 두자 이스라엘의 온 백성들이 그것을 음란하게 위했다고 합니다. '음란하게 위하다' 라는 표현은 우상 숭배를 간접적으로 표현하는 말입니다. 하나님이 아닌 다른 어떤 것을 섬겨서 하나님께 정절을 지키지 않는 우상 숭배를 성경은 종종 음란에 비유합니다. 쉽게 말해, 기드온이 만든 에봇이 이스라엘 백성들의 열렬한 우상이 되어 기드온과 그 집안은 물론 온 이스라엘 백성들의 올무가 된 것입니다. 결국 그 에봇을 우상으로 섬기던 이스라엘 백성들은 훗날 하나님을 떠나 더 많은 우상을 섬기고 멸망에 처하게 됩니다.

"기드온이 이미 죽으매 이스라엘 자손이 돌아서서 바알들을 따라가 음행하였으며 또 바알브릿을 자기들의 신으로 삼고 이스라엘 자손이 주위의 모든 원수들의 손에서 자기들을 건져내신 여호와 자기들의 하나님을 기억하지 아니하며"삿 8:33-34.

무엇이 잘못된 것일까요? 이미 살펴본 대로 기드온은 우상을 섬기려는 의도로 에봇을 만들지는 않았습니다. 백성들에게 하나님의 뜻을 전하려는 선한 동기에서 만들었습니다. 그러나 동기가 좋다고 모든 것이 옳지는 않습니다. 하나님은 분명 자신의 성막을 오브라가 아닌 실로에 두셨습니다. 성막을 섬기는 자세한 규례도 이미 말씀해주셨습니다. 에봇은 대제사장만 입는 것이라고 율법 책에 기록되어 있습니다. 에봇을 만든 기드온의 마음이 아무리 진실하다 하더라도, 대제사장만 입을 수 있는 에봇을 입고 성막의 규례를 무시한 채 실로가 아닌 오브라에서 백성들을 위해 하나님의 뜻을 구한 그의 행동은 명백히 하나님의 말씀을 거스르는 것이었습니다.

오늘날 우리 사회에는 목적이 수단을 정당화한다는 잘못된 논리가 팽배해 있습니다. 동기가 좋고 목적만 선하면 어떤 방법을 써도 상관없다는 생각이 가득 차 있습니다. "모로 가도 서울만 가면 된다"는 속담이 있는데 이것이 과연 옳은 말일까요? 이렇게 생각해보십시오. 성경을 읽기 위해 옆집에서 양초를 훔치는 것은 옳은 일입니까? 그래서는 안 되는 일입니다.

그것이 바로 기드온이 범한 실수였습니다. 당시 제사장들이 자신의 임무를 다하지 못하고 있었다면 시간이 걸리더라도 오브라가 아닌 실로를 변화시키기 위해 노력해야 했습니다. 기드온에게는 하나님이 정한 실로를 오브라로 옮길 권리가 전혀 없었습니다. 우리도 종종 이런 실수를 합니다. 기드온처럼 하나님의 일을 내 방법으로 이루려고 합니다. 때로 그것이 하나님의 말씀과 배치되더라도 목적이 선하니까 괜찮다고 생각합니다.

사실 솔로몬이 수많은 이방 여인들을 후궁으로 맞이한 동기도 꼭 나쁜 것만은 아니었습니다. 그 당시 외국과 동맹을 맺기 위해 족장이나 왕의 딸과 결혼하는 것보다 더 좋은 방법은 없었습니다. 솔로몬이 무슨 대단한 정력가라서 후궁을 1천 명이나 두었겠습니까? 그는 국력을 확장하기 위해서라는 명분으로 수많은 이방 여인들을 데려왔습니다. 그러나 그것이 올무가 되었다고 성경은 말합니다.

기드온 역시 그러한 방법을 썼던 것 같습니다. "기드온이 아내가 많으므로 그의 몸에서 낳은 아들이 칠십 명이었고"삿 8:30. 그는 이스라엘 왕이 될 것도 아니면서 왜 이렇게 많은 아들을 두었을까요? 이것이 바로 기드온과 그의 후손들에게 올무가 되었습니다. 9장에서 보겠지만 훗날 이 70명의 아들 가운데 아비멜렉 – '나의 아버지는 왕이다' 라는 뜻 – 이 나머지 형제 68명을 죽여버립니다.

믿음의 길에는 항상 시험이 있다

기드온의 후반부 인생을 통해 몇 가지 교훈을 나누고 싶습니다. 우리는 어떻게 인생을 잘 마무리할 수 있을까요?

먼저, 믿음의 길에 항상 시험이 도사리고 있음을 기억해야 합니다. 한번 큰 은혜를 받고나서 그 후로 신앙생활이 저절로 술술 풀린다면 얼마나 좋겠습니까? 그러나 그런 일은 일어나지 않습니다. 젊을 때 주를 위해 한 번 열심히 봉사하고 나서 나머지 인생은 자동으로 마무리된다면 얼마나 좋겠습니까? 그러나 그런 일은 일어나지 않습니다.

기드온의 이야기가 그것을 증명합니다. 왜 하나님은 우리가 가는 믿음의 길에 그렇게 시험을 남겨 놓으셨을까요? 그 이유는 의외로 간단합니다. 인생의 마지막까지 여호와 하나님만 의뢰하게 하기 위해서입니다. 인생에 탄탄대로만 펼쳐진다면 우리는 하나님을 의지하지 않을 것입니다. 하나님께 한 번 헌신하고나서 길이 항상 잘 풀린다면 하나님을 더 이상 찾지 않을 것입니다. 하나님은 그 점을 경계하십니다. 그래서 우리 믿음의 길에 시험을 남겨 놓으셨습니다.

그러므로 항상 주님을 의지하십시오. 과거에 헌신했던 것, 과거에 제자 훈련이나 사역 훈련 받은 것, 과거에 은혜 받은 것에 더 이상 기대지 마십시오. 여호와 하나님을 항상 의지하기를 바랍니다.

시험은 때로 교묘하게 온다

둘째, 인생을 잘 마무리하기 위해서는 시험이 때로 교묘하게 다가옴을 기억해야 합니다. 인류에게 처음으로 다가온 시험 또한 아주 교묘했습니다. 사탄이 다가오기 전까지 하와에게는 아무런 문제가 없었습니다. 하와는 참으로 만족했습니다. 환경이나 하나님과의 관계, 남편과의 관계도 모두 좋았습니다. 하나님은 매우 자비로우셨고, 그녀도 하나님께 아무런 의심이 없었습니다. 그러나 사탄은 너무나도 교묘하게 그녀의 마음을 뒤흔들어 놓았습니다. 그 자는 하와에게 다가와 이렇게 말합니다.

"하나님이 참으로 너희에게 동산 모든 나무의 열매를 먹지 말라 하시더냐" 창 3:1 하.

하지만 하나님은 이미 이렇게 말씀하신 터였습니다.

"여호와 하나님이 그 사람에게 명하여 이르시되 동산 각종 나무의 열매는 네가 임의로 먹되 선악을 알게 하는 나무의 열매는 먹지 말라 네가 먹는 날에는 정녕 죽으리라 하시니라"창 2:16-17.

사탄은 그 사실을 뻔히 알면서도 "하나님이 참으로 너희더러 동산 모든 나무의 실과를 먹지 말라 하시더냐?"라고 교묘하게 질문을 던집니다. 하나님은 다 먹되 한 가지만 먹지 못하게 하셨습니다. 그런데도 사탄의 말장난에 하와가 말려들었습니다. 그전까지는 아무런 문제가 없었습니다. 선악과만 빼고 동산의 모든 실과는 먹을 수 있었으니까요. 그런데 사탄의 질문을 받고 선악과에 마음을 쏟는 순간, 하나님이 모든 나무의 실과를 못 먹게 하기라도 한 양 하와는 서운한 마음이 들기 시작합니다. 그래서 사탄에게 이렇게 대답합니다.

"여자가 뱀에게 말하되 동산 나무의 열매를 우리가 먹을 수 있으나"창 3:2.

하나님은 분명 "동산 각종 나무의 실과는 네가 임의로 먹되"라고 말씀하셨는데, 하와는 그 말씀을 고의로 왜곡하기 시작합니다. 이미 하나님께 서운함이 생긴 것입니다. 그 다음을 보십시오.

"동산 중앙에 있는 나무의 실과는 하나님의 말씀에 너희는 먹지도 말고 만지지도 말라 너희가 죽을까 하노라 하셨느니라"창 3:3.

하나님은 만지지 말라고 말씀하신 적이 없습니다. 하와에게 하나님은 이미 매정한 분이 되어버렸습니다. 그녀의 마음속에 무언가가 들어와 있습니다. 하와의 마음을 안 사탄은 그 다음에 어떻게 말합니까?

"뱀이 여자에게 이르되 너희가 결코 죽지 아니하리라"창 3:4.

처음부터 사탄이 이렇게 말했다면 하와는 절대 넘어가지 않았을 것입니다. 모든 일에는 단계가 있습니다. 하와의 마음을 얻었다고 생각하는 순간 사탄은 무엇이라고 말합니까?

"너희가 그것을 먹는 날에는 너희 눈이 밝아져 하나님과 같이 되어 선악을 알 줄 하나님이 아심이니라"창 3:5.

사탄은 지금 하나님께 감춰진 의도가 있다고 말하고 있습니다. "하와, 너 그렇게 순진해? 한번 생각해봐. 왜 그것을 못 먹게 하겠어? 하나님은 네가 생각하는 것처럼 그렇게 선한 분이 아니야. 아니면 왜 너에게 그 실과를 먹지 말라고 하겠어? 왜 그렇게 많은 것을 하지 말라고 하는 거야? 네가 그것을 먹는 날에는 하나님과 같이 될 것을 알기 때문이야." 그 순간 하와는 걸려들고 맙니다. 사자에게 목을 내어준 것입니다.

우리에게 다가오는 시험은 그리 간단하지 않습니다. 사탄은 그리 어리석지 않습니다. 기드온에게 다가온 시험도 간단하지 않고 교묘했습니다. 솔로몬도 좋은 의도를 가지고 나라를 튼튼하게 하기 위해서 많은 이방 여인들, 족장의 딸들과 결혼했습니다. 그러나 하나님은 신명기에서 왕이 아내를 많이 두어서는 안 된다고 말씀하셨습니다. 솔로몬도 분명히 그 말씀을 기억했겠지만 현실과 타협하고 맙니다. "이 정도쯤이야."

기드온도 타협했습니다. 에봇은 대제사장만 입을 수 있는 옷임을 알지만, 신통치 않은 제사장들 대신 자신이 대제사장 노릇을 하는 것이 더 나을 것 같아 금으로 에봇을 만듭니다. 그 에봇을 실로에 갖다 놓았다면 얼마나 좋았을까요? 성전에 바쳐서 대제사장에게 입혔더라면 얼마나 좋았을까요? 그러나 그는 타협합니다. 자기 집에 그것을 두고 아마 가끔씩

꺼내서 입었을 것입니다. "큰 공을 세웠는데 그까짓 에봇 하나쯤이야." 그러나 그것이 올무가 되어 그 집안과 이스라엘 백성이 멸망하고 말았습니다. 우리에게 다가오는 시험은 매우 교묘합니다. 그러므로 항상 깨어 있어야 합니다.

내 생각보다 하나님 말씀을 먼저 두라

마지막으로, 인생을 잘 마무리하기 위해서는 항상 하나님의 말씀대로 살아야 합니다.

유명한 성경학자 도널드 반 하우스가 어느 날 알프스 언덕에서 휴양을 하다가 양 떼를 충실하게 지키고 있는 개를 발견했습니다. 그 유명한 설교가는 개를 보면서 하나님에 대한 자기의 충성을 뉘우쳤다고 일기에 썼습니다. 나른한 오후에 양을 지키는 것이 그 개에게 얼마나 힘들었을까요? 그 개도 뛰어놀고 싶었을 것입니다. 옆에서 뛰노는 사슴들을 따라가고 싶었을 것입니다. 잠시 양들을 버려두고 사슴을 따라간들 무슨 일이 있겠습니까? 늑대가 나타난 것도 아닌데…. 그런데 그 개는 꼼짝도 안 하고 주인이 부를 때까지 양 떼를 지켜보더라는 것입니다.

우리가 왜 실패하는지 압니까? 많은 경우 하나님의 말씀보다는 내 생각대로 행동하기 때문입니다. 자신의 주관을 내세우기 때문에 인생의 마지막에서 실패합니다. 처음부터 순종하지 않기로 작정하고 예수 믿는 사람은 아무도 없습니다. 처음에는 어떻게든 말씀대로 살아보려고 애쓰니다. 그러다 연륜이 쌓이고 교회생활에 익숙해지면서 점점 자기 생각을 내세우게 됩니다. 자기 목소리를 냅니다. 하나님이 말씀하신 그대로 따라야 하는데 점점 더 내 판단을 옳게 여깁니다. 그래서 성령께 내 생각을 굴복시키기보다는 내가 모든 것의 중심이 되어 판단하고 행동합니다.

신앙생활 잘하다가 인생의 후반부에 교회와 하나님을 떠난 사람들을 자세히 살펴보십시오. 얼마나 많은 목회자들이 하나님 앞에 평생을 헌신하다가 마지막에 인생의 마무리를 잘못해서 하나님의 영광을 가립니까? 은퇴하여 원로목사에 취임한 다음에 교회를 깨버리는 경우가 있습니다. 혹시라도 제가 그러면 멱살을 잡아서라도 끌어내려주십시오. 얼마나 많은 성도들이 처음에는 하나님을 잘 섬기다가 마지막에 교회에서 언성을 높이고 하나님의 영광을 가리던가요?

이런 사람들의 문제가 무엇입니까? 자신의 생각을 주장하는 것입니다. 자신의 의견을 내세우다가 관철되지 않으면 화를 내고 하나님의 교회조차 깨버리고 마는 것입니다. 그 순간 그는 사탄에게 목을 물린 것입니다. 결국에는 그와 그의 자손들뿐 아니라 수많은 사람들에게 상처를 남기게 됩니다.

이것이 믿음의 사람 기드온이 저지른 실수였다면 하물며 우리는 어떻겠습니까? 이것은 멀리 있는 누군가의 이야기가 아니라 바로 우리의 이야기입니다. 누가 인생의 경주를 잘 마무리할 수 있습니까? 오직 하나님의 말씀대로만 사는 사람입니다. 연륜이 쌓여도, 하나님이 축복하시는 그 순간에도 깨어서 겸손하게 하나님의 말씀대로만 살아갈 때 솔로몬과 기드온의 전철을 밟지 않고 인생의 후반부를 아름답게 마무리할 줄 믿습니다.

성경에는 인생을 아름답게 마무리한 사람들도 수없이 등장합니다. 그 중 한 명의 고백을 소개합니다.

"나는 선한 싸움을 싸우고 나의 달려갈 길을 마치고 믿음을 지켰으니 이제 후로는 나를 위하여 의의 면류관이 예비되었으므로 주 곧 의로우신 재판장이 그날에 내게 주실 것이며 내게만 아니라 주의 나타나심을 사모하는 모든 자에게도니라" 딤후 4:7-8.

할렐루야! 이것이 저와 당신의 인생 그리고 우리 후손의 인생이 되기를 바랍니다.

11장
인생의 비극을
피하기 위하여

사사기 9:7-15

하나님께 크게 쓰임 받았던 사사 기드온의 아들들이
같은 형제 아비멜렉에게 학살당하는 끔찍한 일이 일어납니다.
그가 아버지를 본받아 영적으로 승리하지 못하고 비극의
주인공으로 전락한 과정을 살펴보며 오늘 우리의 모습을 돌아볼 수 있습니다.

사람들이 요담에게 그 일을 알리매 요담이 그리심 산 꼭대기로 가서 서서 그의 목소리를 높여 그들에게 외쳐 이르되 세겜 사람들아 내 말을 들으라 그리하여야 하나님이 너희의 말을 들으시리라 하루는 나무들이 나가서 기름을 부어 자신들 위에 왕으로 삼으려 하여 감람나무에게 이르되 너는 우리 위에 왕이 되라 하매 감람나무가 그들에게 이르되 내게 있는 나의 기름은 하나님과 사람을 영화롭게 하나니 내가 어찌 그것을 버리고 가서 나무들 위에 우쭐대리요 한지라 나무들이 또 무화과나무에게 이르되 너는 와서 우리 위에 왕이 되라 하매 무화과나무가 그들에게 이르되 나의 단 것과 나의 아름다운 열매를 내가 어찌 버리고 가서 나무들 위에 우쭐대리요 한지라 나무들이 또 포도나무에게 이르되 너는 와서 우리 위에 왕이 되라 하매 포도나무가 그들에게 이르되 하나님과 사람을 기쁘게 하는 내 포도주를 내가 어찌 버리고 가서 나무들 위에 우쭐대리요 한지라 이에 모든 나무가 가시나무에게 이르되 너는 와서 우리 위에 왕이 되라 하매 가시나무가 나무들에게 이르되 만일 너희가 참으로 내게 기름을 부어 너희 위에 왕으로 삼겠거든 와서 내 그늘에 피하라 그리하지 아니하면 불이 가시나무에서 나와서 레바논의 백향목을 사를 것이니라 하였느니라 (삿 9:7-15).

2007년 4월 충격적인 소식이 들려왔습니다. 미국 버지니아 공대를 다니던 한국인 교포 조성희가 수업을 하던 학생들에게 무차별 총격을 가했다는 소식이었습니다. 그 일로 33명의 젊은이들이 아무 이유도 모른 채 총에 맞아 죽었습니다. 당신에게 그런 일이 일어났다고 한번 생각해보십시오. 당신의 자녀가 버지니아 공대같이 좋은 대학에서 공부하다가 이런 일을 겪었다고 생각해보십시오. 아무리 시간이 지나도 상처가 아물지 않을 비극적인 사건입니다.

본문에도 이에 못지않게 비극적인 사건이 등장합니다. 앞서 말했듯이 기드온은 여러 명의 아내를 두었고, 그 아내들과 첩들로부터 70명의 아들을 낳았습니다. 그 가운데 세겜에 사는 첩에게 얻은 아들이 있는데 그가 바로 아비멜렉입니다. 아비멜렉은 왕이 되고자 하는 욕심으로 외가인 세겜 사람들을 찾아가 그들과 야합하여 자신의 형제 68명을 한날 모두 죽이고 맙니다. 이 얼마나 참담한 사건입니까? 이 사건이 오늘날 일어났더라면 우리나라뿐 아니라 전 세계의 모든 신문에 대서특필되었을 것입니다.

그런데 이 끔찍한 학살 중에 살아남은 사람이 있었습니다. 기드온의 막내아들 요담입니다. 요담은 학살 현장에서 도망쳐 담대하게 세겜으로 갑니다. 그리고 그리심 산 위에 서서 세겜 사람들에게 소리쳤습니다. 세겜은 그리심 산이 병풍처럼 둘러쳐 있고 그 앞에는 에발 산이 가로막고 있습니다. 그리심 산 꼭대기에서 소리치면 원형 경기장에서 말하는 것과 비슷한 효과가 나서 요담의 말은 세겜 모든 사람에게 확성기로 말하는 것처럼 잘 들렸을 것입니다.

본문은 요담이 그때 했던 연설을 기록하고 있습니다. 그는 나무를 비유로 들어서 말했습니다. 우리가 그 연설에 귀 기울여야 할 이유는 그 비극적인 일이 기드온의 가정에서 일어났기 때문입니다. 이러한 일이 하나님께 쓰임 받은 유명한 사사 기드온의 가정에서 일어났다면 우리에게도 일어나지 말라는 법이 없습니다. 이것은 다른 누군가의 이야기가 아니라 나와 내 가정이 들어야 할 말씀입니다.

왜 아비멜렉은 비극의 주인공이 되었습니까? 왜 유명한 아버지를 본받아서 영적으로 승리하지 못하고 그런 일을 저질렀을까요? 바꾸어 말하면, 오늘을 사는 우리는 어떻게 해야 비극의 주인공이 되는 것을 면할 수 있을까요?

본분을 망각한 가시나무

먼저, 인생의 비극을 피하기 위해서는 자신의 본분을 지키며 살아야 합니다. 그날 그리심 산에서 외친 요담의 연설은 이러했습니다.

옛날 숲속에 감람나무와 무화과나무, 포도나무, 가시나무 네 종류의 나무가 살고 있었습니다. 어느 날 숲속에 살고 있던 다른 나무들이 감람나무에게 찾아와 왕이 되어 달라고 청합니다. 감람나무는 이렇게 대답하며 그들의 요청을 거절합니다. "나의 기름은 하나님과 사람을 영화롭게 하나니 내가 어찌 그것을 버리고 가서 나무들 위에 우쭐대리요"삿 9:9 하.

그들은 무화과나무를 찾아가 같은 요청을 합니다. 이에 무화과나무는 이렇게 대답합니다. "나의 단 것과 나의 아름다운 열매를 내가 어찌 버리고 가서 나무들 위에 우쭐대리요"삿 9:11 하.

그러자 그들은 포도나무를 찾아갑니다. 포도나무 역시 이렇게 대답합니다. "포도나무가 그들에게 이르되 하나님과 사람을 기쁘게 하는 내 포도주를 내가 어찌 버리고 가서 나무들 위에 우쭐대리요"삿 9:13.

위의 세 나무는 모두 같은 이야기를 하면서 왕이 되어 달라는 다른 나무들의 요청을 거절합니다. 한마디로 자신의 본분을 버릴 수 없다는 것입니다. "나의 본분은 하나님을 영화롭게 하고 사람을 기쁘게 하는 것인데 어찌 본분을 버리고 나무들 위에 가서 요동할 수 있겠는가?"라며 단호히 그들의 요청을 거절했습니다.

그런데 가시나무는 달랐습니다. 오히려 왕을 구하러 다니던 그들을 찾아가 이렇게 윽박지릅니다. "가시나무가 나무들에게 이르되 만일 너희가 참으로 내게 기름을 부어 너희 위에 왕으로 삼겠거든 와서 내 그늘에 피하라 그리하지 아니하면 불이 가시나무에서 나와서 레바논의 백향목을 사를 것이니라 하였느니라"삿 9:15.

숲속에 있는 가장 견고하고 튼튼한 백향목을 사를 것이라고 하니 나머지 나무는 말해서 뭐하겠습니까? 요담은 지금 이 비유를 들어 아비멜렉과 세겜 사람들을 고발하고 있습니다.

아비멜렉과 세겜 사람들의 잘못이 무엇입니까? 그들은 자신의 본분을 버렸습니다. 하나님을 섬기는 본분을 버리고 하나님보다 자신의 욕심을 더 사랑해서 왕이 되기 위해 수단 방법을 가리지 않고 악행한 것이 그들의 잘못이었습니다. 그들은 가시나무였던 것입니다.

구원받은 우리 그리스도인들의 본분은 무엇입니까? 하나님은 이스라엘 백성들의 본분을 분명하게 가르쳐주기 위해 한 구절을 이르며 그것을 항상 그들의 이마에 매고 다니라고 말씀하셨습니다. 그것도 모자라 집 문설주 옆에 있는 상자에 넣어둔 채 들어오고 나갈 때마다 만지라고 하셨습니다. 우리는 그것을 '쉐마'라고 부릅니다. 히브리어로 '들으라'는 뜻입니다. 말씀을 이마에 매고 다니며 하나님의 음성을 듣는 것입니다. 집에 들어갈 때, 집에서 나올 때 하나님의 음성을 듣는 것입니다. 그 상자에는 신명기 6장 4-5절 말씀이 들어 있었습니다.

"이스라엘아 들으라 우리 하나님 여호와는 오직 유일한 여호와이시니 너는 마음을 다하고 뜻을 다하고 힘을 다하여 네 하나님 여호와를 사랑하라."

이것이 쉐마입니다. 온 마음을 다해, 온 정성을 다해 하나님을 사랑하는 것. 이것이 사람의 본분이자 우리의 본분입니다. 이것이 왜 사람의 본분일까요? 왜 하나님은 그토록 당신을 사랑하라고 명령하셨을까요? 이기적인 분이어서 그럴까요? 하나님 당신을 위하여 그렇게 명령하신 것일까요? 아닙니다. 하나님이 그토록 당신을 사랑하라고 명령하신 것은 바로 우리를 위해서입니다.

하나님은 우리의 사랑을 받지 않아도 아무 부족함이 없는 분입니다. 하나님은 사랑 그 자체이시기 때문입니다. 우리가 하나님을 사랑하든 안 하든 하나님 편에서 달라질 것은 아무것도 없습니다. 하나님은 우리의 사랑을 필요로 하지 않습니다. 그런데 왜 우리에게 당신을 사랑하라고 말씀하실까요? 그것은 바로 우리를 위해서입니다. 하나님은 자비하며 긍휼에 한이 없으신 분입니다. 이런 하나님의 충만함이 있을 때 우리는 가장 행복한 인생이 됩니다. 하나님은 이 사실을 알고 우리에게 당신을 사랑하라고 하신 것입니다.

지난날을 돌이켜볼 때 하나님으로 충만해본 적이 있습니까? 예배를 드리거나 성경을 읽던 중 짧지만 그런 순간이 있었습니까? 그래서 병들어도 괜찮고, 돈이 없어도 괜찮고, 사업이 흔들려도 괜찮고, 어떤 고난이 와도 괜찮을 것 같은, 이 모든 것을 능히 이길 수 있을 것 같은 체험을 한 적이 있습니까?

우리의 마음은 반드시 무언가로 차 있어야 합니다. 하나님으로 차 있든, 다른 것으로 차 있든 해야지 그 중간은 없습니다. 여기 물이 담긴 컵이 있습니다. 우리 눈에는 물만 보이지만 사실 물이 없는 컵 위쪽에는 공기가 들어 있습니다. 물을 쏟아내면 쏟아낸 만큼 그 공간에 공기가 차겠지요. 빈 컵이란 있을 수 없습니다. 편의상 비었다고 말하지만 엄밀히 틀린 말입니다. 우리의 마음도 마찬가지입니다. 중립이란 없습니다. 하나님으로 채우든지, 나 자신과 세상 욕심으로 채우든지 둘 중 하나입니다. 다른 선택은 없습니다. 그래서 예수님은 이렇게 말씀하셨습니다.

"더러운 귀신이 사람에게서 나갔을 때에 물 없는 곳으로 다니며 쉬기를 구하되 쉴 곳을 얻지 못하고 이에 이르되 내가 나온 내 집으로 돌아가리라 하고 와 보니 그 집이 비고 청소되고 수리되었거늘 이에 가서 저보다 더 악한 귀신 일곱을 데리고 들어가서 거하니 그 사람의 나중 형편이 전보다 더욱 심하게 되느니라 이 악한 세대가 또한 이렇게 되리라"마 12:43-45.

우리의 마음 상태에 중립이란 없다고 말씀하시는 것입니다. 우리 마음은 하나님으로 채워져야 합니다. 하나님으로 채워지지 않으면 그 속에 사탄이 들어오게 됩니다. 세상 욕심이나 그 밖의 다른 것들이 들어와 우리의 마음을 채웁니다. 그러므로 우리는 마음을 다해 하나님을 사랑해야 합니다. 이것이 바로 이 땅에서 우리가 힘써야 할 본분입니다.

아비멜렉과 세겜 사람들은 이 본분을 팽개쳤습니다. 하나님을 팽개친 그들의 마음에 무엇이 들어왔습니까? 욕심과 자기 명예가 들어왔습니다. 그 결과는 아주 비참했습니다. 아비멜렉은 세겜 사람들과 야합하여 형제들을 다 죽이고 왕이 됩니다. 그러나 불과 3년도 지나지 않아서 세겜 사람들에게 배반을 당합니다. 같이 악행을 도모했던 사람들은 반드시 서로를 배반합니다. 하나가 되어 악을 도모했던 세겜 사람들과 아비멜렉은 이제 서로를 향해 칼을 겨누며 싸웁니다. 그 결과 많은 세겜 사람들이 죽고 마지막으로 아비멜렉은 망대에서 한 여인이 던진 맷돌에 맞아 두개골이 깨져 죽습니다. 그는 죽으면서도 회개하지 않고 여자에게 맞아죽었다는 수치를 당할까봐 부하에게 자신을 찌르라고 명령합니다. 이 얼마나 비참한 종말입니까?

성경은 이 모든 비극이 그가 본분을 잊어버리면서 시작되었다고 요담의 입을 통해 증언합니다. 아비멜렉이 본분만 지켰더라면, 세겜 사람들이 본분에서 벗어나지 않았더라면 그들은 이런 비극을 맛보지 않았을 것입니다. 우리도 마찬가지입니다. 중립은 없습니다. 하나님을 섬기든지 내 욕심을 섬기든지, 하나님을 사랑하든지 돈을 사랑하든지, 둘 중 하나입니다.

당신은 어느 편입니까? 힘써 여호와를 사랑하고 있지 않다면 우리 역시 아비멜렉의 길을 걸어가고 있는 것입니다. 그 결과는 사망입니다. 성경은 이렇게 경고합니다.

"너희가 육신대로 살면 반드시 죽을 것이로되 영으로써 몸의 행실을 죽이면 살리니" 롬 8:13.

이것은 구원받은 우리에게 하는 말씀입니다. 이 땅에서 육신을 좇아 살면 부끄러운 구원은 얻을지 모르지만 반드시 죽을 것이라고 말합니다.

인생의 비극을 피하고 싶다면 본분을 다하시기 바랍니다. 마음을 다해 여호와를 사랑하십시오. 매일 아침마다 마음속에 하나님을 채우십시오. 악한 마음이 들어오면 재빨리 회개하고 "주님, 제 마음에 들어와주세요. 당신만 좇기 원합니다"라고 기도하십시오. 성령 충만을 간구하고 성령을 좇아 하루하루 살아가야 합니다. 그럴 때 우리 인생이 얼마나 행복해지겠습니까?

선한 열매를 맺는 세 나무

둘째, 비극을 피하기 위해서는 언제나 생산적인 삶을 살아야 합니다. 요담은 네 가지의 나무를 비유로 들어서 연설했습니다. 감람나무와 무화과나무와 포도나무는 왕이 되기를 거절했지만 가시나무는 자기가 왕이 되겠다고 나섰습니다. 이 세 나무와 가시나무의 차이는 무엇입니까? 세 나무는 하나님을 영화롭게 했습니다. 뿐만 아니라 그 열매로 다른 사람들을 기쁘게 했습니다. 그러나 가시나무는 자신의 본분을 망각했을 뿐만 아니라 열매는커녕 가시로 사람들을 괴롭혔습니다.

이 땅에도 딱 두 종류의 사람이 있습니다. 열매 맺는 사람과 다른 사람들을 아프게 하는 사람입니다. 감람나무는 기름을 생산하고, 무화과나무와 포도나무는 열매를 맺습니다. 그런데 가시나무는 뭘 만듭니까? 그 가시로 남을 찌르기나 하지요. 가족을 찌르고, 성도들을 찌르고, 직장 동료들을 찔러 피 흘리게 만듭니다. 가시나무의 삶은 비생산적일 뿐만 아니라 파괴적입니다. 자기 가족만 파괴하는 것이 아니라 자손 대대로를 파괴합니다.

당신의 삶은 어떻습니까? 생산적입니까, 파괴적입니까? 가족들에게 솔직하게 물어보십시오. 당신이 그들에게 축복이 되고 있는지, 아니면 상처가 되고 있는지요. 꼭 누군가에게 폭력을 휘두르고 생명을 빼앗는 것만 파괴가 아닙니다. 누군가에 대해 악담을 하고 다른 사람과 어울려 한 사람을 매도하고 비방하는 것이 바로 가시로 찌르는 행위입니다. 그런 사람이 바로 가시나무입니다.

우리는 항상 선한 열매를 맺어야 합니다. 아비멜렉이 형제들을 죽이겠다고 날뛸 때 동참한 세겜 사람들처럼 아무 생각 없이 가시나무의 생각에 동조해서는 안 됩니다. 남의 욕을 하는 사람을 볼 때 동참하거나 팔짱을 끼고 있어서는 안 됩니다. 그를 책망하고 막아서며 중보기도를 해야 합니다.

우리는 다른 사람을 세우는 자가 되어야 합니다. 한번 스스로에게 물어보십시오. 당신은 다른 사람을 세우는 자입니까, 아니면 허무는 자입니까? 교회를 세우는 자입니까, 아니면 허무는 자입니까? 많은 사람들이 입으로는 교회를 사랑한다고 말하지만 실제로는 가시로 찌르는 경우가 얼마나 많은지 모릅니다. 교회가 이렇게 저렇게 되어야 한다고 얘기하는 것은 좋지만, 그렇게 말하는 마음속에 가시가 들어 있지는 않습니까? 그럴 경우 훗날 같이 다니는 사람들의 신앙이 다 떨어지고 맙니다.

아비멜렉은 외가 사람들과 손을 잡고 형제들을 몰살하고, 그후 얼마 못 가서 외가 사람들과도 등을 돌려 싸우다가 마침내 한 여인에게 죽고 맙니다. 칼이 아닌 여인이 던진 맷돌에 맞아 비참하게 죽습니다. 그것은 결코 우연이 아닙니다. 누군가가 던진 맷돌에 맞아 죽는다는 것이 결코 흔한 일이 아닙니다. 그것은 하나님의 계획된 심판이었습니다. 파괴를 일삼았던 아비멜렉이 하나님의 준엄한 심판을 받았음을 기억하십시오. 하나님이 이 이야기를 본문에 기록하여 우리에게 들려주는 이유는 우리를 사랑하시기 때문입니다. 아비멜렉의 길을 걷지 말고, 감람나무와 무화과나무와 포도나무처럼 열매를 맺어서 하나님께 영광을 돌리고 많은 사람에게 유익을 끼치라고 이 말씀을 주신 줄 믿습니다.

장소는 중요하지 않다

본문에서 마지막으로 주목해야 할 부분은 세겜 상수리나무 아래라는 장소입니다. 세겜 사람들이 어디에서 만나서 모의를 하고 아비멜렉을 왕으로 추대했는지 압니까?

"세겜의 모든 사람과 밀로 모든 족속이 모여서 세겜에 있는 상수리나무 기둥 곁에서 아비멜렉을 왕으로 삼으니라"삿 9:6.

세겜 상수리나무라는 장소에 주목하는 이유는 이곳에서 예전에 중요한 일이 일어났기 때문입니다.

"그날에 여호수아가 세겜에서 백성과 더불어 언약을 맺고 그들을 위하여 율례와 법도를 제정하였더라 여호수아가 이 모든 말씀을 하나님의 율법책에 기록하고 큰 돌을 가져다가 거기 여호와의 성소 곁에 있는 상수리나무 아래에 세우고"수 24:25-26.

여호수아는 죽기 전에 이스라엘 백성으로 하여금 세겜의 상수리나무 아래에서 하나님만 섬기도록 다짐하게 했습니다. 그런데 바로 그곳에서 세겜 사람들은 자신의 본분을 잊어버리고 형제를 죽인 아비멜렉을 왕으로 추대했습니다. 여기에 어떤 교훈이 있을까요?

장소 그 자체는 중요하지 않다는 것입니다. 교회의 출석 여부가 중요하지 않습니다. 어떤 집에 사는가도 중요하지 않습니다. 어떤 지위와 외모를 가지고 있는가도 전혀 중요하지 않습니다. 참으로 중요한 것은 우리 안에 누가 혹은 무엇이 있는가 하는 것입니다. 지금 교회에 와서 앉아 있다 하더라도 하나님을 진정으로 사랑하지 않는다면 아비멜렉의 길을 걸어가고 있는 것입니다. 중립이란 없습니다. 우리는 교회에 나와 있으면서도 세겜 상수리나무 아래에서 다른 사람을 죽일 수 있습니다. 가시로 찌를 수 있습니다. 목사인 저도 다른 사람을 찌르는 사람이 될 수 있고, 당신도 다른 사람의 영혼을 망치는 사람이 될 수 있습니다. 그러므로 우리는 깨어 있어야 합니다.

교회에 나와 예배드리는 것, 정말 감사하고 환영할 일입니다. 그런데 그것만 가지고는 안 됩니다. 당신의 마음에 여호와 하나님을 가득 채우기를 바랍니다. 우리 모두 생산적인 사람이 됩시다. 누군가를 비방하고 싶은 마음이 생기면 당장 중단하십시오. 찌르지 마십시오. 말을 참으십시오. 말씀을 묵상하고 기도하십시오. "하나님, 제 속에 단 것과 열매가 흘러넘치게 하옵소서." 부디 각 가정에서 생산적인 사람이 되기를 바랍니다.

우리의 단 것과 열매가 자녀들에게 흘러넘칠 때 우리는 아비멜렉의 길이 아닌, 하나님의 축복된 길을 걸어가는 복된 사람이 될 수 있습니다. 그 길을 걸어가는 당신 되기를 바랍니다.

12장
실패와 약점을 뛰어넘어라

사사기 11:29-33

성경에 나오는 믿음의 영웅들을 보면 많은 약점과 실수를 저질렀습니다. 그럼에도 그들이 하나님께 쓰임 받은 것에는 공통된 이유가 있습니다. 불행한 과거와 뼈아픈 실수를 가졌던 입다의 삶을 통해 하나님이 쓰시는 사람의 특징이 무엇인지 알 수 있습니다.

이에 여호와의 영이 입다에게 임하시니 입다가 길르앗과 므낫세를 지나서 길르앗의 미스베에 이르고 길르앗의 미스베에서부터 암몬 자손에게로 나아갈 때에 그가 여호와께 서원하여 이르되 주께서 과연 암몬 자손을 내 손에 넘겨 주시면 내가 암몬 자손에게서 평안히 돌아올 때에 누구든지 내 집 문에서 나와서 나를 영접하는 그는 여호와께 돌릴 것이니 내가 그를 번제물로 드리겠나이다 하니라 이에 입다가 암몬 자손에게 이르러 그들과 싸우더니 여호와께서 그들을 그의 손에 넘겨 주시매 아로엘에서부터 민닛에 이르기까지 이십 성읍을 치고 또 아벨 그라밈까지 매우 크게 무찌르니 이에 암몬 자손이 이스라엘 자손 앞에 항복하였더라 (삿 11:29-33).

그리스도인인 우리에게 한 가지 바람이 있다면 이 땅에 사는 동안 하나님께 쓰임 받는 일일 것입니다. 어떻게 하면 하나님께 쓰임 받는 사람이 될 수 있을까요? 하나님은 어떤 사람을 쓰실까요? 약점이 전혀 없는 사람일까요? 상처 없고 한 번도 실패하지 않은 사람일까요? 그렇지 않습니다. 성경에는 많은 약점과 실수에도 불구하고 하나님께 쓰임 받은 사람들이 무수히 등장합니다.

야곱을 보십시오. 그는 정말 인격적으로 문제가 있는 사람이었습니다. 그는 믿음으로 살기보다는 자신의 재주와 꾀에 의지했기 때문에 늘 주위 사람들과 불편한 관계를 유지했습니다. 그는 어느 날 사냥에서 돌아와 허기진 형 에서의 형편을 이용해서 팥죽 한 그릇으로 장자권을 얻어내는 술수를 부립니다. 형제간에 그냥 주어도 될 팥죽 한 그릇을 가지고 기어이 장자권을 사버립니다. 또한 연로한 아버지 이삭이 눈이 어두운 점을 이용해 속임수를 써서 축복을 받아냅니다. 그 결과 집안에 분란이 일어납니다. 에서의 노여움을 피해 외삼촌 라반의 집에 거할 때도 계속해서 술수를 부립니다. 그런데 외삼촌 라반도 야곱 못지않게 술수에 능한 사람이었습니다. 비슷한 사람 둘이 만났으니 오죽했겠습니까? 결국 그 관계가 깨질 수밖에 없었습니다.

유다는 어떻습니까? 놀랍게도 그는 며느리와 동침하여 아들을 낳았습니다. 뉴스에 나고도 남을 부끄러운 일이 아닐 수 없습니다. 그러나 하나님은 이 일을 통해 훗날 그리스도가 태어날 유다 지파를 만드셨습니다.

예수님과 함께 복음 사역을 담당했던 사람들의 면면을 한번 살펴보십시오. 마태는 당시 사람들이 사람 취급도 하지 않던 세리 출신이었습니다. 동족의 피를 짜서 로마 정부에게 바쳤던 매국노였습니다. 막달라 마리아는 일곱 귀신이 들린 여자였습니다. 그러나 예수님은 그런 사람들을 사용하여 이 땅에 복음을 전하셨습니다.

불행했던 과거, 뼈아픈 실수

본문에도 그런 사람이 등장합니다. 그의 이름은 입다입니다. 그는 이스라엘의 사사였지만 누구보다도 상처가 많았고 돌이킬 수 없는 실수를 저지른 사람입니다. 본문은 그를 이렇게 소개합니다. "길르앗 사람 입다는 큰 용사였으니 기생이 길르앗에게서 낳은 아들이었고"삿 11:1. 여기서 길르앗은 지명과 인명 둘 다에 해당합니다. 당시에는 유명한 사람의 이름을 따서 지명을 붙이는 일이 자주 있었습니다. 반대로 지명의 이름을 따서 사람의 이름을 짓는 일도 있었습니다.

길르앗 지방에 길르앗이라는 사람이 있었는데 그가 기생에게서 서자를 얻었습니다. 그 서자가 바로 입다입니다. 본문은 기생이라고 표현하고 있지만 히브리어 원문에는 몸을 파는 매춘부로 되어 있습니다. 한번 생각해보십시오. 자신은 서자이고, 어머니는 몸을 파는 매춘부였으니 어릴 때 얼마나 큰 상처를 받았겠습니까? 그것만 해도 큰 충격인데 세월이 지나서 본처의 아들들에게 핍박을 받다가 급기야 쫓겨나고 맙니다.

"길르앗의 아내도 그의 아들들을 낳았더라 그 아내의 아들들이 자라매 입다를 쫓아내며 그에게 이르되 너는 다른 여인의 자식이니 우리 아버지의 집에서 기업을 잇지 못하리라 한지라" 삿 11:2.

배다른 동생들이 형 입다를 쫓아낸 것입니다. 집에서 쫓겨난 입다는 돕이라는 곳에 거합니다. 돕은 길르앗에서 동북쪽으로 약 24킬로미터 떨어진 지금의 아람, 즉 시리아에 인접해 있는 곳입니다. 성경은 그를 가리켜 성장 과정이 불행했을 뿐 아니라 평생 돌이킬 수 없는 실수를 저질렀다고 소개합니다. 누구나 실수를 저지를 수는 있지만 입다는 자신의 잘못으로 사랑하는 딸을 잃는 뼈아픈 일을 겪습니다. 이 얼마나 큰 실패입니까?

그 일이 일어난 경위는 다음과 같습니다. 그는 어려운 성장 과정을 뒤로하고 마침내 이스라엘의 사사가 됩니다. 그리고 암몬과 싸우기 위해 출전합니다. 그런데 출전하는 그날 스스로 하나님께 맹세를 합니다.

"그가 여호와께 서원하여 이르되 주께서 과연 암몬 자손을 내 손에 넘겨 주시면 내가 암몬 자손에게서 평안히 돌아올 때에 누구든지 내 집 문에서 나와서 나를 영접하는 그는 여호와께 돌릴 것이니 내가 그를 번제물로 드리겠나이다 하니라" 삿 11:30-31.

그것은 전혀 불필요한 행동이었습니다. 하나님이 시키신 일이 아니라 순전히 그의 과잉 충성에서 나온 행동이었습니다. 이 서원 때문에 그는 훗날 가슴 치는 후회를 하게 됩니다. 그가 전쟁에서 이기고 돌아오던 날 처음으로 그를 맞이한 사람은 다름 아니라 무남독녀 외동딸이었기 때문입니다.

"입다가 미스바에 있는 자기 집에 이를 때에 보라 그의 딸이 소고를 잡고 춤추며 나와서 영접하니 이는 그의 무남독녀라 입다가 이를 보고 자기 옷을 찢으며 이르되 어찌할꼬 내 딸이여 너는 나를 참담하게 하는 자요 너는 나를 괴롭게 하는 자 중의 하나로다 내가 여호와를 향하여 입을 열었으니 능히 돌이키지 못하리로다 하니" 삿 11:34.

그는 마침내 딸을 죽음으로 내몰고 맙니다. 사실 사람을 제물로 바치는 것은 하나님이 분명히 금지시키신 일입니다. 그럼에도 그는 선불리 하나님 앞에 서원함으로써 가족은 물론 당시 사회에 큰 슬픔과 충격을 주는 일을 행하고 말았습니다. 입다는 이렇게 엄청난 실수를 저지른 사람입니다. 그러나 놀랍게도 성경은 그를 믿음의 영웅 반열에 올립니다. 히브리서 11장을 보십시오.

"내가 무슨 말을 더 하리요 기드온, 바락, 삼손, 입다, 다윗 및 사무엘과 선지자들의 일을 말하려면 내게 시간이 부족하리로다" 히 11:32.

놀랍게도 입다는 그 유명한 다윗과 함께 히브리서 11장에 등장합니다. 어떻게 이런 일이 가능했을까요? 큰 약점과 실패를 안았던 입다는 어떻게 믿음의 영웅이 될 수 있었을까요? 그 답은 우리에게 매우 중요합니다. 우리는 모두 상처와 약점이 있고 실수를 저지르는 자들이기 때문입니다. 입다가 그 모든 약점과 실수에도 불구하고 하나님께 쓰임 받았던 이유는, 그에게 남다른 한 가지가 있었기 때문입니다. 모든 약점과 실패를 덮는 한 가지, 그것은 하나님에 대한 헌신과 사랑이었습니다.

모든 약점과 실패를 덮는 한 가지

앞서 등장한 성경의 다른 인물들도 마찬가지입니다. 비록 그들은 약점을 지녔고 많은 실수를 저질렀지만 한 가지 공통점이 있습니다. 다름 아닌 하나님을 향한 사랑입니다. 그들은 한결같이 주님을 뜨겁게 사랑했습니다.

야곱을 보십시오. 그는 형 에서로부터 도망쳐서 외삼촌에게 가던 중 광야에서 주님을 만난 후 자신이 베고 자던 돌베개를 세워 하나님께 예배를 드립니다. 그리고 그 자리에서 자신을 무사하게 고향으로 돌려보내 주신다면 가진 것의 10분의 1을 하나님 앞에 드리겠다고 서원합니다. 야곱은 그 서원을 평생 지킵니다. 가진 것의 10분의 1을 드린다는 것은 내 삶을 하나님께 드린다는 표시입니다. 그는 인생의 고비를 넘을 때마다 하나님의 이름을 불렀고 하나님께로 돌아갔습니다. 딸 디나가 강간을 당했을 때도 그는 수하들에게 이렇게 말합니다.

"야곱이 이에 자기 집안 사람과 자기와 함께 한 모든 자에게 이르되 너희 중에 있는 이방 신상들을 버리고 자신을 정결하게 하고 너희들의 의복을 바꾸어 입으라 우리가 일어나 벧엘로 올라가자" 창 35:2-3 상.

이전에 돌베개를 세워 예배드렸던 곳으로 돌아가자는 말입니다. 이렇듯 야곱의 마음속에는 하나님을 향한 뜨거운 사랑이 있었습니다. 그것이 그가 쓰임 받은 이유입니다.

유다는 엄청난 실수를 저지른 사람입니다. 차마 입 밖에 내기도 부끄럽게 며느리와 동침하여 아이를 낳았습니다. 그러나 훗날 막내동생 베냐민을 대신하여 자신이 종이 되겠다고 자청함으로써 요셉의 마음을 결정적으로 돌이킵니다. 창세기 44장 33절을 보십시오.

"이제 주의 종으로 그 아이를 대신하여 머물러 있어 내 주의 종이 되게 하시고 그 아이는 그의 형제들과 함께 올려 보내소서."

알다시피 베냐민과 요셉은 어머니가 같은 형제지간입니다. 유다는 배다른 형제 요셉을 팔아넘긴 이후로 계속 자신을 책망해온 터였습니다. 그래서 베냐민을 종으로 잡느니 차라리 자신을 종으로 잡고 그를 아버지께 보내달라고 간청하는 것입니다. 이 말을 듣고 요셉이 어떻게 합니까?

"요셉이 시종하는 자들 앞에서 그 정을 억제하지 못하여 소리 질러 모든 사람을 자기에게서 물러가라 하고 그 형제들에게 자기를 알리니 그때에 그와 함께 한 다른 사람이 없었더라" 창 45:1.

요셉은 유다 앞에서 통곡하며 자신이 요셉임을 알리고 그를 용서해줍니다. 많은 신학자들은 그런 유다의 모습 속에서 그리스도의 그림자를 발견합니다. 베냐민 대신에 자기가 종이 되겠다고 하는 모습이 우리 죄를 대신 지신 그리스도의 형상을 예표한다고 할 수 있습니다. 유다는 비록 큰 실수를 저질렀지만 자신의 죄를 회개하고 주님을 닮기 원했습니다. 그래서 하나님이 그를 유다 지파의 수장으로 삼으셨다고 성경은 말합니다.

막달라 마리아 역시 한때 일곱 귀신이 들려 사람들에게 버림받았던 여자였지만 주님을 만나서 뜨겁게 사랑하게 됩니다. 그녀는 훗날 복음 사역을 위해 자신의 모든 것을 희생했고, 그 결과 부활하신 주님을 처음으로 만나는 영광을 누렸습니다.

무슨 일이 있어도 끝까지 사랑하는 자

입다가 딸을 제물로 바친 사건을 두고 주석가들의 입장은 둘로 나뉩니다. 한쪽은 입다가 딸을 제물로 바친 것이 아니라 평생 독신으로 지내도록 하나님께 드렸다고 해석합니다. 또 다른 학자들은 본문을 그렇게 해석할 근거가 없다며 이에 반대합니다. 분명히 제물로 드린다고 약속했으니까 그 일을 행했다고 주장합니다. 어떤 주장을 펴든 모든 성경학자들이 동의하는 것은 하나님을 향한 그의 열정과 헌신입니다. 입다의 서원은 비록 잘못된 것이긴 했지만 그는 그 서원을 지켰습니다. 하나밖에 없는 딸을 희생해가며 하나님께 한 서원을 지켜냈습니다. 일부 학자들의 주장처럼 그가 딸을 제물로 삼지 않고 평생 독신으로 지내도록 했다고 해도 그것은 매우 큰 희생임에 틀림없습니다. 입다는 희생을 감수하면서도 하나님을 사랑하는 마음으로 서원을 지켰습니다.

이것이 본문이 전하는 메시지요, 입다가 믿음의 장에 기록된 이유입니다. 이것이 여러 모로 부족한 입다를 하나님이 쓰신 이유입니다. 입다의 삶 곳곳에는 하나님을 향한 헌신이 가득 배어 있습니다. 이미 말한 대로 그는 형제들과 가족에게 버림받은 후 돕 땅에 거합니다. 그러한 그에게 온갖 떠돌이들이 모여듭니다.

"이에 입다가 그 형제들을 피하여 돕 땅에 거주하매 잡류가 그에게로 모여 와서 그와 함께 출입하였더라"삿 11:3.

형제에게 버림받은 그에게 온갖 떠돌이들, 오늘날로 말하면 주먹패들이 모여들었습니다. 그는 어쩌면 임꺽정 같은 인물이었는지 모릅니다. 내세울 것 없고 한 많은 사람들이 그에게로 모여들었습니다. 입다는 그들을 데리고 자신을 내쫓은 형제들에게 가서 충분히 보복할 수 있었습니다. 주먹패들의 두목이 되어서 못할 것이 무엇이겠습니까? 그는 인생을 저주하면서 그들과 함께 방탕의 길을 걸어갈 수 있었습니다. 설령 그렇게 산다 하더라도 그의 형편을 아는 사람이라면 감히 손가락질하지 못했을 것입니다. 자신은 서자이고, 어머니는 매춘부이며, 늦게 태어난 본처의 이복동생들에게 박대당하며 쫓겨났으니 그가 수하들을 데리고 가서 형제들을 손봐줬다고 해서 누가 감히 손가락질하겠습니까?

하지만 입다는 그렇게 하지 않습니다. 오히려 그 떠돌이들을 훈련시키고 게릴라 부대를 만들어 하나님의 백성을 괴롭히던 암몬 자손을 기습하여 물리칩니다. 그가 그렇게 할 수 있었던 이유는 단 한 가지입니다. 하나님과 그분의 백성들을 끔찍하게 사랑했기 때문입니다. 그날 이후 그는 하나님과 그분의 백성, 곧 이스라엘 백성을 사랑하고 섬기는 일에 평생을 헌신합니다. 그리고 마침내 암몬 족속으로부터 백성과 형제들을 구원해냅니다.

무엇이 그를 이스라엘의 사사로 만들었을까요? 왜 그는 믿음의 장에 기록되었을까요? 약점 없는 완벽함이었나요? 실수 없는 완전함이었나요? 아닙니다. 입다가 하나님께 쓰임 받은 이유는, 마음을 다해 여호와 하나님을 사랑하고 하나님이 주신 그분의 백성을 사랑했기 때문입니다.

당신은 하나님을 얼마나 사랑하십니까? 하나님의 일에 얼마나 헌신하고 계십니까? 목회를 하다보면 가끔 가슴 아픈 일을 볼 때가 있습니다. 한때 열심히 하나님의 일에 헌신했던 분이 있었습니다. 하지만 헌신하는 사람에게는 반드시 시험이 찾아옵니다. 그저 교회만 왔다 갔다 해서는 시험받을 일도, 상처받을 일도 그리 없습니다. 그런데 한번 열심히 주님을 사랑해보십시오. 하나님의 교회를 섬겨보십시오. 그러면 반드시 시험이 옵니다. 누군가에게 상처를 받습니다. 그렇게 상처를 받고나서 제일 먼저 하는 일이 뭔지 압니까? 대부분의 경우 하나님의 일을 그만두는 것부터 합니다. 봉사 활동을 그만두고 하나님께 드리는 일도 중단합니다. 이것이 과연 진정으로 하나님을 사랑하는 것일까요? 하나님을 향한 사랑이 진실한 것이라면 어떤 일이 있더라도 그분을 사랑하는 일만은 중단하지 말아야 합니다. 정말로 그분을 사랑한다면 어떤 시험이 오더라도 그분께 헌신하는 일만은 그만두지 말아야 합니다.

하나님은 어떤 사람을 쓰십니까? 단점이 없는 사람도, 완벽한 사람도 아닙니다. 무슨 일이 있어도 하나님을 끝까지 사랑하는 자를 들어 쓰십니다. 어떤 시험 속에서도 하나님께 헌신하는 사람, 하나님과의 약속을 지키는 사람, 무슨 일이 있어도 자기 자리를 지켜내는 사람을 축복하고 마침내 높여주십니다. 입다는 바로 그런 사람이었고, 그래서 쓰임 받았습니다. 헌신과 사랑이 입다의 모든 단점과 상처를 덮고도 남았다고 성경은 말합니다.

요즘 리더십 세미나에서 가장 많이 거론되는 주제가 "단점을 없애기보다는 강점을 개발하는 데 집중하라"입니다. 이것이 오늘날의 리더십입니다. 신앙도 마찬가지입니다. 신앙생활하면서 단점을 없애는 것도 중요합니다. 어릴 때 입은 상처를 없애고, 약점을 보완하는 것도 중요합니다. 그러나 하나님을 향한 사랑의 마음을 키워나가는 일이 그 무엇보다 중요합니다. 하나님이 우리에게 주신 계명은 딱 한 가지, 하나님을 사랑하고 이웃을 사랑하는 것입니다. 하나님을 지극히 사랑할 때 우리의 상처와 단점과 실수에도 불구하고 하나님은 우리를 들어 쓰십니다. 우리를 통해 위대한 일을 행하십니다.

요즘 새 신자들이 우리 교회에 많이 옵니다. 다른 교회에 다니다 오는 분들도 있지만 예수를 처음 믿은 분들도 많이 옵니다. 이런 사람들은 두 부류로 나뉩니다. 첫째, 예수 믿고 그냥 교회 출석만 하는 사람들입니다. 이런 사람들에게는 아무 일도 일어나지 않습니다. 둘째, 아직 뭐가 뭔지 모르지만 정말로 주님을 만나서 사랑하게 된 사람들입니다. 이런 분들은 교회 다닌 지 몇 년 되지 않아서 10년, 20년 예수 믿은 사람들보다 훨씬 많은 변화를 일으킵니다. 우리 교회 온 지 3년도 되지 않은 분들 가운데 사역훈련을 받는 사람도 있습니다. 연륜이 길지 않아서 부족한 점도 있지만 하나님을 사랑하는 마음만은 저보다 나은 것 같습니다. 하나님은 이런 분들을 들어 쓰십니다. 몇십 년 믿어도 한두 명 전도하기가 힘든데 이분들은 전도 열매를 주렁주렁 맺습니다.

하나님은 어떤 사람을 쓰실까요? 오래 믿은 자? 3대, 4대 믿은 자? 약점과 실수가 없는 자? 아닙니다. 입다처럼 하나님을 진정으로 사랑하는 자, 내 모든 것을 다 바쳐 여호와 하나님을 뜨겁게 사랑하는 자를 쓰십니다. 이들에게 약점은 더 이상 약점이 아닙니다. 모든 실수가 덮입니다. 히브리서 11장에 나오는 믿음의 영웅은 지금도 계속 기록되고 있습니다. 기왕 예수 믿을 바에야 입다와 같은 믿음의 영웅이 되기를 바랍니다.

13장
내가 거룩하니 너희도 거룩하라

사사기 13:1-7

우리는 어떻게 해야 세상에서 살아남을 수 있을까요?
어떻게 해야 시험관에서 서서히 죽어가는
개구리가 되지 않을 수 있을까요? 어떻게 해야 하나님의
능력으로 세상을 밝히는 빛과 소금이 될 수 있을까요?
성경에 그 명쾌한 답이 있습니다.

이스라엘 자손이 다시 여호와의 목전에 악을 행하였으므로 여호와께서 그들을 사십 년 동안 블레셋 사람의 손에 넘겨 주시니라 소라 땅에 단 지파의 가족 중에 마노아라 이름하는 자가 있더라 그의 아내가 임신하지 못하므로 출산하지 못하더니 여호와의 사자가 그 여인에게 나타나서 그에게 이르시되 보라 네가 본래 임신하지 못하므로 출산하지 못하였으나 이제 임신하여 아들을 낳으리니 그러므로 너는 삼가 포도주와 독주를 마시지 말며 어떤 부정한 것도 먹지 말지니라 보라 네가 임신하여 아들을 낳으리니 그의 머리 위에 삭도를 대지 말라 이 아이는 태에서 나옴으로부터 하나님께 바쳐진 나실인이 됨이라 그가 블레셋 사람의 손에서 이스라엘을 구원하기 시작하리라 하시니 이에 그 여인이 가서 그의 남편에게 말하여 이르되 하나님의 사람이 내게 오셨는데 그의 모습이 하나님의 사자의 용모 같아서 심히 두려우므로 어디서부터 왔는지를 내가 묻지 못하였고 그도 자기 이름을 내게 이르지 아니하였으며 그가 내게 이르기를 보라 네가 임신하여 아들을 낳으리니 이제 포도주와 독주를 마시지 말며 어떤 부정한 것도 먹지 말라 이 아이는 태에서부터 그가 죽는 날까지 하나님께 바쳐진 나실인이 됨이라 하더이다 하니라 (삿 13:1-7).

시험관 속 개구리 이야기를 잘 알 것입니다. 개구리를 뜨거운 물에 넣으면 깜짝 놀라서 튀어 나오겠지요. 그런데 그 개구리를 찬물이 든 시험관에 넣고 천천히 온도를 높이면 물이 뜨거워져도 전혀 거부하지 않고 서서히 익어서 죽는다고 합니다.

본문에도 시험관 속 개구리와 같은 사람들이 나옵니다. 여기서 우리는 사사기의 열두 사사 가운데 마지막 사사 삼손과 대면합니다. 삼손이 역사의 무대에 등장하는 배경을 본문은 이렇게 소개하고 있습니다.

"이스라엘 자손이 다시 여호와의 목전에 악을 행하였으므로 여호와께서 그들을 사십 년 동안 블레셋 사람의 손에 넘겨 주시니라"삿 13:1.

"이스라엘이 악을 행하여 하나님이 그들을 적의 손에 넘겨 주셨다." 너무나 친숙한 구절이 아닙니까? 이미 지난 열한 명의 사사가 등장할 때마다 이 이야기가 반복해서 나왔습니다. 말했듯이 사사기에는 반복되는 하나의 사이클이 존재합니다. 범죄, 징계, 고난, 간구 그리고 구원의 사이클입니다. 이 사이클이 반복되면서 형편이 점점 나아졌다면 얼마나 좋겠습니까? 그러나 불행하게도 이스라엘 백성은 사이클이 반복될 때마다 하향 나선형을 그리며 점점 추락해 결국 모든 사람들이 하나님의 곁을 떠나 자기 소견에 옳은 대로 행했다고 사사기는 결론짓고 있습니다. 참으로 불행한 일입니다.

시험관 속 개구리인가, 빛과 소금인가?

그런데 마지막 사사 삼손이 등장하는 사이클에서 눈여겨볼 중요한 대목이 있습니다. 거기에는 고난과 간구가 빠져 있다는 것입니다. 이스라엘 백성들은 블레셋의 지배 아래에 놓였지만 놀랍게도 그 속에서 아파하지도 않습니다. 이제 하나님께 간구하지도 않습니다. 고통도 느끼지 못한 채 불평 없이 블레셋의 지배를 받으며 살고 있습니다.

도대체 무슨 일이 일어난 것일까요? 그 해답은 블레셋의 대 이스라엘 정책에 숨어 있습니다. 블레셋은 철기 문화가 매우 발달하여 군사력이 막강한 나라였습니다. 그러나 삼손이 태어날 즈음에는 이스라엘을 힘으로 지배한 것이 아니라 화친 정책을 펼쳤습니다. 이스라엘과 교역을 하고 자기 아들딸들이 이스라엘 사람들과 결혼하도록 허용해주었습니다. 그러니 이스라엘 백성들은 블레셋의 지배 아래에서도 사는 데 별 불편함이 없었습니다. 오히려 평안했습니다. 그들은 그렇게 블레셋의 지배를 받으며 40년 동안이나 평안하게 지냈습니다. 실은 시험관 속 개구리처럼 자신도 모르게 서서히 죽어가고 있었던 것이지요.

이스라엘의 마지막 위기는 이렇게 찾아왔습니다. 아무런 아픔과 눈물과 고통과 부르짖음 없이 서서히 죽어가는 모습입니다. 왜 하나님은 이 말씀을 여기에 기록하셔서 우리에게 읽도록 하셨을까요? 그 이유는 우리에게 다가오는 가장 큰 위기 역시 바로 이런 모습일 것을 아시기 때문입니다. 우리 그리스도인들에게 다가오는 가장 큰 위기는 폭풍과 눈물과 고난이 아니라 평안으로 온다고 성경은 말합니다.

그러면 우리의 블레셋은 누구입니까? 우리의 시험관은 어디입니까? 우리의 시험관은 다름 아닌 우리가 사는 이 세상이라고 성경은 말합니다. 우리가 사는 이 세상이 우리를 영적인 죽음으로 몰아넣는 시험관이 될 수 있다고 강력하게 경고합니다. 사도 요한은 말합니다.

"이 세상이나 세상에 있는 것들을 사랑하지 말라 누구든지 세상을 사랑하면 아버지의 사랑이 그 안에 있지 아니하니"요일 2:15.

야고보는 한 걸음 더 나아가 강한 어조로 경고합니다.

"간음한 여인들아 세상과 벗된 것이 하나님과 원수 됨을 알지 못하느냐 그런즉 누구든지 세상과 벗이 되고자 하는 자는 스스로 하나님과 원수 되는 것이니라"약 4:4.

세상을 사랑하면 이 땅에서 하나님과 원수로 살아가게 된다는 말씀입니다. 이것은 세상 사람들이 아닌 오늘 교회에 있는 우리를 향한 말씀입니다. 우리가 하나님의 원수가 될 수 있다는 것입니다.

그러나 이것이 성경이 세상에 대해 말하는 전부는 아닙니다. 알다시피 예수님은 우리가 세상의 빛과 소금이라고 말씀하셨습니다. 빛의 의미를 잘 생각해보십시오. 빛이 효능을 발휘하자면 어떻게 해야 합니까? 어두움 가운데로 들어가야 합니다. 소금이 짠 맛을 내기 위해서는 스며들어야 합니다. 우리가 세상으로 나가야 한다는 것입니다. 그래서 예수님은 우리에게 "내가 너희를 세상으로 보낸다"고 말씀하셨습니다. 이것이 우리의 딜레마입니다. 바울은 우리와 세상의 관계를 이렇게 설명합니다.

"나는 내 편지에, 음행하는 자들과 상종하지 말라고 여러분에게 썼습니다. 그 말은, 이 세상의 음행하는 자들이나, 탐욕을 부리는 자들이나, 약탈하는 자들이나, 우상을 숭배하는 자들과는 아주 상종하지 말라는 뜻이 절대로 아닙니다. 그러려면, 여러분은 이 세상 밖으로 나가야 할 것입니다."고전 5:9-10, 표준새번역.

그렇습니다. 우리는 세상을 피할 수 없습니다. 아니 그리스도인이기에 더욱 세상 사람들에게 바짝 다가가야 합니다. 초대교회 이후로 세상을 등지고 은둔하는 그리스도인들이 있었지만 하나님은 그런 명령을 주신 적이 없습니다. 우리는 세상에 나아가 우리와 가치관이 다른 사람들, 우리의 가치관을 송두리째 오염시킬 수도 있는 사람들을 만나고 그들과 몸을 맞대야 합니다. 성경은 그렇게 요구하고 있습니다.

그러면 우리는 어떻게 해야 세상에서 살아남을 수 있을까요? 어떻게 해야 시험관에서 서서히 죽어가지 않을 수 있을까요? 어떻게 해야 이 세상에서 승리하면서 하나님의 능력으로 세상을 밝히는 빛과 소금이 될 수 있을까요?

본문에 그 명쾌한 답이 나오고 있습니다. 본문은 세상에 대해 경고하는 동시에 세상으로 나아가라고 말합니다. 어떻게 하면 저 위험한 세상으로 나가서 그들에 동화되지 않고 오히려 그들을 살리는 사람이 될 수 있을까요?

가장 위대한 약속

본문은 사실 삼손의 이야기가 아니라 그의 부모에 관한 이야기입니다. 삼손이라는 유명한 인물에 묻혀서 이름조차 잘 알려지지 않았지만 그들은 뛰어난 믿음의 사람들이었습니다.

"소라 땅에 단 지파의 가족 중에 마노아라 이름하는 자가 있더라 그의 아내가 임신하지 못하므로 출산하지 못하더니"삿 13:2.

삼손의 부모는 단 지파 사람이었습니다. 삼손이 태어나기 전에 단 지파는 모두 북쪽 라이스라는 곳으로 떠났습니다. 그러나 삼손의 부모들은 그들을 따라가지 않고 하나님이 주신 그곳을 지키며 살았습니다. 모든 백성들이 하나님 곁을 떠난 그때에 삼손의 부모들은 경건하게 하나님을 섬겼던 것입니다.

그런데 그들에게는 한 가지 큰 문제가 있었습니다. 다름 아니라 자손이 없다는 것이었습니다. 당시에 자손이 없다는 것은 대단히 심각한 문제가 아닐 수 없었습니다. 기업을 이을 사람이 없다는 뜻이기 때문입니다. 창세기에서 하나님이 아브라함에게 나타나 "아브라함아, 내가 네게 땅을 주마"라고 말씀하시자 아브라함이 점잖게, 그러나 실은 이렇게 대답합니다. "하나님이 제게 땅을 주시면 뭐합니까? 자손이 없는 걸요. 땅을 수백만 평 받은들 뭐하겠습니까? 결국 저의 모든 땅과 기업은 종 엘리에셀의 몫이 될 것입니다." 아브라함이 이렇게 대답했다는 것은 그만큼 자손이 귀중했다는 뜻입니다.

지금 삼손의 부모에게는 아무런 희망이 없습니다. 삶의 의미가 없습니다. 그렇게 아이를 갖지 못해 고민하고 있던 그들에게 어느 날 하나님의 사자가 찾아옵니다. 그리고 놀랍게도 아이를 약속해줍니다. 오늘날 우리 식으로 말하면 기적을 약속해주신 것입니다.

오늘 우리에게도 기적이 일어날까요? 물론 그렇습니다. 하나님은 삼손의 부모들뿐만 아니라 오늘 우리에게도 기적을 약속하셨습니다. 로마서 8장 11절을 보십시오.

"예수를 죽은 자 가운데서 살리신 이의 영이 너희 안에 거하시면 그리스도 예수를 죽은 자 가운데서 살리신 이가 너희 안에 거하시는 그의 영으로 말미암아 너희 죽을 몸도 살리시리라."

여기서 성령을 어떻게 표현하고 있습니까? "그리스도 예수를 죽은 자 가운데서 살리신 이의 영", 하나님의 영 곧 성령이 우리 안에 거하십니다. 그 옛날 죽은 자 가운데서 예수를 살리신 이의 영이 우리 안에 거하시면 우리의 죽을 몸도 살아나게 될 것이라고 합니다. 이것은 앞으로 우리에게 일어날 부활을 말하고 있습니다. 그러나 그것에만 국한된 것은 아닙니다. 로마서 8장의 문맥에 의하면, 오늘 이 땅에서 살아가는 우리의 삶에 대해서도 말하고 있습니다. 우리는 이 땅에서 승리할 수 없습니다. 타락한 성품이 우리 안에 있어서 우리의 몸은 타락하고 말았습니다. 육신은 항상 죄에 집니다.

이렇게 연약한 육신을 가지고 살고 있지만 그리스도 예수를 죽은 자 가운데서 살리신 이의 영이 우리 안에 거하기 때문에 하나님은 이 땅에서 우리의 죽을 몸도 살리실 것이라고 성경은 말합니다. 할렐루야! 죄를 이기는 기적, 이 땅에서 거룩하게 살 수 있는 기적, 시험관 세상 속에서 세상을 따라가는 자들이 아니라 오히려 세상을 변화시킬 수 있는 능력을 우리에게 베푸신 줄 믿습니다.

이 얼마나 위대한 약속입니까? 이 약속이 어찌 자식을 주겠다는 약속보다 못한 것이겠습니까? 우리는 삼손의 부모보다 더 큰 약속을 받은 자들입니다. 우리 안에 성령이 거하시기 때문입니다. 이 성령께 순종하기만 하면 우리는 세상을 이길 능력을 받을 것입니다. 할렐루야!

구별됨 속에 임하는 능력

이것이 그날 삼손의 부모에게 하나님이 주신 약속입니다. 그러나 그날 하나님은 그들에게 기적만 약속하신 것이 아니라 한 가지 명령을 주셨습니다. 다름 아닌 나실인의 서약을 지키는 것입니다. 나실인을 히브리어로는 '나자르'라고 합니다. '나자르'란 구별된 사람이라는 뜻입니다. 이 서약을 따라 삼손은 평생을 하나님 앞에서 구별되게 살아야 했습니다. 당시 보편화된 음주 문화와 부정한 것으로부터 자신을 지켜내야만 했습니다.

세상과 구별되는 것, 이것이 하나님이 그들에게 주신 명령이었습니다. 축복에는 언제나 의무가 따르기 마련입니다. 하나님의 은혜는 우리를 방종이 아닌 헌신으로 이끕니다. 우리를 구원하고, 자녀 삼으며, 거룩한 성령을 우리 안에 거하게 하여 죽을 우리 몸을 살리는 기적을 약속한 하나님이 우리에게 주신 명령은 무엇입니까? 바로 거룩입니다. 하나님은 레위기에서 이렇게 말씀하십니다.

"나는 너희의 하나님이 되려고 너희를 애굽 땅에서 인도하여 낸 여호와라 내가 거룩하니 너희도 거룩할지어다" 레 11:45.

거룩은 다름 아닌 분리입니다. 세상과 동화됨이 아닌 구별됨입니다. 세상에서 살면서 세상의 철학을 따라가는 것이 아니라 오히려 천국의 가치관으로 세상을 놀라게 하여 어두워진 세상 사람들의 눈을 뜨게 하는 것, 이것이 하나님이 우리에게 그리고 마노아에게 요구하신 삶입니다. 감사하게도 삼손의 부모들은 하나님의 명령을 받아들였습니다. 삼손도 비록 어린 시절 한때나마 이 명령을 지켰습니다. 그러자 삼손의 삶에 어떤 일이 일어났습니까?

"그 여인이 아들을 낳으매 그의 이름을 삼손이라 하니라 그 아이가 자라매 여호와께서 그에게 복을 주시더니 소라와 에스다올 사이 마하네단에서 여호와의 영이 그를 움직이기 시작하셨더라" 삿 13:24-25.

하나님의 신이 삼손에게 임했습니다. 하나님의 신이 임하면 어떤 결과가 오는지 우리는 잘 압니다. 세상 어느 누구도 삼손을 감당치 못했습니다. 블레셋 사람들도 감당치 못했습니다. 그는 하나님의 놀라운 능력을 받아 세상을 정복했습니다.

언제 우리의 삶에 성령이 임합니까? 오직 거룩할 때라고 성경은 말합니다. 세상과 구별될 때입니다. 우리는 어떻게 시험관 세상에서 승리할 수 있습니까? 오직 한 가지 길뿐입니다. 세상과 다르게 사는 것입니다. 우리 안에 계신 성령님을 의지하고 순종하며 사는 것입니다. 다른 방법은 없습니다.

우리는 구원받은 사람들입니다. 말씀 한 마디로 천지를 지으신 성자 하나님이 십자가에 달려 우리를 구원하셨습니다. 그래서 우리는 하나님의 백성이자 자녀가 되었고 이제는 성령이 우리 안에 거하십니다.

그런데 왜 우리의 삶에는 승리가 없을까요? 왜 성령을 마음에 모시고 사는 우리가 늘 세상에서 실패하며 사는 것일까요? 우리의 삶에 기적이 일어나지 않는 이유를 프란시스 쉐퍼 박사는 "기적을 추구하는 만큼 거룩함을 추구하지 않기 때문"이라고 진단했습니다.

그렇습니다. 우리는 기적을 갈구하고 능력을 사모합니다. 사업이 번창하기를, 병이 낫기를, 자녀가 성공하기를, 죄에 지지 않고 이기기를 원합니다. 세상에 나아가 빛과 소금의 역할을 담당하기 원합니다. 그러나 과연 기적을 소원하는 만큼 거룩함을 사모하고 있습니까? 모두가 기적을 구하고 하나님의 능력을 원하지만, 우리 가운데 거룩함을 사모하는 사람들은 너무나 적습니다. 이것이 우리가 실패하는 이유라고 성경은 말합니다. 거룩함이 없는 곳에 하나님의 기적은 임하지 않습니다.

하나님은 마노아에게 기적만 약속하신 것이 아니라 나실인의 명령, 즉 구별되게 살라는 명령을 주셨습니다. 삼손은 하나님의 명령을 좇아 사는 동안 머리카락을 길렀습니다. 여기서 머리카락은 일종의 상징입니다. 그가 세상과 구별되게 살았을 때에는 능력이 있었습니다. 그러나 구별됨을 버리고 머리를 잘랐을 때에는 비참하게 눈을 뽑히고 맙니다.

기적이 필요합니까? 사도 바울은 로마서 1-11장에서 이 세상에 있는 어떤 기적보다 더 큰 기적을 설명하고나서, 그 기적을 소유하고 체험한 사람이 마땅히 어떤 모습으로 살아야 할지 이렇게 말합니다.

"너희는 이 세대를 본받지 말고 오직 마음을 새롭게 함으로 변화를 받아 하나님의 선하시고 기뻐하시고 온전하신 뜻이 무엇인지 분별하도록 하라"롬 12:2.

"이 세대를 본받지 말고"라는 구절을 원어로 해석하면 이 세상의 철학에 자신을 짜 넣지 말라는 의미입니다. 세상의 철학이란 어떤 것일까요? 성경은 세상에 대해서 구체적으로 알려주면서 경고하고 있습니다. 정말 하나님의 능력을 체험하고 싶다면 이 세상에 대해 알아야 합니다. 하나님은 디모데후서에서 이렇게 말씀하십니다.

"너는 이것을 알라 말세에 고통하는 때가 이르러 사람들이 자기를 사랑하며 돈을 사랑하며 자랑하며 교만하며 비방하며 부모를 거역하며 감사하지 아니하며 거룩하지 아니하며 무정하며 원통함을 풀지 아니하며 모함하며 절제하지 못하며 사나우며 선한 것을 좋아하지 아니하며 배신하며 조급하며 자만하며 쾌락을 사랑하기를 하나님 사랑하는 것보다 더 하며 경건의 모양은 있으나 경건의 능력은 부인하니 이같은 자들에게서 네가 돌아서라"딤후 3:1-5.

하나님은 이 말씀을 2천 년 전에 기록하셨습니다. 이 세상 어느 누가 이보다 더 정확하게 우리의 현실을 진단할 수 있겠습니까? 이것이 우리가 사는 시대의 모습입니다. 우리는 자녀를 하나님 보시기에 거룩한 사람으로 키우기보다는 세상에서 성공한 사람으로 자라게 해달라고 기도합니다. 하나님의 은혜를 간구하기보다는 돈을 더 의지하고 사랑합니다.

어쩌면 이 세상이라는 시험관은 이미 우리가 익고 있을 만큼 뜨거워져 있는지 모릅니다. 세상이 주는 안일함에 우리도 모르게 젖어 있습니다. 주일에 한 번 나와 예배드리는 것 말고는 함부로 말하고, 배반하고, 쾌락을 사랑하고, 자신을 높이는 등 세상 사람들과 다를 바가 없습니다. 겸손한 사람이 없습니다. 말을 조심하는 사람도 없습니다. 남의 마음을 살피는 사람도 없고, 하나님을 두려워하는 사람도 없습니다. 돈 몇 푼이 있으면 즐거워하고, 없으면 슬퍼합니다. 이처럼 우리는 이미 시험관 속에서 익어가고 있습니다.

하나님의 능력으로 이 세상에서 승리하기 원합니까? 하나님의 기적을 맛보기 원합니까? 그렇다면 지금부터 세상에서 돌아서기 바랍니다. 세상과 구별되게 살기를 바랍니다. 이 말씀이 성령으로 임하여 우리를 거룩하게 만들 수 있기를 바랍니다. 세상 사람들이 원하는 것을 따라서 원하는 것이 아니라, 그리스도 예수를 살리신 이의 영과 더불어 세상을 이기며 살아가기를 바랍니다.

14장 안타까운 실패

사사기 16:15-20

여자 한 명 잘못 만나 인생에서 실패했다는 삼손. 그가 가졌던 큰 자원과 축복을 생각해볼 때 그의 실패는 특히나 가슴 아픕니다. 그런데 정말 삼손은 여자 한 명 잘못 만나 그렇게 된 것일까요? 그렇게 되기까지 다른 원인은 없었던 것일까요?

들릴라가 삼손에게 이르되 당신의 마음이 내게 있지 아니하면서 당신이 어찌 나를 사랑한다 하느냐 당신이 이로써 세 번이나 나를 희롱하고 당신의 큰 힘이 무엇으로 말미암아 생기는지를 내게 말하지 아니하였도다 하며 날마다 그 말로 그를 재촉하여 조르매 삼손의 마음이 번뇌하여 죽을 지경이라 삼손이 진심을 드러내어 그에게 이르되 내 머리 위에는 삭도를 대지 아니하였나니 이는 내가 모태에서부터 하나님의 나실인이 되었음이라 만일 내 머리가 밀리면 내 힘이 내게서 떠나고 나는 약해져서 다른 사람과 같으리라 하니라 들릴라가 삼손이 진심을 다 알려 주므로 사람을 보내어 블레셋 사람들의 방백들을 불러 이르되 삼손이 내게 진심을 알려 주었으니 이제 한 번만 올라오라 하니 블레셋 방백들이 손에 은을 가지고 그 여인에게로 올라오니라 들릴라가 삼손에게 자기 무릎을 베고 자게 하고 사람을 불러 그의 머리털 일곱 가닥을 밀고 괴롭게 하여 본즉 그의 힘이 없어졌더라 들릴라가 이르되 삼손이여 블레셋 사람이 당신에게 들이닥쳤느니라 하니 삼손이 잠을 깨며 이르기를 내가 전과 같이 나가서 몸을 떨치리라 하였으나 여호와께서 이미 자기를 떠나신 줄을 깨닫지 못하였더라 (삿 16:15-20).

지난해 중국 쓰촨 성에 일어난 지진으로 10만 명에 달하는 사상자가 발생했습니다. 그때 가장 안타까운 것은 어린 학생들의 죽음이었습니다. 학교 건물이 무너져 학생들 수백 명이 한꺼번에 매장된 곳이 부지기수였습니다. 700개가 넘는 학교들이 무너졌다는 중국 당국의 통계가 나오면서 부실 공사에 대한 조사도 이루어졌습니다. 어린 학생들의 희생이 더욱 안타까운 것은 그들이 가지고 있는 많은 가능성을 한번 꽃피워보지도 못한 채 죽었기 때문입니다.

본문에도 안타깝고 가슴 아픈 일이 나옵니다. 하나님께 엄청난 축복과 능력을 받았음에도 불구하고 인생을 실패로 끝낸 인물, 다름 아닌 삼손의 이야기입니다. 실패한 인생이 모두 안타깝기는 하지만 삼손의 실패가 특히 가슴 아픈 것은 그가 지닌 자원이 참으로 대단했기 때문입니다.

그는 경건한 부모를 두었습니다. 또한 하나님이 직접 개입하여 잉태되었습니다. 나실인의 서약을 통해 일생을 하나님께 쓰임 받을 수 있었고, 성령의 임재가 귀했던 구약 시대에 성령의 충만함을 입는 축복을 받았습니다. 뿐만 아니라 무한한 육체의 힘을 받기도 했습니다. 그는 사자를 염소새끼 찢듯 찢어버릴 정도로 힘이 셌습니다. 당나귀 뼈 하나로 천 명이 넘는 블레셋 사람들을 쳐서 죽였고, 기둥을 뽑아서 집을 무너뜨릴 만큼 힘이 대단했습니다. 오늘날에는 육체적인 힘이 상대적으로 별게 아니지만 힘이 곧 남자다움이었던 그 시대에 그는 엄청난 축복과 능력을 받은 자였습니다. 그에게 임한 하나님의 능력과 자원으로 이야기하자면 그는 부족한 것이 하나도 없는 사람이었습니다.

우리는 그런 삼손을 부러워합니다. 그런데 과연 삼손만 그러한 축복을 받았을까요? 우리는 어떻습니까? 예수 그리스도 보혈의 공로로 우리는 하나님의 자녀가 되었습니다. 모든 죄를 사함 받았고 우리에게 다시는 정죄함이 없습니다. 과거에 지은 죄에 대해서뿐만 아니라 앞으로 어떤 죄를 짓더라도 결코 정죄함이 없다고 성경은 약속합니다. 예수님을 죽은 자 가운데서 살리신 그 하나님의 영이 우리 안에 거하십니다. 그 결과 우리는 영생을 얻었습니다. 그래서 베드로 사도는 이렇게 선포합니다.

"그러나 너희는 택하신 족속이요 왕 같은 제사장들이요 거룩한 나라요 그의 소유가 된 백성이니 이는 너희를 어두운 데서 불러 내어 그의 기이한 빛에 들어가게 하신 이의 아름다운 덕을 선포하게 하려 하심이라"벧전 2:9.

할렐루야! 우리가 받은 이 축복이 어찌 삼손이 받은 것만 못하겠습니까? 삼손은 성령이 때때로 임재하는 경험을 했지만 우리 안에는 성령이 영원히 함께하십니다. 삼손은 육체적인 힘을 받았지만 우리 그리스도인들은 하나님으로부터 모든 것을 받았다고 성경은 말합니다. "그의 신기한 능력으로 생명과 경건에 속한 모든 것을 우리에게 주셨으니 이는 자기의 영광과 덕으로써 우리를 부르신 이를 앎으로 말미암음이라"벧후 1:3. 이 사실을 믿습니까? 단지 우리가 예수 안에 있다는 사실 하나 때문에 하나님은 우리에게 이 모든 것을 주셨습니다.

그러나 그 놀라운 능력과 자원을 받았던 삼손은 결국 실패하고 맙니다. 오늘날 우리 주위에도 삼손처럼 큰 자원과 축복을 받았음에도 불구하고 실패하는 그리스도인들이 얼마나 많은지 모릅니다. 삼손의 마지막 모습을 본문은 이렇게 기록하고 있습니다.

"블레셋 사람들이 그를 붙잡아 그의 눈을 빼고 끌고 가사에 내려가 놋줄로 매고 그에게 옥에서 맷돌을 돌리게 하였더라"삿 16:21.

얼마나 비참한 모습입니까? 태어날 때부터 이런 모습이었다면 차라리 덜 비참했을 텐데, 한때 블레셋을 덜덜 떨게 만들었던 큰 용사 삼손이 이렇게 되고 말았습니다. 삼손의 인생은 왜 이렇게 비참하게 되었을까요? 바로 들릴라라는 여인 때문이었습니다. 그러나 들릴라는 마지막 결과일 뿐 그 전에 삼손의 인생을 실패로 이끈 다른 원인이 있다고 본문은 말합니다.

하루아침에 망하는 사람은 없다

들릴라와 관계된 삼손의 이야기는 이렇게 시작됩니다.

"이후에 삼손이 소렉 골짜기의 들릴라라 이름하는 여인을 사랑하매"삿 16:4.

'이후에' 라는 단어를 잘 살펴보십시오. 무슨 말일까요? 이것은 처음이 아니라는 말입니다. 삼손이 들릴라를 사랑하게 된 것은 처음 있었던 일이 아니라는 것입니다. 다시 말하면 들릴라를 사랑하기 전부터 이와 비슷한 일들이 있었다는 것입니다. 무슨 일일까요? 그 대답이 16장 1절에 명확하게 나옵니다.

"삼손이 가사에 가서 거기서 한 기생을 보고 그에게로 들어갔더니."

아주 짧고도 평범한 문장입니다. 어떤 판단도 내리지 않고 삼손이 가사에 가서 한 기생을 찾아갔다는 사실을 담담하게 서술하고 있습니다. 하나님의 약속을 받은 나실인, 하나님의 능력이 함께했던 사사 삼손이 기생과 동침한 사건을 성경은 왜 이렇게 밋밋하게 말하고 있을까요? 하나님의 사람 삼손이 기생과 동침한 것이 별일 아니기 때문일까요? 당시에는 남자들이 창녀들과 잠자리를 같이하는 것이 관습이었기 때문일까요? 아닙니다.

성경이 이 중요한 사건을 단순한 서술로 표현한 것은 그것을 통해 오히려 한 가지 일을 지적하기 위해서입니다. 곧 기생을 찾아가는 일이 삼손의 삶에 이미 습관화되어 있었다는 것입니다. 어쩌다가 찾아간 것이 아니었습니다. "삼손이 가사에 가서 거기서 한 기생을 보고 그에게로 들어갔더니"라는 히브리어 표현은 그것이 습관적인 일임을 얘기해줍니다. 그것이 삼손의 감춰진 생활이었습니다. 삼손은 지금까지 승승장구해왔고 누구도 흉내 내지 못할 힘으로 블레셋을 물리쳐서 20년 동안 이스라엘을 다스린 사사였습니다. 사람들이 얼마나 그를 부러워했겠습니까? 그는 성공한 사람이었습니다. 부와 지위와 명예와 인기에 있어서 그를 따를 자가 없었습니다.

그러나 성공의 이면에는 아무도 모르는 어두움이 있었습니다. 그는 정욕을 사랑했고, 그 결과 아무도 모르게 창녀촌을 드나들고 있었습니다. 삼손이 기생을 찾아간 장소를 보십시오. 그곳은 가사였습니다. 가사는 블레셋의 주요 도시 가운데 하나입니다. 얼굴이 알려진 곳에서는 그럴 수 없으니 다른 나라 블레셋에 가서 은밀하게 음욕을 즐긴 것입니다. 삼손은 이렇게 윤락가에 드나들다가 들릴라를 만나게 되었고, 그 결과는 자기 파멸이었습니다. 다시 말해, 들릴라를 만나기 전부터 그의 삶은 이미 무너지고 있었습니다.

삼손이 누구입니까? 경건한 부모의 기도를 통해, 하나님의 기적적인 개입을 통해 이 땅에 태어난 사람입니다. 태어나면서부터 나실인이어서 그 누구보다 하나님 편에서 살도록 부름 받았습니다. 처음에는 그렇게 살았지요. 그래서 하나님이 그에게 능력을 더하시어 그는 하나님의 일을 이루었을 뿐 아니라 이 땅에서 존귀와 영광을 얻었습니다.

그러나 어느 순간부터 그는 아무도 모르게 무너지고 있었습니다. 자신의 능력이 하나님으로부터 온 사실을 망각한 채 스스로 잘난 줄 알고 마음대로 힘을 쓰기 시작한 것입니다. 내 돈, 내 재능이라 생각하고 제 마음대로 사용하기 시작했습니다. 그 결과 블레셋 여인을 아내로 맞아들이고 그것도 모자라 블레셋 창녀촌을 드나들었습니다. 이것이 '이후에'에 담긴 뜻입니다. 그가 그렇게 하나님 곁을 떠나 무절제한 삶을 산 이후에…

그러다가 드디어 들릴라를 만납니다. 그리고 눈이 뽑히는 비극을 맞이합니다. C. S. 루이스는 "지옥으로 가는 길은 결코 벼랑이 아니다. 그 길은 완만한 내리막길이다. 사람들은 그 길을 기분 좋게 걸어간다"라고 말했습니다. 우리 가운데 갑자기 망하는 사람은 없습니다. 혹시 갑자기

망하는 것처럼 보이더라도 그건 결과일 뿐 이전부터 이미 많은 일들이 일어나고 있었던 것입니다.

죄와 경건함, 그 불편한 동거

삼손의 인생이 그러했습니다. 삼손은 들릴라를 만나고나서도 갑자기 망하지는 않았습니다. 들릴라의 요구에 꽤 오랫동안 버팁니다. 처음에 들릴라가 힘의 근원을 묻자 푸른 칡넝쿨 일곱 가닥으로 자신을 묶으면 된다고 말해줍니다. 이에 들릴라가 블레셋 군사를 집 앞에 배치해놓고 칡넝쿨로 삼손을 묶고나서 깨웁니다. 그러자 그는 넝쿨을 가는 실 끊듯이 끊어버리고 블레셋 군사를 공격합니다. 그 다음에도 들릴라가 힘의 근원을 묻자 새 줄로 묶으면 된다고 말해줍니다. 그러나 그것마저 소용이 없었습니다. 하지만 들릴라는 포기하지 않고 또 묻습니다. 삼손은 머리카락 일곱 가닥을 베틀의 날실에 섞어 묶으면 자신의 힘이 없어진다고 말합니다. 그러나 그것도 아니었습니다.

삼손은 끝까지 자신의 비밀을 지키려고 노력했습니다. 그러나 그것이 얼마나 가겠습니까? 죄와 더불어 사는 경건이 얼마나 가겠습니까? 죄와 더불어 드리는 예배가 얼마나 가겠습니까? 반복되는 죄를 숨기고 하나님께 드리는 기도가 무슨 소용이 있겠습니까? 그 결말은 불 보듯이 뻔합니다. 이제 들릴라는 여자 특유의 무기를 사용하여 눈물로 애원합니다.

"들릴라가 삼손에게 이르되 당신의 마음이 내게 있지 아니하면서 당신이 어찌 나를 사랑한다 하느냐 당신이 이로써 세 번이나 나를 희롱하고 당신의 큰 힘이 무엇으로 말미암아 생기는지를 내게 말하지 아니하였도다 하며 날마다 그 말로 그를 재촉하여 조르매 삼손의 마음이 번뇌하여 죽을 지경이라"삿 16:15-16.

날마다 졸라대는 것을 당해본 사람은 이 심정을 알 것입니다. 그냥 졸라도 힘들 텐데 울면서 조르니 죽을 맛이었을 것입니다. 마침내 삼손은 하나님과의 비밀을 이방 여인에게 말하고 맙니다. 들릴라는 삼손에게 술을 먹인 후 그의 머리를 깎아버립니다. 그러자 삼손에게서 힘이 떠나갑니다. 여기서 짚고 넘어갈 것은 과연 삼손의 힘이 그 머리에서 나왔느냐는 것입니다. 아닙니다. 들릴라가 삼손의 머리를 민 순간 하나님이 삼손의 곁을 떠나신 것입니다. 삼손의 이야기에서 20절은 가장 슬픈 장면입니다.

"들릴라가 이르되 삼손이여 블레셋 사람이 당신에게 들이닥쳤느니라 하니 삼손이 잠을 깨며 이르기를 내가 전과 같이 나가서 몸을 떨치리라 하였으나 여호와께서 이미 자기를 떠나신 줄을 깨닫지 못하였더라"삿 16:20.

삼손이 눈을 뽑히는 장면보다 이 장면이 더 슬프지 않습니까? "여호와께서 이미 자기를 떠나신 줄을 깨닫지 못하였더라." 모든 힘의 근원이 하나님인데도 마치 자기에게 힘이 있었던 것으로 착각한 삼손. 하나님이 그의 방탕과 경건치 못함을 보다 못해 떠나버리셨는데도 그 사실조차 깨닫지 못하니 그 얼마나 불쌍한 모습입니까?

이 말씀이 중요한 이유는 그런 삼손이 바로 우리의 모습일 수 있기 때문입니다. 예수 그리스도로 말미암아 삼손보다 더한 능력과 자원을 받은 우리도 이와 같이 비참한 실패를 맛볼 수 있습니다. 아무리 구원받고 하나님이 안에 계시더라도 계속해서 불순종하며 산다면 어떻게 될지 성경은 말합니다.

"너희가 육신대로 살면 반드시 죽을 것이로되 영으로써 몸의 행실을 죽이면 살리니"롬 8:13.

구원을 잃는다는 말이 아닙니다. 그러나 이 땅에서 하나님의 능력을 잃어버린 채 비참한 최후를 맞을 수 있습니다. 어떻게 해야 안타까운 실패를 맞지 않을 수 있을까요? 어떻게 살아야 삼손처럼 비참한 최후를 맞지 않고 하나님께 우리의 남은 삶을 올려드릴 수 있을까요?

반복되는 죄에서 벗어나라

삼손처럼 안타까운 실패를 맞고 싶지 않으면 먼저, 반복되는 죄에서 벗어나야 합니다. 그 누구의 삶도 하루아침에 망하는 법은 없습니다. 은밀하게 숨어 있던 죄, 드러나지는 않지만 반복되어오던 죄로 인해 삼손은 무너졌습니다. 우리에게도 그러한 죄가 있을 수 있습니다. 낚시를 해 보면 물고기마다 좋아하는 낚싯밥이 다릅니다. 물고기에게 맞는 낚싯밥을 모르면 원하는 물고기를 잡을 수 없지요. 우리 역시 끌리는 것이 사람마다 다릅니다. 어떤 사람은 정욕에 끌리고, 어떤 사람은 돈에 끌립니다. 어떤 사람은 방탕에 끌리고, 어떤 사람은 술에 끌리고, 어떤 사람은 남을 비방하는 말에 끌립니다.

그것이 무엇이든지 멀리하십시오. 삼손처럼 파국을 맞고 싶지 않다면, 하나님이 주신 자원과 축복으로 이 땅에서 열매 맺기를 원한다면 당신의 삶에서 반복되고 있는 죄악을 끊어버리십시오. 그 죄가 목을 조르기 전에 지금 끊으십시오. 하루아침에 끊지 못할 수도 있습니다. 혼자 힘으로는 되지 않을 수 있습니다. 그렇다면 성령님께 도움을 요청하십시오. 솔직하게 죄를 자복하고 간구하십시오. 삼손처럼 비참한 실패를 맛보지 않기 위해서는 반복되는 죄를 끊어야 합니다.

영적인 친구를 가까이 하라

둘째, 조심해서 친구를 선택해야 합니다. 삼손 이야기에서 놀라운 것은 들릴라가 삼손을 세 번씩이나 해치려고 했음에도 불구하고 삼손이 계속해서 그녀를 찾아갔다는 것입니다. 들릴라에게 그만한 매력이 있었던 모양입니다. 목숨을 걸 만큼 매력적인 무엇이 있었나봅니다. 사실 세 번이나 속았다면 거기서 그쳤어야 했습니다. 처음에는 몰랐어도 나중에는 어떤 여인인 줄 알았겠지요. 들릴라는 거짓말 선수요, 그를 진심으로 사랑하는 여자가 아니었습니다. 그럼에도 삼손은 계속해서 그녀를 찾아갔고, 결국 파국을 맞이합니다.

우리도 그렇습니다. "이러다 망하지. 이러다 하나님이 떠나시지" 하면서도 죄를 끊지 못합니다. 친구 관계는 어떻습니까? 영적으로 파국을 맞은 사람들을 자세히 관찰해보면 한 가지 특징이 있습니다. 주위에 영적으로 성숙한 친구들이 하나도 없다는 사실입니다. 당신은 지금 누구와 깊은 교제를 나누고 있습니까? 친구 가운데 진정으로 하나님을 사랑하고, 기도의 능력을 소유한 사람이 한 명이라도 있습니까? 그들에게 선한 영향을 받고 있습니까? 아니면 세속적이고 정욕을 따르는 사람들과 만나고 있지는 않습니까? 최고의 용사 삼손이 한 여인을 끊지 못하고 만나다가 무너진 사실을 기억하십시오.

그래서 교제가 중요합니다. 저는 새 신자들이 오면 교회에서 영적인 사람이 누구인지 찾아서 일부러라도 그와 시간을 함께 보내라고 권고합니다. 저 역시 그렇게 합니다. 탁월한 영적 목회자를 만나기 위해서 공을 많이 들입니다. 설교하는 사람들은 다른 교회에 가면 5분 내에 그 교회의 영적 분위기를 파악할 수 있습니다. 딱딱한 시멘트처럼 말씀이 부딪혀서 튀어나오는 교회가 있는가 하면, 반대로 말씀을 빨아들이는 교회가 있습니다. 같은 교회라도 1부 예배와 2부 예배의 분위기가 모두 다릅니다. 놀랍게도 같은 시간, 같은 공간에서도 청중의 반응에 따라 영적인 분위기가 달라집니다. 말씀에 마음이 열려 있는 사람들이 많이 앉아 있는 부근에서는 영적인 힘이 전해져 옵니다. 하지만 졸거나 무관심한 사람들이 많은 부근에서는 심령이 꽉 닫혀버립니다.

이처럼 우리는 영적인 존재입니다. 어떤 사람과 지내느냐에 따라 영이 살고 죽는 영향을 받습니다. 정말 인생을 꽃 피우길 원하신다면 영적인 친구를 가까이 두십시오. 그 친구와 정기적으로 만나십시오. 그래서 목장교회가 중요합니다. 좋은 목자 한 사람이 목장교회 식구 전부를 살리니까요. 주위에 영적인 친구 하나 두지 않고 날마다 세상적인 사람만 만나면서 영적인 삶을 산다는 것은 불가능합니다.

하나님과 친밀한 관계를 가져라

셋째, 하나님과 친밀한 관계를 가져야 합니다. 죄를 짓지 않는 것도 중요하지만 더욱 중요한 것은 매일 하나님과의 관계를 돈독하게 하는 것입니다. 어둠을 물리치는 가장 좋은 방법은 빛 가운데로 나아가는 것입니다. 그럴 때 어두움은 저절로 물러가고 맙니다. 어두움을 쫓아내려고 노력할 필요가 없습니다. 그냥 빛 가운데로 나가기만 하면 됩니다.

예배를 회복하기 바랍니다. 일주일에 한 번 드리는 예배를 어떻게 준비하고 있습니까? 저는 설교 준비에만 20-30시간을 들입니다. 주말이 되면 엉덩이가 짓무를 정도입니다. 누가 가장 은혜를 받을까요? 제가 받습니다. 기도하는 훈련을 하십시오. 성경을 정기적으로 읽으십시오. 매일 큐티 시간을 가지십시오. 그리스도의 몸인 교회의 성실한 지체가 되십시오. 예배만 드리러 왔다 갔다 하지 마십시오.

주님은 교회를 그리스도의 몸에 비유했습니다. 우리 몸 중에 손가락 하나가 일을 안 해보십시오. 손가락에 피가 공급되지 않는다고 생각해보십시오. 손가락만 상합니까? 온 몸이 아픕니다.

교회 일에 참여하십시오. 우리 교회는 다른 교회에 비해 여러 모로 하는 일이 많습니다. 수많은 사람들이 우리 교회의 손길을 기다리고 있습니다. 국제기아대책본부에서 영안 '행복한 홈스쿨'에 초등학생뿐 아니라 중·고등학생 위탁 교육을 요청해왔습니다. 부모의 보호를 제대로 받지 못하는 아이들을 하루 7시간 동안 돌보며 공부도 시키고 저녁도 주는 일입니다. 이런 사역이 우리 교회에 한둘이 아닙니다. 교회에 나와서 봉사해보십시오. 이런 일에 누가 가장 큰 은혜를 받는지 압니까? 자기 돈과 시간을 들여서 온 봉사자들입니다. 심장이 일을 잘해보십시오. 심장만 유익한가요? 온 몸이 유익해집니다.

이렇게 성경의 가르침대로 살아갈 때 하나님은 우리에게 다가오십니다. 하나님이 주신 놀라운 자원과 능력을 잘 사용할 때, 우리는 삼손과 같은 비참한 최후가 아니라 축복의 열매로 하나님 앞에 영광을 돌리게 될 것입니다.

15장
회복

사사기 16:23-31

우리는 살아가면서 개인의 삶에서, 가정에서, 하나님과의 관계에서 무너짐을 경험합니다. 어떻게 하면 그 무너진 삶을 다시 일으켜 세우고, 부름 받은 그리스도인으로서 당당히 살아갈 수 있을까요? 삼손의 마지막 모습에서 그 답을 찾을 수 있습니다.

블레셋 사람의 방백들이 이르되 우리의 신이 우리 원수 삼손을 우리 손에 넘겨 주었다 하고 다 모여 그들의 신 다곤에게 큰 제사를 드리고 즐거워하고 백성들도 삼손을 보았으므로 이르되 우리의 땅을 망쳐 놓고 우리의 많은 사람을 죽인 원수를 우리의 신이 우리 손에 넘겨 주었다 하고 자기들의 신을 찬양하며 그들의 마음이 즐거울 때에 이르되 삼손을 불러다가 우리를 위하여 재주를 부리게 하자 하고 옥에서 삼손을 불러내매 삼손이 그들을 위하여 재주를 부리니라 그들이 삼손을 두 기둥 사이에 세웠더니 삼손이 자기 손을 붙든 소년에게 이르되 나에게 이 집을 버틴 기둥을 찾아 그것을 의지하게 하라 하니라 그 집에는 남녀가 가득하니 블레셋 모든 방백들도 거기에 있고 지붕에 있는 남녀도 삼천 명 가량이라 다 삼손이 재주 부리는 것을 보더라 삼손이 여호와께 부르짖어 이르되 주 여호와여 구하옵나니 나를 생각하옵소서 하나님이여 구하옵나니 이번만 나를 강하게 하사 나의 두 눈을 뺀 블레셋 사람에게 원수를 단번에 갚게 하옵소서 하고 삼손이 집을 버틴 두 기둥 가운데 하나는 왼손으로 하나는 오른손으로 껴 의지하고 삼손이 이르되 블레셋 사람과 함께 죽기를 원하노라 하고 힘을 다하여 몸을 굽히매 그 집이 곧 무너져 그 안에 있는 모든 방백들과 온 백성에게 덮이니 삼손이 죽을 때에 죽인 자가 살았을 때에 죽인 자보다 더욱 많았더라 그의 형제와 아버지의 온 집이 다 내려가서 그의 시체를 가지고 올라가서 소라와 에스다올 사이 그의 아버지 마노아의 장지에 장사하니라 삼손이 이스라엘의 사사로 이십 년 동안 지냈더라 (삿 16:23-31).

부모에게 늘 근심거리인 한 젊은이가 있었습니다. 그는 무절제하고 방탕하게 살다가 네 번이나 경찰에 입건되었습니다. 그러나 부모의 끈질긴 기도 덕분에 마침내 주님께 돌아와 주님 앞에 쓰임 받는 일꾼이 되었습니다. 그가 바로 이 시대의 영적 거장, 네비게이토의 창시자 도슨 트로트맨입니다.

얼마 전 부산에 와서 놀라운 집회를 인도했던 프랭클린 그래이엄 역시 한때 하나님 곁을 떠나 방탕한 삶을 살았습니다. 그는 아버지 빌리 그래이엄의 근심거리였지요. 그러나 어느 날 여행 도중에 하나님을 만났습니다. 그는 자신의 모습을 깨닫고 하나님 앞에 나아와 이렇게 기도했습니다. "하나님, 산산조각 난 제 삶을 다시 묶어주신다면 평생을 주님께 드리겠습니다." 그날 이후 지금까지 그는 놀라운 사역을 감당하고 있습니다.

이스라엘 초기 왕정 역사에 뚜렷한 대조를 이루는 두 사람이 등장합니다. 바로 사울과 다윗입니다. 사울은 멸망했고, 다윗은 하나님 앞에 쓰임 받는 종이 되었습니다. 그 이유가 무엇일까요? 사울이 다윗보다 더 많은 죄를 지어서입니까? 아닙니다. 지은 죄로 따지자면 다윗의 죄가 사울의 죄보다 훨씬 더 무겁습니다. 간음에 살인까지 했으니까요. 사실상 그는 십계명을 모두 범했습니다. 그러나 다윗은 하나님께 쓰임 받았고, 사울은 그렇게 큰 죄를 지은 것 같지 않은데도 하나님께 버림받았습니다.

그 이유는 단 한 가지입니다. 다윗은 회개했고, 사울은 끝까지 회개하지 않았습니다. 그들의 운명을 갈라놓은 것은 다름 아닌 회개였습니다. 누가 하나님 앞에 깨끗하다고 인정받을까요? 한 번도 죄를 짓지 않은 사람입니까? 아닙니다. 이 세상에 한 번도 죄를 짓지 않은 사람은 없습니다. 우리는 모두 연약하여 날마다 죄를 짓습니다. 하나님 앞에 깨끗한 사람은 바로 회개한 사람입니다. 성경은 이렇게 말합니다.

"만일 우리가 범죄하지 아니하였다 하면 하나님을 거짓말하는 이로 만드는 것이니 또한 그의 말씀이 우리 속에 있지 아니하니라" 요일 1:10.

그러나 우리가 죄를 자백한다면, 다시 말해서 회개한다면 하나님은 우리의 모든 죄를 사하시고 모든 불의에서 우리를 깨끗케 하실 것입니다. 그렇습니다. 하나님 앞에서 의롭다 함을 얻은 사람은 죄를 범하지 않은 사람이 아니라 회개하는 사람입니다. 하나님은 마음이 상한 사람을 받으시고 상한 심령을 기뻐하십니다.

그러므로 인생에서 중요한 것은 회복입니다. 회개를 통한 회복이 중요합니다. 본문에는 이런 회개와 회복의 장면이 기록되어 있습니다. 삼손이 계속해서 범죄하자 마침내 하나님은 그의 곁을 떠나고 맙니다. 안타깝게도 삼손은 자신의 삶에서 하나님이 떠나버린 사실조차 깨닫지 못했습니다. 그래서 적이 몰려왔을 때 "내가 일어나 저들을 물리치리라" 하고 벌떡 일어났지만 능력은 이미 사라진 후였습니다. 마침내 그는 블레셋 사람들에게 붙잡혀 두 눈을 뽑히고 맷돌을 돌리는 신세가 됩니다.

삼손을 제압한 블레셋 사람들은 너무 기뻐서 큰 잔치를 벌였습니다. 사람들을 많이 모아놓고 자신들의 신 다곤을 찬양하면서 특별 이벤트를 마련했습니다. 그토록 자기들을 괴롭히던 삼손에게 재주를 부리게 한 것입니다. 어떤 재주였는지는 몰라도 삼손은 온갖 모욕을 당했을 것입니다. 즐거워하던 블레셋 사람들. 그러나 삼손에게 그 시간이 얼마나 비참했을지 한번 상상해보십시오.

이것이 죄의 결과입니다. 죄의 삯은 언제나 사망입니다. 아무도 모르게 죄를 범할 때는 쾌락을 느끼는 것 같지만 실상 죄의 결과는 언제나 사망입니다. 쾌락은 잠시일 뿐 그 죄가 자라나서 언젠가 인생에 파멸을 가져옵니다. 더욱이 죄는 자신만 멸망시키는 것이 아니라 주위 사람들에게도 고통을 줍니다. 그날 삼손이 조롱받을 때 삼손 혼자만 괴로웠을까요? 아니요. 이스라엘 백성 전체가 고통을 당했습니다. 그 부모의 마음은 어떠했을까요? 가족들의 마음은 어떠했을까요? 모두가 구렁텅이에 떨어졌습니다. 그리고 그날 하나님의 이름도 땅에 떨어지고 말았습니다. 그렇습니다. 죄는 언제나 자신을 파멸로 이끌고, 주위 사람들에게 고통을 주며, 하나님의 영광을 가린다는 사실을 기억하십시오.

그런데 본문에 따르면 삼손의 인생은 거기에서 끝나지 않습니다. 감사하게도 그는 돌이켜 하나님 앞에 나아와 회개합니다. 그리고 생애 마지막 순간에 다시 하나님께 능력과 힘을 받아 마침내 블레셋 사람들을 물리칩니다. 이것이 본문의 핵심입니다. 어떻게 하면 우리 인생을 회복시킬 수 있을까요? 우리는 모두 살아가면서 때로 무너짐을 경험합니다.

은밀한 개인의 삶에서, 배우자와 자녀의 관계에서, 하나님과의 관계에서 무너짐을 경험합니다. 어떻게 하면 그 무너진 삶을 다시 회복시킬 수 있을까요?

고난 속에서 하나님의 메시지를 들으라

먼저, 진정으로 자신의 삶과 가정과 하나님과의 관계가 회복되기를 원한다면 고난을 통해 들려주시는 하나님의 메시지를 들어야 합니다. 고난에 담긴 사랑의 메시지를 발견해야 합니다. 우리가 죄를 범할 때 하나님은 결코 가만히 계시지 않습니다. 자녀가 잘못된 길로 가는데 가만히 있을 부모가 없듯이 하나님 또한 그러하십니다. 우리가 죄를 범할 때 하나님은 어떻게 하실까요? 우리에게 찾아와 은밀하게 말씀하십니다. 때로는 우리 안에 계신 성령님의 탄식을 통해, 때로는 말씀이나 사건을 통해 경고하십니다. 책망하고 권면하기도 하십니다. 그럼에도 우리가 계속해서 죄에 머무르면 드디어 행동을 취하시는데, 성경은 이것을 징계라고 부릅니다. 부모가 잘못된 길을 가는 자녀에게 사랑의 매를 드는 것과 마찬가지로 하나님 또한 우리를 징계하십니다.

하나님의 징계 앞에서 조심해야 할 두 가지 태도가 있습니다. 첫 번째는 하나님의 징계를 경홀히 여기는 것입니다. 계속 죄에 머무르다가 징계를 받아도 이를 가볍게 여기고 여전히 제 마음대로 사는 것입니다. 물론 우리는 신약 시대에 살고 있습니다. 구약 시대에는 하나님의 징계가 금방 내려왔지만, 신약 시대에 사는 우리에게 하나님은 오래 참으십니다. 그러나 징계는 분명히 있습니다. 오늘날 소위 그리스도인들 가운데도 하나님의 징계를 가볍게 여기는 사람이 얼마나 많은지 모릅니다. 이런 사람들은 하나님이 회초리를 드시는 것조차 깨닫지 못합니다. 하나님의 분명한 징조를 보아도 그냥 '어쩌다가 일어난 일이겠지. 오늘 재수가 없었나봐. 남들도 다 당하는 일인데 뭐'라고 생각합니다. 정말로 어리석고 멸망을 자초하는 삶입니다.

두 번째 조심해야 할 태도는 낙심입니다. 징계를 가벼이 여기는 것도 잘못이지만 낙심하는 것도 잘못입니다. 이런 사람들은 어려움이 올 때 그것이 하나님의 징계임을 압니다. 문제는 그 목적과 의도를 모른다는 것입니다. 그저 징계만 바라보고 하나님께 버림받았다고 생각합니다. 하나님이 더 이상 자신을 사랑하지 않는다고 생각하며 낙심합니다.

평생을 지내면서 하나님께 한 번도 징계를 받지 않았다고 말하는 그리스도인들이 있습니다. 그들이 잘나서 징계를 받지 않은 것일까요? 천만에요. 스스로 의식하지 못하고 있을 뿐입니다. 이것만 봐도 그 사람과 하나님의 관계가 어떠한지 알 수 있습니다. 그냥 생각 없이 사는 것입니다. 주일 예배가 신앙생활의 전부라고 생각하는 사람들입니다. 하나님의 징계를 경홀히 여겨서는 안 됩니다. 동시에 징계를 받을 때 낙심해도 안 됩니다. 그래서 성경은 이렇게 말합니다.

"또 아들들에게 권하는 것 같이 너희에게 권면하신 말씀도 잊었도다 일렀으되 내 아들아 주의 징계하심을 경히 여기지 말며 그에게 꾸지람을 받을 때에 낙심하지 말라 주께서 그 사랑하시는 자를 징계하시고 그가 받아들이시는 아들마다 채찍질하심이라 하였으니 너희가 참음은 징계를 받기 위함이라 하나님이 아들과 같이 너희를 대우하시나니 어찌 아버지가 징계하지 않는 아들이 있으리요 징계는 다 받는 것이거늘 너희에게 없으면 사생자요 친아들이 아니니라" 히 12:5-8.

하나님의 징계는 사랑의 메시지입니다. 삼손은 바로 그런 징계를 받았습니다. 징계 치고는 대단한 매를 맞았습니다. 두 눈을 뽑히고, 수치를 당하고, 모든 것을 잃어버렸습니다. 하지만 고통 속에서도 삼손은 하나님이 자신을 징계하시는 뜻을 알았습니다. 그는 하나님의 징계를 가벼이 여기지 않았지만 낙심하지도 않았습니다. 그는 고통 속에서 회개하며 하나님께 나아갔습니다. 하나님이 매를 드신 뜻을 알았기 때문입니다. 본문은 그 장면을 이렇게 표현하고 있습니다.

"그의 머리털이 밀린 후에 다시 자라기 시작하니라" 삿 16:22.

이발을 하고 난 후에 머리가 자라는 것은 당연한 일입니다. 성경은 왜 이런 당연한 일을 기록했을까요? 그것은 비유적인 표현입니다. 머리가 다시 자랐다는 것은 하나님과 그의 관계, 즉 하나님과의 교제가 회복되기 시작했다는 뜻입니다. 머리가 자라려면 시간이 많이 걸립니다. 원래의 긴 머리가 되기까지 삼손은 오랜 시간 동안 육체적으로 고통에 시달렸지만 하나님과의 관계를 회복하기 시작했습니다. 이것이 바로 고통 중에 얻는 축복입니다.

삶이 회복되기를 원합니까? 가정에 치료하시는 하나님의 손길이 임하기를 원합니까? 그렇다면 먼저 징계와 고난 속에 나타난 사랑의 손길을 발견하기 바랍니다. 하나님이 우리를 징계하시는 이유는 단 한 가지입니다. 바로 우리를 사랑하시기 때문입니다. 이 땅에서의 삶은 아무것도 아닙니다. 두 눈이 없어도, 병에 걸려도 괜찮습니다. 참으로 중요한 것은 영혼의 상태입니다. 하나님은 그 점을 알기에 우리에게 회초리를 드십니다. 그래서 히브리서 12장은 이렇게 말합니다.

"그들은 잠시 자기의 뜻대로 우리를 징계하였거니와 오직 하나님은 우리의 유익을 위하여 그의 거룩하심에 참여하게 하시느니라" 히 12:10.

지금 고난 가운데 있습니까? 사업 때문에, 질병 때문에, 관계 때문에 삶에 아픔이 있습니까? 하나님을 바라보십시오. 이 모든 것이 무엇을 위한 징계인가 판단해보십시오.

저는 지금도 난생 처음 제 아이에게 매를 대고나서 가슴 아팠던 기억을 잊을 수 없습니다. 아이를 올바로 키우기 위해 종아리를 때리기는 했지만 가슴에서 쓴 물이 나오는 것 같았습니다. 자고 있는 아이의 퍼렇게 멍든 다리를 붙들고 얼마나 기도했는지 모릅니다. 허물 많은 우리도 자녀에게 매질을 할 때는 이렇게 마음이 아픈데, 하물며 우리를 위해서 당신의 목숨을 주신 하나님은 어떻겠습니까? 우리 모두 징계와 고난 속에 숨어 있는 하나님의 사랑 어린 메시지를 발견할 수 있기를 바랍니다.

고난 속에서 겸손히 회개하라

회복을 경험하기 위해서는 또한 고난 속에서 겸손히 회개해야 합니다. 삼손이 고난을 당하며 가장 크게 달라진 점이 겸손입니다. 자기가 뽐

내던 힘이 자기 것인 줄 알았던 삼손, 그 능력이 자기 안에 있는 줄 알았던 삼손은 고난을 겪으며 달라집니다. 본문 28절에서 삼손은 이렇게 기도합니다.

"삼손이 여호와께 부르짖어 이르되 주 여호와여 구하옵나니 나를 생각하옵소서 하나님이여 구하옵나니 이번만 나를 강하게 하사 나의 두 눈을 뺀 블레셋 사람에게 원수를 단번에 갚게 하옵소서 하고" 삿 16:28.

그는 지금 철저히 하나님을 의지하고 있습니다. 이제야 자신의 힘이 하나님으로부터 온 것임을 깨닫고 고백합니다. 그는 지금 하나님께 겸손하게 요청하고 있습니다. "하나님 제게 한 번만 더 힘을 허락해주옵소서. 간구합니다."

회개란 쉽게 말하면 돌이킴입니다. 가던 길이 잘못된 길임을 깨닫고 돌이키는 것입니다. 사랑하는 아버지의 곁을 멀리 떠났던 아들이 굶주려 죽게 될 만큼 고난을 겪으면서 비로소 아버지의 사랑을 깨닫고 집으로 발걸음을 돌린 것, 그것이 회개입니다. "하나님, 잘못했습니다. 제가 너무 비판적이었습니다. 제 마음에 원망이 있었습니다. 감사할 줄 몰랐습니다. 제 힘으로 사는 줄 알았습니다. 모두 저의 잘못입니다. 이렇게 된 것을 회개합니다. 돌이킵니다"라고 말하며 하나님께 나아가는 것, 이것이 회개입니다. 하나님은 이런 사람을 기뻐하십니다. 돌아온 아들을 위해 송아지를 잡고 잔치를 벌였던 아버지처럼 하나님은 회개하는 심령을 가장 기뻐하십니다.

정말 삶 속에서 부흥을 경험하기 원합니까? 회복되기 원합니까? 신앙의 열정을 찾기 원합니까? 가정에 하나님의 축복이 회복되기 원합니까?

그렇다면 하나님 앞에서 돌이키십시오. 아무런 감정도 남아 있지 않다면 그때야말로 눈물로 회개할 때입니다. 말씀을 봐도 감동이 없고, 예배를 드려도 덤덤하고, 설교를 들어도 아무 느낌이 없습니까? 그때야말로 회개할 때입니다. "하나님, 제 마음이 무뎌졌습니다. 제 마음을 가난하게 해주옵소서." 하나님은 회개하는 자를 기뻐하십니다.

하나님은 회복된 사람을 들어 쓰신다

본문의 마지막 교훈은, 하나님께 나아가는 사람은 누구라도 용서와 회복을 경험할 수 있다는 것입니다. 본문을 보면 삼손의 인생은 이렇게 끝이 납니다.

"삼손이 이르되 블레셋 사람과 함께 죽기를 원하노라 하고 힘을 다하여 몸을 굽히매 그 집이 곧 무너져 그 안에 있는 모든 방백들과 온 백성에게 덮이니 삼손이 죽을 때에 죽인 자가 살았을 때에 죽인 자보다 더욱 많았더라"삿 16:30.

삼손의 소명은 블레셋 사람들을 물리치는 것이었습니다. 그는 마침내 자신의 소명을 다 이룹니다. 삼손은 회복되었습니다. 비록 많은 실수를 했지만 마지막에는 하나님이 주신 소명을 남김 없이 이루었습니다. 이것이 귀중한 인생입니다. 이 땅에서 남보다 10년, 20년 더 사는 것, 더 큰 집에서 사는 것이 복된 삶이 아니라 하나님이 이 땅에서 우리를 구원하면서 주신 소명을 이루는 것이 가장 귀한 삶입니다.

삼손의 삶에는 굴곡이 있었습니다. 그는 하나님께 큰 징계를 받았습니다. 그러나 회복되었습니다. 왜입니까? 하나님께 받은 소명을 다 이루었으니까요. 이것이 바로 삼손의 인생을 통해 말씀하시고자 하는 하나님의 교훈입니다. 누구든지, 어떤 잘못을 범했든지 하나님 앞에 회개하기만 하면 모든 죄를 용서받습니다. 하나님이 은혜를 주십니다. 부흥의 은혜, 새 은혜를 주십니다. 이전보다 더 큰 은혜를 주십니다.

성경은 삼손이 이전에 물리친 자보다 회복된 후 죽으면서 물리친 자의 수가 더 많았다고 말합니다. "제가 잘못했습니다. 우리 부부의 관계가 이렇게 된 것은 제 잘못입니다. 우리 교회가 이렇게 된 것은 제 잘못입니다. 제가 헌신하지 않았기 때문입니다. 오늘 이 나라가 이렇게 된 것은 제 잘못입니다. 정치권이 문제가 아니라 제가 잘못 살았기 때문입니다. 하나님, 용서해주십시오"라고 회개하고 하나님께로 돌이킬 때 우리의 삶에 회복이 임할 줄 믿습니다.

영국의 유명한 복음 전도자 중에 아일즈라는 목사님이 있습니다. 그는 오랫동안 사역을 하다보니 어느덧 기계적으로 사역을 하게 되었습니다. 성령 충만도 사라지고 죄까지 범합니다. 죄를 끊지 못하다가 결국 사람들에게 발각되어 큰 물의를 일으키고 사역에서 물러나야 했습니다. 뭇 사람들의 따가운 눈초리와 함께 그가 겪은 고초는 대단했습니다. 그런 와중에 그는 하나님 앞에서 돌이키기 시작합니다. 자신이 어디서부터 잘못되었는지 돌아보고 회개합니다. 하나님은 그에게 회복할 기회를 주셨고, 몇 년 후에 그는 주위 사람들의 권유로 다시 사역을 시작할 수 있었습니다.

어느 날 그가 영국의 에버딘에서 큰 집회를 앞두고 강단에서 무릎을 꿇고 기도하고 있는데 어떤 사람이 익명의 편지를 전해주었습니다. 거기에는 그가 은밀하게 지었던 죄들이 낱낱이 기록되어 있었습니다. 그리고 말미에는 이렇게 쓰여 있었습니다. "오늘밤 강단에서 설교를 한다면 사람들에게 당신의 죄를 다 폭로해버리겠다." 아일즈 목사님은 마음이 너무 아팠습니다. 그는 설교 직전까지 고민하며 기도하다가 협박 편지에도 불구하고 강단에 섭니다. 그는 미리 준비한 설교 원고를 접고 자신이 받은 편지를 그대로 회중들에게 읽어주었습니다. 그런 후 "이것이 제가 범한 죄들입니다"라고 시인했습니다. 그리고 자신이 하나님 앞에 어떻게 용서를 구했으며, 하나님이 자신을 어떻게 회복시켜주셨는가를 간증하면서 겸손하게 집회를 마쳤습니다. 영국 역사상 그날처럼 뜨겁게 성령의 역사를 체험한 전도 집회가 없었다고 합니다.

하나님은 회복된 자를 들어 쓰시는 분입니다. 우리는 모두 죄인이라서 연약할 수밖에 없습니다. 그래서 예수님이 십자가에 달려 돌아가신 것입니다. 성경은 "기록된 바 의인은 없나니 하나도 없으며" 롬 3:10라고 말합니다. 하나님은 우리에게 회개를 요구하십니다. 집 나간 아들이 돌이키기도 전에 그 아버지는 이미 그를 기다리고 있었습니다. 아들이 돌아오기도 전에 매일같이 마을 입구에 나가서 아들을 기다리는 아버지, 그분이 우리 하나님 아버지입니다.

오늘 우리에게 회복이 필요합니다. 오늘 우리에게 회개가 필요합니다. 내 가정에 대해서, 내 삶에 대해서, 이 교회와 사회에 대해서 우리 믿는 사람들의 회개가 필요합니다. 이러저러한 핑계를 대지 말고 하나님 앞에 나아가 회복되는 은혜를 받기 바랍니다.

16장
퇴락의 신호

사사기 17:1-6

우리의 신앙이 하나님이 아니라 퇴락을 향해 달려갈 때
우리의 삶에 어떤 신호가 나타날까요? 잘못된 신앙의 길을 걸어간
한 사람의 삶을 통해 우리에게 주시는 하나님의 경고를 들을 수 있습니다.
신앙생활을 하면서 우리가 조심해야 할 것은 무엇일까요?

에브라임 산지에 미가라 이름하는 사람이 있더니 그의 어머니에게 이르되 어머니께서 은 천백을 잃어버리셨으므로 저주하시고 내 귀에도 말씀하셨더니 보소서 그 은이 내게 있나이다 내가 그것을 가졌나이다 하니 그의 어머니가 이르되 내 아들이 여호와께 복 받기를 원하노라 하니라 미가가 은 천백을 그의 어머니에게 도로 주매 그의 어머니가 이르되 내가 내 아들을 위하여 한 신상을 새기며 한 신상을 부어 만들기 위해 내 손에서 이 은을 여호와께 거룩히 드리노라 그러므로 내가 이제 이 은을 네게 도로 주리라 미가가 그 은을 그의 어머니에게 도로 주었으므로 어머니가 그 은 이백을 가져다 은장색에게 주어 한 신상을 새기고 한 신상을 부어 만들었더니 그 신상이 미가의 집에 있더라 그 사람 미가에게 신당이 있으므로 그가 에봇과 드라빔을 만들고 한 아들을 세워 그의 제사장으로 삼았더라 그 때에는 이스라엘에 왕이 없었으므로 사람마다 자기 소견에 옳은 대로 행하였더라 (삿 17:1-6).

요즘 농촌에 가보면 사람이 살지 않고 내버려진 집을 종종 보게 됩니다. 모두가 이사를 가버리고 팔려고 해도 팔리지 않아 그냥 버려둔 집들입니다. 그런 집은 한눈에 알아볼 수 있습니다. 지붕은 벗겨지고 담은 헐고 마당에는 잡초가 가득합니다. 이 모두가 퇴락했다는 표시입니다. 그런데 이렇게 퇴락하는 것은 집만이 아닙니다. 우리의 인생도 퇴락할 수 있습니다.

그 어머니에 그 아들

퇴락의 길로 들어선 한 장로님이 있었습니다. 한때는 열심히 신앙생활을 했지만 세월이 흐르면서 신앙과 인생에 있어서 오히려 뒷걸음을 친 것이지요. 그가 그렇게 퇴락의 길을 걷게 된 데는 이유가 있습니다. 무엇보다 어머니의 영향이 컸습니다. 그 어머니는 교회 권사님이었는데, 교회를 열심히 다녔고 재산도 많은데다 열성적이어서 교회의 주축 일원이었습니다. 그러나 마음속에는 살아계신 하나님과의 만남이 없었습니다.

그러면서도 열심히 신앙생활을 한 것은 오로지 자기의 유익을 위해, 물질의 축복을 받기 위해서였습니다. 겉으로는 하나님을 열심히 섬기는 것처럼 보였지만 마음속에는 자기 욕심이 우선이었습니다. 그렇게 이중적인 어머니의 모습을 보면서 그 아들은 자랐습니다.

세월이 흘러 아들은 장성했고, 어머니의 돈을 관리하면서 몰래 많은 재산을 빼돌렸습니다. 그는 장로의 신분으로 교회는 계속 다녔지만 설교를 들을 때마다 죄책감이 들어 견디기 힘들었습니다. 그러니 교회생활이 어찌 행복하겠습니까? 그는 점점 신앙생활에 흥미를 잃었습니다. 신앙생활에 흥미를 잃으면 제일 먼저 오는 것이 불만입니다. 그 역시 교회의 모든 일에 불만을 가지게 되었습니다. 주일학교를 봐도 마땅치 않고, 성가대도 시원치 않고, 무엇보다 가장 못마땅한 것은 목사였습니다. 그래서 자신이 직접 교회를 세우기로 마음을 먹었습니다. 돈이 많은데다 땅도 가지고 있어서 멋진 예배당을 지었습니다. 그런데 막상 예배당을 짓고 나니 딴 생각이 났습니다. 남 주기가 아까웠던 것이지요. 그래서 소명도 없는 아들을 신학교에 보내어 목사로 만들고 목회를 하게 했습니다.

하지만 은사도, 소명도 없는 사람이 어떻게 목회를 하겠습니까? 예배당은 멋지게 지어놓았지만 사람이 모이지 않았습니다. 그러던 어느 날 우연히 한 목사님을 만나게 됐는데, 이 교회 저 교회를 떠돌아다니던 사람이라 수완도 좋고 자기 말을 잘 들을 것 같아서 그를 담임목사로 초빙했습니다. 아니나 다를까 그 목사님의 수완 덕분인지 사람들이 모이면서 교회가 부흥했습니다. 그러다가 그 목사님에게 능력이 있다는 소문이 돌면서 큰 교회에서 그를 초빙했고, 그는 교회를 옮기면서 교회 기물을 싸들고 야반도주를 해버렸습니다. 결국 장로님이 세운 교회는 문을 닫게 되었습니다.

사사기 17장, 18장이 바로 이런 이야기입니다. 오래전에 지구촌교회 이동원 목사님이 본문을 각색한 내용을 제가 손봐서 전해드리는 것입니다. 위에서 말한 장로님은 미가입니다. 미가는 사사가 아니었습니다. 성경은 사사도 아닌 미가의 이야기를 왜 두 장에 걸쳐서 기록하고 있을까요? 지금 하나님은 사사기를 마치면서 잘못된 신앙의 길을 걸어간 한 평신도의 삶을 통해 우리에게 경고하고 계십니다. 신앙의 길을 가면서 우리는 무엇을 조심해야 할까요?

본문에는 세 명의 인물이 등장합니다. 하나님은 그 세 인물을 통해 세 가지 퇴락의 신호를 보여주십니다. 우리의 신앙이 하나님을 향한 길이 아닌 퇴락의 길로 달려갈 때 삶에 어떤 신호가 나타날까요?

하나님의 이름으로 행하는 '내 일들'

첫 번째 퇴락의 신호는 자신이 만든 종교입니다. 좀 더 구체적으로 말하면 종교적 형식주의입니다. 에브라임에 미가라는 사람이 살고 있었습니다. 그의 집안은 대단한 부자였습니다. 어느 날 미가는 어머니의 은 1,100개를 훔쳤습니다. 18장을 보면 제사장의 일 년 치 사례비가 은 열 개였습니다. 그러니 이것이 얼마나 큰돈입니까? 오늘날로 말하면 수십억에 상당하는 돈입니다. 미가는 미신을 따르는 사람이었습니다. 그런데 어머니가 돈을 훔친 사람을 저주한다는 소리를 들었습니다. 아마 어머니는 아들이 훔쳤다는 사실을 알고 있었겠지요. 미가는 이 소리를 듣고 회개해서가 아니라 두려워서 훔친 돈을 어머니에게 돌려줍니다. 그랬더니 어머니가 미가를 축복해줍니다. 사랑의 마음으로 축복한 것이 아니라 잃은 돈을 찾으니 마음이 풀려서 그저 입에 발린 축복을 해준 것입니다.

애초에 그녀는 은 1,100개를 모두 하나님께 드리겠다고 공언했는데, 막상 돈을 찾고 나서는 그 중 900은 떼먹고 200만 드립니다. 그리고 그 200을 미가에게 주어서 우상을 만들게 했습니다. 여기서 우상이란 다른 신을 말하는 것이 아니고 요즘 말로 십자가와 같은 상징물을 가리킵니다. 미가의 어머니는 미가가 잘못된 길로 가는 것을 알고도 올바로 지도하기는커녕 오히려 하나님 앞에서 우상을 섬기도록 부추긴 것입니다.

미가는 그 돈으로 신당을 만들고 제사장이 입는 에봇과 복을 가져다 준다고 여겨지던 드라빔을 만들었습니다. 여기서 드라빔이란 휴대용 우상을 말합니다. 라헬이 아버지의 집에서 훔쳐 가지고 나온 것이 드라빔이었습니다. 사람들은 그것을 가지고 다니면 하나님께 축복을 받을 것이라고 믿었습니다. 그것은 겉보기에는 우상이 아닌 것 같지만 실제로는 우상에 지나지 않았습니다. 미가는 한술 더 떠서 자격도 없는 아들을 제사장으로 세웁니다.

퇴락의 신호는 어떤 것일까요? 우리의 삶이 퇴락하는 것을 어떻게 알 수 있을까요? 본문은 신앙이 퇴락하는 곳에는 언제나 종교적 형식주의가 등장한다고 말합니다. 내가 만든 종교가 있다는 것입니다. 내 안에 성령의 역사와 하나님과의 만남이 사라지고 종교적 형식주의가 자리 잡습니다. 본문에서 눈여겨볼 것은 바알과 아스다롯이 전혀 등장하지 않는다는 것입니다. 미가는 신당과 에봇과 드라빔을 여호와 하나님의 이름으로 만들었습니다. 이것이 핵심입니다. 미가는 모든 것을 하나님의 이름으로 행했습니다. 오늘날로 말하자면 하나님의 이름으로 교회를 짓고, 하나님의 이름으로 교회 기물을 헌납하고, 하나님의 이름으로 제자 훈련을 하고, 하나님의 이름으로 충성 봉사를 했습니다.

문제는 이 모든 것을 하나님의 계시에 따라 하지 않았다는 것입니다. 하나님은 이미 모세의 율법을 통해 레위인만 제사장이 될 수 있고, 오직 실로의 성막에서만 예배해야 한다고 가르쳐주셨습니다. 그럼에도 미가는 이 모든 것을 무시해버렸습니다. 자기 생각대로 하나님을 섬겼습니다. 왜일까요? 그가 이런 일을 행한 이유는 단 한 가지, 바로 자신의 유익을 위해서, 복 받기 위해서였습니다.

나를 구원하신 하나님의 영광을 위해 교회생활을 하지 않는 것이 문제입니다. 형식적으로는 하나님을 섬기지만 그 이면에는 내가 있는 것입니다. 내 축복, 내 건강, 내 자녀, 내 물질, 내 명예를 더 중요하게 여기는 것입니다. 미가는 자신의 유익을 위해서 하나님의 이름을 걸고 종교생활을 했습니다. 이것이 과연 미가만의 실수일까요? 소위 하나님의 백성인 이스라엘 사람들은 어떠했습니까? 그들은 분명히 하나님을 섬겼습니다. 모든 것을 하나님의 이름으로 행했습니다. 그러나 주님은 그들을 혹독하게 책망하며 예배에 대해 이렇게 가르쳐주셨습니다.

"하나님은 영이시다. 그러므로 하나님께 예배를 드리는 사람은 영과 진리로 예배를 드려야 한다" 요 4:24, 표준새번역.

표준새번역 성경은 이 구절에서 신령과 진정을 영과 진리로 번역하고 있는데, 제 생각에는 이것이 좀 더 정확한 표현 같습니다.

신앙생활은 아무렇게나 하는 것이 아닙니다. 하나님은 아무렇게나 섬길 분이 아닙니다. 예배는 아무렇게나 드리는 것이 아닙니다. 동기가 중요하고 방법이 중요합니다. 하나님이 말씀하신 진리에 따라 하나님을 섬기고 예배해야 합니다. 당신은 어떻습니까? 자신이 만든 종교적 형식주의로 하나님을 섬기고 있지는 않습니까?

사실 눈에 보이는 우상은 그다지 무섭지 않습니다. 문제는 우리 눈에 보이지 않는 교묘한 우상입니다. 하나님의 이름으로 섬기는 우상 말입니다. 교회 안에 숨어 있는 우상, 하나님의 이름으로 예배를 드리지만 하나님의 영광보다 내 유익을 앞세우는 교묘한 우상, 하나님의 나라보다 세상의 축복을 우선시하는 우상, 소명을 따라 살기보다 세상의 안일함에 머무는 우상, 하나님의 말씀보다는 언제나 내 경험을 앞세우는 우상. 이것이 진정으로 경계해야 할 우상입니다. 교회 다니면서 절에 가서 절하는 사람이 어디 있겠습니까? 더 무서운 우상은 우리 삶 속에 있는 우상입니다. 예배당 안에서 섬기는 우상 말입니다. 미가는 바로 이러한 우상을 섬기고 있었습니다.

본문은 바로 우리를 향한 말씀입니다. 이 말씀을 보면서 자신을 돌아보아야 합니다. 삶 속에 내가 만든 우상은 없는가? 하나님 아닌 그 무엇이 내 마음에 자리 잡고 있지는 않은가? 혹시 나는 하나님보다 내 유익을 더 좇고 있지는 않은가? 당신의 삶 속에 이런 종교적 형식주의가 있다면 하나님의 능력으로 그 형식주의가 사라지는 놀라운 역사가 있기를 바랍니다.

하나님의 영광보다 '내 유익'이 먼저

두 번째 퇴락의 신호는 이기주의입니다. 본문에 두 번째 등장하는 인물은 레위인 제사장입니다. 본문은 그에 대해 이렇게 기록합니다.

"유다 가족에 속한 유다 베들레헴에 한 청년이 있었으니 그는 레위인으로서 거기서 거류하였더라 그 사람이 거주할 곳을 찾고자 하여 그 성읍 유다 베들레헴을 떠나 가다가 에브라임 산지로 가서 미가의 집에 이르매"삿 17:7-8.

이 레위인은 더 나은 곳을 찾기 위해 이리저리 돌아다니고 있었습니다. 사람이 더 나은 곳을 찾는 것은 당연한 일입니다. 그러나 레위인은 그렇게 해서는 안 되었습니다. 하나님은 레위인에게 소명을 주시면서 살 곳을 분명하게 정해주셨습니다. 그런데 본문의 레위인은 하나님이 지시해주신 곳에서 살지 않고 베들레헴에서 살다가 "어디로 가야 먹고살기가 더 나을까?" 하며 이리저리 돌아다니고 있었습니다.

그 와중에 미가를 만납니다. 아들을 목사로 세웠다가 실패한 미가는 그에게 엄청난 사례비를 제안합니다. "일 년에 은 열 개를 줄 테니 와서 섬겨라." 그렇게 죽이 맞아서 사역을 잘하고 있던 미가와 그에게 어느 날 단 지파가 찾아옵니다. 단 지파의 대표자들은 미가의 집에 와서 그가 제사장임을 알고 미가의 집에 있는 에봇과 드라빔을 훔쳐 가려고 합니다. 처음에 그 제사장이 막아서자 단 지파 사람들이 그를 회유합니다. "너는 왜 여기 있느냐? 보아하니 총기가 있고 융통성도 있어 보이는데 여기서 썩을 인물이 아니다. 우리와 같이 가자." 처음에 제사장은 그 제안을 거절합니다. 그러자 단 지파가 그럴 듯하게 설득합니다.

"그들이 그에게 이르되 잠잠하라 네 손을 입에 대라 우리와 함께 가서 우리의 아버지와 제사장이 되라 네가 한 사람의 집의 제사장이 되는 것과 이스라엘 한 지파 한 족속의 제사장이 되는 것 중에서 어느 것이 낫겠느냐 하는지라" 삿 18:19.

이 말을 듣고 제사장이 그들을 따라갔을까요? 당연히 따라갔습니다. 그는 에봇과 드라빔을 싸가지고 단 지파를 따라갔습니다. 무엇이 잘못되었는지 알겠습니까? 하나님을 위해 헌신하며 살아야 할 제사장이 육신의 안일과 성공을 위해 이리저리 옮겨 다니고 있습니다. 그에게는 하나님의 영광과 사역보다 자신의 유익이 훨씬 더 중요했던 것입니다. 자신의 유익을 앞세운다는 점에서 그 제사장과 미가는 완벽한 동역자였습니다. 이 얼마나 불행한 일입니까? 그런데 이런 일이 미가 시대에만 일어난 일일까요?

오늘 이 두 사건을 기록하면서 성경 기자는 그 사이에 한 문장을 삽입합니다.

"그때에는 이스라엘에 왕이 없었으므로 사람마다 자기 소견에 옳은 대로 행하였더라" 삿 17:6.

이 유명한 구절이 사사기 여기에서 처음으로 등장합니다. 사사 시대 수백 년 동안 이스라엘은 점점 내리막길을 걷다가 마침내 목회자, 평신도 할 것 없이 모두가 자기 소견에 옳은 대로 행하게 되었습니다. 본문을 보면 그 제사장은 놀랍게도 모세의 자손입니다. 신분이 중요하지 않습니다. 조상이 누구인지도 중요하지 않습니다. 문제는 우리가 신앙생활을 하면서 참 하나님을 만나고 있는가, 성령 하나님과 동행하고 있는가 하는 것입니다. 그렇지 못하다면 우리는 이미 종교적 형식주의에 빠져 있는 것입니다.

당신의 마음을 벗겨보십시오. 예배를 드리지만 그 마음속에 자신의 유익이 자리 잡고 있지 않은지 살펴보십시오. 본문에서 하나님은 이스라엘 사람들의 영적 상태를 "사람마다 자기 소견에 옳은 대로 행했다"고 진단하고 있습니다. 무슨 말입니까? 하나님의 영광과 사역보다는 자기 유익을 구했다는 말입니다. 이런 사람들이 모인 교회가 어떤 영향력을 발휘할 수 있겠습니까? 교회에서는 그럴 듯한 얼굴을 하고 있지만 교회 밖에서는 자기 유익을 위해 열심히 자기가 만든 신을 섬기고 봉사하는 것, 바로 이것이 퇴락의 신호입니다.

당신의 기도 제목을 살펴보십시오. 자신의 영혼을 위해, 자녀의 영혼을 위해 기도하기보다 이 땅에서 얻어야 할 것들로 기도 제목을 채우고 있다면 어쩌면 당신은 퇴락의 길을 걷고 있는지 모릅니다. 혹시 그렇다면 이 말씀을 들으면서 그 길에서 돌이키시길 바랍니다.

편한 길로만 가려는 것

세 번째 퇴락의 신호는 편리주의입니다. 퇴락의 길을 걸어갈 때면 종교적 형식주의와 이기주의뿐만 아니라 편리주의가 나타납니다. 본문에는 또 한 유형의 인물이 등장하는데 다름 아닌 단 지파입니다. 하나님은 가나안 땅에 들어갈 때 열두 지파에게 각각 땅을 정해주셨습니다. 그리고 직접 그 땅 거민들을 몰아내지 않고 이스라엘 백성들에게 싸워서 쫓아내라고 말씀하셨습니다. 땅은 분배 받았지만 그 땅을 제 것으로 만들기 위해서는 이스라엘 백성 스스로가 싸워야 했습니다.

우리의 구원도 마찬가지입니다. 하나님이 구원을 주셨지만 구원 안에 담긴 축복과 영적인 성숙은 내가 싸워서 얻어야 하는 것들입니다. 열한 지파가 피 흘리는 전쟁을 통해서 땅을 얻는 동안 단 지파는 할당된 땅에 가서 적들이 너무나도 견고한 모습을 보고 겁을 먹은 채 하나님이 주신 땅을 포기하고 맙니다. 그러고는 "어디 좋은 땅 없나?" 하며 돌아다니다가 미가의 집에 들르게 된 것입니다. 그리고 그곳에서 만난 제사장의 힘을 빌어서 땅을 발견합니다. 영성도 없는 제사장을 만나 땅을 발견했으니 그 길이 제대로 풀렸겠습니까? 라이스라는 곳에 가보니 그곳 거민들이 약했습니다. 단 지파는 "그냥 입성하면 되겠다. 이렇게 좋은 땅이 있다니" 하며 그쪽으로 다 몰려갔습니다.

오늘날 교회에도 이런 바람이 불고 있습니다. 요즘 사람들이 가장 좋아하는 교회는 다름 아닌 편안한 교회입니다. 제자 훈련도 없고, 봉사도 없고, 전도 집회도 하지 않는 교회, 일단 편해야 사람들이 모입니다. 진리와 생명을 위한 영적 전쟁은 싫어하고, 그저 적당하게 하나님을 섬기고 세상에서 재미도 보려는 교인들이 점점 늘어나고 있습니다. 그들은 하나님을 위해 부담을 지기를 싫어합니다. 단적인 예가 교회 건축입니다. 새로 교회당을 건축하려고 하면 많은 교인들이 빠져나갑니다. 우리 교회에서 건축을 할 때에도 일부가 빠져 나갔지만 감사하게도 그 수가 굉장히 적었습니다. 얼마 전 우리 교회와 규모가 비슷한 교회에서 교회 건축을 결정하고 성도들에게 공표를 했는데 그날 당장 교인 200명이 빠져나갔다고 합니다. 이처럼 요즘 사람들은 헌신하기를 싫어합니다.

그러나 단 지파처럼 편안하기만을 추구할 때 명심해야 할 것은, 자신도 모르게 우상을 섬기게 될 수 있다는 것입니다. 단 지파의 결말은 어떠했습니까? 역대상 1장을 보면 열두 지파의 이름이 소개되는데 단 지파의 이름은 빠져 있습니다. 요한계시록 7장에서 이스라엘 자손 중에서 인印 맞는 자 14만 4천 명을 거명할 때도 단 지파의 이름은 보이지 않습니다. 이것이 바로 편리주의와 안일주의에 빠진 결과입니다. 신앙의 길은 십자가의 길입니다. 헌신의 길입니다. 우리는 피 흘리며 영적 전쟁을 할 때 주님의 뒤를 따라갈 수 있습니다.

하나님은 사사기의 마지막 부분에서 이 말씀을 주셨습니다. 이 말씀을 들으며 당신의 삶을 한번 살펴보십시오. 하나님을 예배한다는 우리의 마음속에 혹시 편의주의, 안일주의가 자리 잡고 있는 것은 아닌지, 내 유익을 최고로 여기는 이기주의가 도사리고 있지 않은지, 그래서 나도 모르게 하나님의 말씀보다는 내 경험을 앞세워서 종교적 형식주의에 빠져 있지는 않은지 살펴보십시오.

이 말씀을 마음에 받아서 이스라엘 백성들이 사사 시대에 범했던 실수를 되풀이하지 않고 성령님과 더불어 승리하는 신앙생활을 하기 바랍니다.

17장
혼돈에서 벗어나기 위하여

사사기 19:25-30

사사기의 마지막 세 장은 성경에서 가장 어두운 부분으로서
하나님을 떠난 세대가 어떻게 되는지 잘 보여줍니다.
씁쓸하게도 그것은 오늘 우리 사회의 이야기이기도 합니다.
이와 같은 암흑에서 벗어나는 길은 무엇일까요?

무리가 듣지 아니하므로 그 사람이 자기 첩을 붙잡아 그들에게 밖으로 끌어내매 그들이 그 여자와 관계하였고 밤새도록 그 여자를 능욕하다가 새벽 미명에 놓은지라 동틀 때에 여인이 자기의 주인이 있는 그 사람의 집 문에 이르러 엎드러져 밝기까지 거기 엎드러져 있더라 그의 주인이 일찍이 일어나 집 문을 열고 떠나고자 하더니 그 여인이 집 문에 엎드러져 있고 그의 두 손이 문지방에 있는 것을 보고 그에게 이르되 일어나라 우리가 떠나가자 하나 아무 대답이 없는지라 이에 그의 시체를 나귀에 싣고 행하여 자기 곳에 돌아가서 그 집에 이르러서는 칼을 가지고 자기 첩의 시체를 거두어 그 마디를 찍어 열두 덩이에 나누고 그것을 이스라엘 사방에 두루 보내매 그것을 보는 자가 다 이르되 이스라엘 자손이 애굽 땅에서 올라온 날부터 오늘까지 이런 일은 일어나지도 아니하였고 보지도 못하였도다 이 일을 생각하고 상의한 후에 말하자 하니라 (삿 19:25-30).

본문에 관련된 사사기의 마지막 세 장은 성경에서 가장 어두운 부분이라고 여겨집니다. 그래서 과거에 어떤 설교자들은 이 부분을 그냥 지나쳐버렸습니다. 저 역시 그러고 싶은 마음이 있습니다. 하지만 아무리 내용이 암울해도 그것은 분명 하나님이 주신 말씀입니다. 그 안에는 우리를 향한 사랑의 메시지가 들어 있을 것입니다. 사사기 이야기를 마치면서 이 암울한 사건을 통해 우리에게 들려주시는 하나님의 메시지를 받고자 합니다.

마지막으로 치닫는 암흑의 시대

본문에는 이름이 알려지지 않은 한 레위인이 등장합니다. 그가 어느 날 베들레헴에 들렀다가 첩을 하나 얻습니다. 당시에는 첩을 얻는 것이 보편적인 일이었습니다. 그런데 그 첩이 바람이 나버렸습니다. 틀림없이 부부 싸움을 했겠지요? 그 여자는 결국 친정으로 도망가버리고 말았습니다. 얼마 지나지 않아서 그 레위인은 아내를 데려오기 위해 베들레헴으로 향합니다. 장인이 얼마나 미안했던지 며칠씩이나 잔치를 벌여서 사위의 마음을 위로합니다. 그렇게 며칠을 보낸 후 그 레위인은 여자를 데리고 집으로 돌아갑니다.

하루 종일 걷다가 날이 어두워졌는데 마침 베냐민 족속들이 사는 기브아라는 곳에 이르렀습니다. 당시에는 여관이 없었기 때문에 이스라엘 백성들은 손 대접에 힘썼고 이유를 묻지 않고 지나가는 길손을 재워주었습니다. 그런데 아무도 이들을 재워주는 사람이 없었습니다. 밤이 깊어 어찌할 바를 모르고 있는데 마침 그 동네의 노인이 이들을 자기 집으로 데리고 갔습니다. 덕분에 짐을 풀고 음식을 먹고 느긋한 마음으로 앉아 있는데 갑자기 문을 두드리는 소리가 납니다.

"그들이 마음을 즐겁게 할 때에 그 성읍의 불량배들이 그 집을 에워싸고 문을 두들기며 집 주인 노인에게 말하여 이르되 네 집에 들어온 사람을 끌어내라 우리가 그와 관계하리라 하니" 삿 19:22.

불량배들이 노인의 집에 몰려와 손님들을 내놓으라고 합니다. 특별히 레위인을 내놓으라고 하면서 "우리가 그를 상관하겠다"고 합니다. 이것은 은유적인 표현으로 성 관계를 맺겠다는 것입니다. 그것도 동성애를 하겠다는 것입니다.

그러자 노인은 자기 딸과 레위인의 첩을 내줄 테니 그 손님은 건드리지 말라고 간청합니다. 마침내 그들은 레위인의 첩을 데리고 갔습니다. 밤새 윤간을 당한 그 여인은 결국 죽고 맙니다. 소돔과 고모라가 생각나는 대목입니다. 한 가지 다른 점이 있다면 소돔과 고모라는 타락한 이방 도시였지만 이 사건이 일어난 곳은 다름 아닌 하나님의 백성들이 살던 가나안이었다는 점입니다.

　아내가 죽자 레위인은 그 시신을 열두 토막을 내어 자신의 사연을 담은 편지와 함께 이스라엘 각 지파들에게 보냅니다. 토막 난 시신과 편지를 받아든 이스라엘 지파들은 흥분하여 각자 군사를 일으켜서 미스바에 모입니다. 격앙된 그들은 그곳에서 세 가지 맹세를 합니다.

　첫째, 기브아를 징벌하기 전까지는 아무도 집에 돌아가지 않는다. 반드시 그들을 징벌하겠다는 것입니다. 둘째, 기브아를 공격하는 일에 참여하지 않는 자는 누구를 막론하고 죽인다. 이스라엘 족속 모두가 참가할 것을 맹세했습니다. 셋째, 베냐민 지파에게 결코 딸을 주지 않는다.

　이렇게 맹세를 선포하고나서 그들은 베냐민 지파를 찾아가 악행한 자들을 내놓으라고 최후통첩을 합니다. 베냐민 지파는 당연히 그들을 내놓아야 함에도 불구하고 내놓지 않을 뿐 아니라 전쟁도 불사하겠다고 강경하게 나옵니다. 마침내 이스라엘 민족 간에 내전이 벌어집니다. 병력 수에서 상당한 차이가 났지만 베냐민 지파가 워낙 용맹하고 싸움을 잘했기 때문에 나머지 지파에서 수많은 사상자가 발생합니다. 그러나 결과적으로 베냐민 지파는 이 싸움에서 지고 맙니다. 베냐민 지파는 남자 600명만 남고 멸족을 당합니다.

　전쟁이 끝나고 격앙됐던 감정이 가라앉자 그들은 비로소 정신을 차리기 시작합니다. 지금 시급한 일은 열두 지파 중에서 한 지파가 없어지게 되었다는 것입니다. 베냐민 지파의 남자들은 다 죽고 겨우 600명만 남았는데 그나마 나머지 지파들이 그들에게 딸을 주지 않겠다고 서약했으니 베냐민 남자들은 이제 결혼을 못할 처지에 놓였습니다. 베냐민 지파가 멸망하는 것은 시간문제였습니다. 그것은 보통 심각한 문제가 아니었습니다. 이스라엘 열두 지파 중에서 한 지파가 멸망하는 것은 하나님의 뜻에도 어긋날 뿐 아니라 국가적으로도 큰 손해가 나는 일이었습니다.

그들은 어떻게 할까 고민하다가 마침내 문제를 해결할 방법을 찾습니다. 먼저 전쟁에 참여하지 않은 부족이 없는지 조사했습니다. 사실 그때까지는 아무도 그것을 문제 삼지 않았습니다. 그런데 방법을 찾다보니 길르앗 거민들이 전쟁에 참여하지 않았다는 사실을 알게 되었습니다. 그래서 맹세한 대로 군대를 보내 길르앗을 습격해서 결혼한 여자와 어린아이는 다 죽이고 처녀 400명만 데려와 베냐민 지파 남자들에게 줍니다. 600명 가운데 이제 400명은 짝을 구했습니다. 그래도 200명이 모자랍니다. 그러자 또 방안을 짜냅니다. 마침 실로에서 축제가 열리는데 베냐민 남자들이 축제에서 여자를 납치해오는 것을 눈감아줍니다. 그래서 베냐민 지파 청년들이 실로에서 200명의 여자를 데려와 짝을 맞춥니다.

여기까지가 본문의 줄거리입니다. 사사 시대의 어두운 모습이 보입니까? 하나님을 섬겨야 할 레위인은 첩을 구하고, 그 첩은 간음을 합니다. 기브아 거민들은 나그네를 대접하라는 하나님의 말씀을 어기고 오히려 자기 마을에 찾아온 사람들을 성적으로 희롱하려고 합니다. 그러자 목숨을 걸고서라도 딸과 아내를 보호해야 할 레위인과 노인은 그들을 불량배들에게 내줍니다. 그러다 윤간 당하던 레위인의 첩이 죽고 맙니다.

이에 레위인은 잔인하게도 아내의 몸을 열두 토막 내어 이스라엘 지파들에게 보냅니다. 복수를 하겠다고 이스라엘의 모든 지파가 모였지만 베냐민 지파는 오히려 그 불량배들을 옹호하고 나섭니다. 그 결과 내전이 일어납니다. 베냐민 지파가 멸망에 이를 즈음에 이스라엘 백성들은 베냐민 지파의 멸족을 막는다는 구실로 사람들을 죽이고, 무고한 여자들의 납치를 묵인하는 만행을 저지릅니다.

이것이 하나님을 떠난 이스라엘 민족이 겪은 멸망의 사이클 마지막 모습입니다. 이 얼마나 어둡고 음울합니까?

이런 모습들을 보면서 너무하다는 생각이 들지 모르겠습니다. 그런데 오늘 우리가 사는 사회를 한번 돌아보십시오. 즐겨 보는 TV 드라마의 줄거리를 한번 살펴보십시오. 본문의 이야기를 영화나 드라마의 소재로 삼는다면 아마 그 인기가 폭발적일 것입니다. 한 영화 평론가는 "상상을 초월한 배신과 폭력, 말도 안 되는 관계에서 벌어지는 간음과 처절한 살인, 이런 것들이야말로 현대인들이 진정으로 보고 싶어하는 영화 소재다"라고 말했습니다.

그렇습니다. 이 처절하고 암울한 이야기는 다름 아닌 나의 이야기이자 우리 사회의 이야기입니다. 하나님이 이런 내용을 성경에 기록하신 이유가 있습니다. 하나님은 당신을 떠난 세대가 장차 어떤 상태에 빠질지 미리 아셨던 것입니다.

그러면 어떻게 해야 이 어두운 암흑에서 벗어날 수 있을까요? 어떻게 하면 멸망으로 치닫는 사이클로부터 헤어 나올 수 있을까요?

절대 진리가 사라진 사회

먼저, 진정으로 멸망의 사이클에서 헤어 나오기를 원한다면 도덕적인 기초를 올바로 세워야 합니다. 오늘 우리 시대를 포스트모더니즘 시대라고 말합니다. 정확하게 번역하면 모더니즘 이후 시대라는 뜻입니다. 포스트모더니즘 시대의 특징 가운데 하나가 객관적 진리를 인정하지 않는 것입니다. 내가 옳다고 생각하는 것이 곧 진리입니다. 내가 느끼고 생각하는 바가 중요합니다. 아무리 옳고 선할지라도 내가 받아들이지 않는다면 그것은 더 이상 진리나 선이 될 수 없습니다. 철저한 상대주의, 이것이 포스트모더니즘의 특징입니다. 우리는 이런 시대에 살고 있습니다.

현대 사회를 돌아보십시오. 모두가 자기 생각대로 살아갑니다. 옷을 어떻게 입든, 전철에서 어떤 행동을 하든, 내 아이를 어떻게 키우든, 공공장소에서 어떻게 처신하든 남의 눈을 의식할 필요도 없고, 남이 상관해서도 안 됩니다. 모든 결정권은 내게 있습니다. 누구도 그것을 방해할 권리가 없습니다. 선생님이라 할지라도, 부모라 할지라도, 어른이라 할지라도 다른 사람이 나의 옳고 그름을 판단할 수 없습니다. "원하면 하라"는 것이 오늘날 매스컴과 영화와 소설의 주제입니다. 이른바 자유라는 이름으로 원하는 것은 무엇이든지 할 수 있습니다. 이것이 포스트모더니즘, 오늘 우리가 살고 있는 시대의 특징입니다.

본문에서 베냐민 지파가 악행한 자들을 옹호하듯이 오늘날 교사가 잘못한 아이들을 훈계하기 위해 야단치면 부모들이 감사하기는커녕 오히려 학교에 찾아와 화를 내고 심지어 교사를 구타하기까지 합니다. 20년 전만 해도 상상도 못할 일입니다. 저희 세대만 해도 개인적으로 잘못한 게 없어도 단체로 매를 맞았습니다. 그래도 그것을 집에 가서 이야기하는 아이들이 없었습니다. 우리는 그렇게 교육받고 자랐습니다. 그런데 요즘은 잘못한 아이를 때려도 난리가 납니다.

왜일까요? 도덕의 기준이 사라졌기 때문입니다. 절대 진리를 거부하기 때문입니다. 아무리 과학적이고 객관적인 근거를 들이대도 소용이 없습니다. 문제는 내가 어떻게 보고 느끼느냐 하는 것입니다. 내가 납득이 되어야 하고, 내 마음이 풀려야 합니다.

과연 이것이 옳은 것일까요? 과연 이 세상에 절대 진리는 존재하지 않는 것일까요? 우리는 옳고 그름을 이야기해서는 안 되는 걸까요? 아닙니다. 옳고 그름이 없는 사회는 결코 올바른 사회가 아닙니다. 옳고 그름이 없는 사회는 곧 하나님을 부인하는 사회입니다. 현대인이 왜 하나님을 부인합니까? 자유롭게 사는 데 절대자인 하나님이 방해가 되므로 그분을 부인하는 것입니다. 한마디로 내 마음대로 살기 위해 하나님을 멀리하는 것입니다.

사사기는 이렇게 끝을 맺습니다.

"그때에 이스라엘에 왕이 없으므로 사람이 각기 자기의 소견에 옳은 대로 행하였더라" 삿 21:25.

모든 사람이 자기 생각에 옳다고 여기는 대로 행동했습니다. 이것이 멸망을 향해 치닫는 사회의 모습이었습니다. 그 당시 이스라엘의 왕은 하나님이었습니다. 하지만 이스라엘 백성들은 자기들에게 왕이 없다고 생각했습니다. 그들은 왕 되신 하나님을 버린 것입니다. 그리고 제 마음대로, 제 생각대로 살았습니다. 그 결과는 앞서 말한 대로 비극이었습니다. 질서도, 도덕도, 윤리도 없이 하나님을 멀리 떠난 그들에게 멸망의 암흑이 찾아왔습니다.

이런 도덕적 혼란에서 벗어나기 위해 우리는 한 가지 일을 해야 합니다. 하나님을 믿는 사람들이 자녀 교육을 똑바로 해야 합니다. 그러기 위해서는 자신이 먼저 올바로 살아야 합니다. 올바른 도덕적 기초를 세워야 합니다. 그것만이 멸망의 길에서 헤어 나올 수 있는 방법입니다.

올바른 도덕적 기초

그러면 무엇을 도덕적 기초로 삼아야 합니까? 성경은 세 가지를 말하고 있습니다.

첫째, 거룩한 하나님의 성품입니다. 그분의 성품이 우리에게 도덕적인 기초가 되어야 합니다. 하나님은 옳고 그름의 절대적인 표준입니다. 하나님은 이 땅을 지으신 창조주이자 이 세상을 자신의 규범대로 운행하시는 보존자이십니다. 우리에게 가장 좋은 것을 주고 싶어하시는 우리의 아버지입니다.

하나님은 왜 도덕의 표준을 세우셨을까요? 왜 옳고 그름을 말씀하셨을까요? 우리를 사랑하시기 때문입니다. 물고기를 키우고 있다고 생각해 봅시다. 어느 날 물고기가 어항을 나가고 싶다고 애원을 합니다. 그럴 때 "그래, 자유를 줄게" 하면서 물고기를 어항 밖으로 건져내는 것이 사랑입니까? 규범과 옳고 그름의 경계를 완전히 허물어버리는 것이 사랑입니까? 아닙니다. 그것은 살인입니다. 세상이 아무리 험해도 하나님은 우리에게 규칙과 도덕을 주셨습니다. 경계를 정해주셨습니다. 우리를 그 경계 안에 남겨 두고자 하는 하나님의 뜻은 우리를 향한 사랑에 있습니다. 그러므로 우리는 그분의 성품을 표준으로 삼아야 합니다.

둘째, 예수 그리스도입니다. 그분이 우리의 도덕적 기초입니다. 그리스도는 하나님의 현현顯現입니다. 그분을 떠나서는 영생과 올바른 생명을 알 수 없습니다. 그분은 하나밖에 없는 길이요, 하나밖에 없는 진리이며, 하나밖에 없는 생명입니다. 그러므로 그분의 삶과 가르침이 우리의 도덕과 행동의 기초가 되어야 합니다. 어떤 선택을 해야 할지 고민이 됩니까? 그러면 이렇게 자문해보십시오. "예수님이라면 이럴 때 어떻게 하셨을까?" 이 질문 하나면 끝입니다.

셋째, 하나님의 말씀입니다. 하나님은 우리를 향한 당신의 모든 뜻을 성경에 담아놓으셨습니다. 성경은 무조건적으로, 절대적으로 신뢰할 만합니다. 그것은 하나님의 말씀이기 때문입니다. 그 말씀을 따라 살 때 우리는 비로소 온전한 삶을 살 수 있습니다.

"모든 성경은 하나님의 감동으로 된 것으로 교훈과 책망과 바르게 함과 의로 교육하기에 유익하니 이는 하나님의 사람으로 온전하게 하며 모든 선한 일을 행할 능력을 갖추게 하려 함이라"딤후 3:16-17.

세상이 뭐라 하더라도 하나님의 말씀으로 돌아가시기 바랍니다. 그럴 때 이 세대를 따라가지 않고 암흑의 물결에서 헤어 나올 수 있습니다.

또 하나 중요한 것은, 이 세 가지를 도덕적 기초로 삼아 날마다 성령님과 역동적으로 교제하는 것입니다. 도덕적 기초를 세울 때 제일 **빠지기 쉬운 함정은 형식주의와 율법주의**입니다. 그래서 이 세상에는 두 종류의 사람들이 있습니다. 도덕폐기론자, 즉 포스트모더니즘을 신봉하는 사람들은 어떤 기준도 필요치 않다고 주장하면서 자기 마음대로 삽니다. 반면에 도덕을 매우 강조하는 사람들이 있는데, 이들을 가까이에서 보면 도덕폐기론자들보다 하나님을 더 멀리 떠나 있는 경우가 있습니다. 바로 형식주의에 빠진 자들입니다.

저는 어릴 때 "하나님, 제 믿음을 조금만 좋게 해주세요"라고 기도했습니다. 성경을 보면 분명히 믿음이 자라야 된다고 하는데 주위의 믿음 좋다는 사람들을 보면 다들 조금씩 이상했습니다. 표정은 언제나 근엄하고 유머는 절대 용납되지 않았습니다. 아이스크림 앞에서 기도를 얼마나 길게 하는지 반은 녹아버릴 정도였습니다. 이에 혼란스러웠던 저는 제 믿음이 많이도 말고 조금만 좋아지기를 기도했던 것입니다. 어릴 적 제 주위에 형식주의에 빠진 사람들이 꽤 있었나봅니다.

도덕폐기론은 절대 성경이 가르치는 바가 아닙니다. 그러나 도덕폐기론의 반대가 율법주의나 형식주의는 결코 아닙니다. 어떤 의미에서 그것은 도덕폐기론보다 더 나쁩니다. 도덕의 기초를 올바로 세우려면 도덕론자가 되는 데서 그치지 말고 날마다 성령님과 깊이 교제해야 합니다.

우리는 도덕을 폐기하지 않습니다. 오히려 도덕의 기초를 굳건히 세워야 합니다. 그렇게 하는 것은 다른 사람을 정죄하는 것과는 다릅니다. 율법주의와 형식주의에 빠진 사람들은 늘 자기를 정죄하고 다른 사람 역시 비판합니다. 하지만 그것은 성경이 가르치는 태도가 결코 아닙니다.

성경은 남을 향한 비판이 아니라 용서를 가르칩니다. 형식이 아니라 자유로움, 성령 안에서의 기쁨, 평화, 은혜, 포용 등을 말합니다. 예수 안에 있는 삶, 성령 안에 있는 삶은 참으로 기쁜 삶입니다. 매력적인 삶입니다. 그리스도인이라고 해서 유머 있으면 안 된다는 법이 어디 있습니까? 유머 있게, 즐겁게, 서로 용서하며, 격려하면서 사는 것이 그리스도인의 삶입니다.

사사기의 마지막 부분에서 보듯이 그때는 참으로 어두운 시대였습니다. 오늘날 우리 시대 역시 마찬가지입니다. 우리 모두 올바른 도덕적 기초를 세우고, 날마다 역동적으로 성령님과 교제함으로써 암흑의 물결에서 우리의 가정과 자손을 구해내는 참믿음의 사람이 되기를 바랍니다.

18장
어두움을 비추는 등대

룻기의 큰 그림

어두움이 심할수록 빛은 더 환하게 드러납니다.
4장밖에 되지 않는 룻기에는 혼돈과 불순종으로 얼룩진
사사기의 어두움을 일시에 씻어낼 놀라운 빛이 들어 있습니다.
그 힘은 어디서 온 것일까요? 그것은 누구에 대한 이야기일까요?

갑자기 암흑 속에 갇혀본 적이 있습니까? 몇 년 전에 저는 북한에 다녀왔습니다. 직접 차를 몰고 휴전선을 건너 개성으로 갔는데 한 동굴 속에 아주 오래 된 고려시대 벽화가 있다고 해서 구경하러 들어갔습니다. 이북은 전력 사정이 좋지 않아서 20촉짜리 전기 불을 켜놨는데 빛이 어두워 벽화가 잘 보이지 않았습니다. 그런데 관람하던 중에 그것마저 꺼져버렸습니다. 얼마나 깜깜했던지 다들 당황해서 어찌할 바를 모르고 있는데 어떤 분이 카메라를 켰습니다. 카메라 액정 화면이 밝아봤자 얼마나 밝겠습니까? 하지만 동굴 안이 워낙 깜깜하니까 그 불빛이 상대적으로 밝게 느껴졌습니다. 덕분에 모두가 길을 찾아 나올 수 있었습니다. 그렇습니다. 어두움이 심하면 심할수록 빛은 더 환하게 드러나는 법입니다.

여태까지 보아왔듯이 사사기의 배경은 참으로 어두운 시대였습니다. 신앙적으로, 윤리적으로, 종교적으로, 정치적으로 암흑 시대였습니다. 성경이 말하고 있듯이, 그 당시 약속의 땅에 살던 사람들은 각자 자기 소견에 옳은 대로 행동했습니다. 모든 기준이 자기 자신이었습니다. 삶의 기준과 최고 우선순위가 자신이었습니다. 자기 마음에 합한 게 진리이고 옳은 것이었습니다. 그래서 당시 이스라엘 백성들은 남 보기에 아무리

흉한 일이라도, 하나님의 말씀에 맞지 않더라도, 설령 다른 사람에게 해가 되더라도 자기에게 유익한 일이면 주저 없이 행했습니다. 그 결과 서로 거짓말하고, 속이고, 싸우고, 정죄하고, 심지어 정조를 유린하며 살인까지 서슴지 않았습니다. 이 얼마나 어두운 사회입니까?

참으로 안타까운 것은 그것이 오늘날 우리 사회의 모습과 다르지 않다는 것입니다. 사사기의 어두운 이야기들을 우리는 매일 아침마다 신문에서 읽고 있습니다. 사사기는 다름 아닌 우리들의 이야기입니다. 하지만 감사할 것은 성경이 사사기에서 끝나지 않는다는 것입니다. 사사기 다음에 분량이 아주 짧은 책이 나오는데 룻기입니다.

사사기가 21장이나 되는 데 비해서 룻기는 4장밖에 되지 않습니다. 그러나 그 위력은 결코 작지 않습니다. 어두움이 깊을수록 빛이 더 환하게 드러나듯이 룻기는 놀라운 능력을 발합니다. 룻기에는 사사기의 어두움을 일시에 씻어버리고도 남을 만한 놀라운 빛이 들어 있습니다. 도대체 어떤 말씀이 들어 있을까요? 사사기의 어두움을 일시에 몰아내는 룻기의 힘은 무엇일까요? 그것은 누구에 대한 이야기일까요? 하나님은 룻기를 통해 우리에게 무슨 말씀을 하기 원하시는 걸까요?

사사기와 룻기는 쌍둥이와 같은 책으로서 둘 다 같은 시대를 다루고 있습니다. 많은 학자들은 룻기의 이야기가 아마 기드온 시대에 일어난 일이 아닌가 짐작하고 있습니다. 어떻게 보면 룻기가 없는 사사기는 의미가 없습니다. 두 책은 보기에는 다른 책 같지만 사실은 하나의 책입니다. 사사기는 룻기에 와서 결론을 맺습니다.

룻기는 기근과 죽음으로 시작해서 추수와 출생으로 끝이 납니다. 그런 의미에서 구원의 책이라고 할 수 있습니다. 우리 모두 이 시대를 살아가면서 구원이 필요합니다. 우리나라뿐 아니라 전 세계가 정치적으로, 경제적으로, 사회적으로 혼란에 빠져 있습니다. 오늘날 우리에게는 구원이 절대적으로 필요합니다. 이 말씀이 꼭 필요합니다. 룻기 전체를 살피기에 앞서 룻기를 이해하는 데 필요한 몇 가지를 나누겠습니다.

룻기의 등장인물과 배경

룻기를 이해하기 위해서는 등장인물부터 알아야 합니다. 룻기에는 네 명의 인물이 등장합니다. 먼저 모압 여인 룻과 그를 사랑한 유대인 남자 보아스가 등장합니다. 이 두 사람이 숱한 어려움을 겪으면서도 하나님을 신뢰하고 서로 헌신적으로 사랑함으로써 마침내 다윗의 조부 오벳을 낳는다는 것이 주요 줄거리입니다.

세 번째 등장인물은 룻의 시어머니 나오미입니다. 그녀는 이방 나라 모압에서 남편을 잃는 슬픔을 겪습니다. 룻과 보아스와는 반대로 하나님을 믿는 데 있어서 실패하는 모습을 자주 보여줍니다. 거듭되는 어려움 앞에서 좌절하고 때로는 하나님의 사랑을 의심하여 주저앉기도 합니다. 그녀의 실패를 통해 룻기의 저자는 오늘날 동일한 실패를 경험하고 있는 우리의 삶을 조명해줍니다.

네 번째 등장인물은 훗날 그리스도가 탄생할 마을 베들레헴의 거민들입니다. 그들은 룻과 보아스가 하나님을 향해 가진 신실한 믿음과 서로를 향한 사랑을 지켜보면서 감동을 받고, 또한 믿음에 있어서 실패한 나오미까지 하나님이 은혜로 축복하시는 것을 보면서 주님을 찬양합니다. 룻기를 읽으면서 이 네 인물들을 잘 관찰하면 마음속에 룻기의 주제가 확연하게 그려질 것입니다.

룻기를 4막으로 된 연극으로 생각해봅시다. 성경의 각 장이 연극의 막에 해당한다고 보면 됩니다. 첫 번째 장면은 모압 땅입니다. 가뭄을 피해 모압에 가서 거주한 아버지와 두 아들이 등장합니다. 한데 참으로 안타깝게도 아버지와 두 아들, 즉 세 남자가 다 죽고 그들의 아내였던 세 과부만 남습니다. 그 중에서 나오미와 룻만 슬픔을 안은 채 고향 베들레헴으로 돌아오고 있는 모습이 1장의 마지막 장면입니다.

1막이 내려오고 2막이 올라가면서 추수하는 들녘이 나옵니다. 수확기의 농촌을 한번 상상해보십시오. 일꾼들이 낫으로 나락을 베는 들녘에 가엾은 여인 하나가 일꾼들의 뒤를 따라가면서 이삭을 줍고 있습니다. 그녀는 시어머니를 봉양하고 자신도 먹고살아야 할 처지입니다. 여인의 형편을 알게 된 밭주인이 일꾼들에게 곡식 다발에서 조금씩 뽑아 땅에 떨어뜨리라고 살짝 귀띔을 합니다. 현대 사회에서는 찾아보기 힘든 인정 많은 모습입니다. 여기까지가 2막입니다.

3막은 타작마당입니다. 저도 어릴 적 기억이 나는데 타작을 다 끝내고 나면 농사지은 사람들의 마음이 얼마나 풍요로운지 모릅니다. 그날은 잔치가 열립니다. 그날 밤 타작마당에서 룻과 보아스가 하늘의 별을 쳐다보며 사랑을 나눕니다.

마지막 4막의 무대는 성문입니다. 이스라엘에서 성문은 재판정 역할을 했던 곳입니다. 이스라엘 사람들은 항상 성문에 모여서 중요한 결정을 했습니다. 그 성문에서 지금 어떤 이야기가 오가고 있습니까? 동네 사람들 몇몇이 모여 있습니다. 나오미의 가장 가까운 친척에게 룻과 결혼할 권리가 주어졌는데 그 남자는 재산 문제 때문에 이를 거절합니다. 그러자 보아스가 룻에게 청혼을 합니다. 그리고 결혼식이 열리고 세월이 지나 그들 사이에서 한 사내아이가 태어납니다. 바로 다윗의 할아버지이자 예수 그리스도의 조상이 될 오벳입니다. 이리하여 동네 여인들은 그토록 어렵게 살아왔으면서도 아름다운 결실을 맺은 나오미를 부러워하고 또 이런 일을 이루신 하나님을 찬양합니다.

룻기는 4장으로 이루어진 얇은 책이지만 각 장마다 아름다운 장면들이 많이 나옵니다. 무엇보다 대화가 참 아름답습니다. 룻기를 읽을 때 대화에 밑줄을 그어가면서 읽어보십시오. 부부간에, 친구 간에, 교우 간에, 이웃 간에 어떻게 대화해야 하는지 배울 수 있습니다. 마음에서 우러나는 대화, 거짓 없는 대화, 서로를 배려하고 아껴주는 대화가 거기에 있습니다. 그리고 서로를 위하는 마음이 있습니다. 어려울 수밖에 없는 시어머니와 며느리 사이를 친 모녀보다 더 가깝게 만든 서로를 향한 헌신, 서로를 위해 자신을 기꺼이 희생하는 아름다운 모습, 그런 모습을 바라보고 너무나 기뻐서 하늘 문을 열어 축복해주시는 하나님. 이것들이 바로 룻기에 담겨 있는 보석들입니다. 이 보석들을 모두 캐내기 바랍니다.

룻기를 제대로 이해하기 위해서는 또한 두 가지 관습에 대해서 알아야 합니다. 첫 번째는 히브리어로 '레바르'라고 하는데 우리말로는 수혼嫂婚이라고 합니다. 우리 입장에서는 이해하기 힘든 관습인데, 형제 중 한 명이 결혼해서 자식 없이 죽으면 나머지 형제 가운데 한 사람이 고인의 아내와 결혼하는 것입니다. "아니, 무슨 그런 풍습이 있나?" 하며 의아해할지 모르지만 룻이 살던 당시부터 예수님 시대에 이르기까지 중동에서는 아주 아름다운 관습이었습니다. 죽은 형이나 동생을 대신해서 자손을 잇게 해주었기 때문입니다. 당시는 형이나 동생을 똑같은 몸이라고 여기던 혈족 사회였습니다. 그래서 형이나 동생이 죽으면 다른 형제가 대신 씨를 뿌려서 자손을 이었습니다. 창세기에 나오는 유다와 다말의 일화도 바로 수혼에 얽힌 이야기입니다. 이런 관습을 알지 못하면 룻기를 이해하기가 어렵습니다.

두 번째는 '고엘'이라는 관습입니다. 누군가가 형편이 어려워져서 자기의 토지를 팔아버립니다. 이스라엘에서는 원칙적으로 토지를 팔면 안 되는데 형편이 너무 어려우니까 판 것입니다. 그러면 친척 가운데 한 사람이 그 땅을 사서 본인에게 돌려주는 관습이 바로 고엘입니다.

이 두 가지 관습을 알고 있으면 룻기를 보다 잘 이해할 수 있습니다. 등장인물과 무대 배경, 당시의 관습을 알았으니 이제 더 자세하게 룻기를 파헤쳐봅시다.

이방 여인 룻의 믿음

룻기에는 많은 보석들이 있지만 그 가운데 특별히 세 가지 주제를 다루고자 합니다. 첫 번째 주제는 아름다운 믿음입니다. 룻기에는 아름다운 믿음이라는 주제 음악이 흐르고 있습니다. 하나님의 축복을 받아 가나안 땅에 거했던 이스라엘 백성들이 각자 자기 소견에 옳은 대로 행하던 그 암울한 시대에 하나님과 아무 상관없던 한 모압 여인이 어느 날 하나님을 만나고 그날 이후로 삶이 바뀝니다. 그녀에게 하나님은 모든 것이 되었습니다.

그녀는 시집 와서 한 번도 호사를 누린 적이 없었습니다. 호사는커녕 고생뿐이었습니다. 시집을 와서 얼마 되지 않아 시아버지가 돌아가셨습니다. 조금 더 지나서는 남편이 죽습니다. 얼마 지나지 않아서는 남편의 동생마저 죽고 맙니다. 집안에는 과부 셋만 덩그맣게 남았습니다. 당시 사회는 오늘날과 많이 달라서 여자들은 자기 인생을 남자에게 의탁해야 했습니다. 그런 시대에 집안 남자가 다 죽어버렸으니 얼마나 비참합니까? 모압 사람들 입장에서는 하나님을 믿는 이스라엘 사람들이 이교도이므로 룻은 이교도와 결혼한 셈입니다. 그러니 사람들이 뭐라고 수군거렸을까요? "이교도에게 시집을 가더니 어떻게 됐는지 봐라." 얼마나 입방아를 찧었겠습니까? 경제적인 어려움은 물론 그녀의 마음을 힘들게 하는 수많은 짐들이 있었을 것입니다.

그러나 성경에 따르면 룻은 결코 흔들리지 않았습니다. 그녀에게 하나님은 너무나 좋고 사랑 많은 분이었습니다. 그녀의 인생을 가장 좋은 길로 인도하시는 분이었습니다. 비록 눈에 보이지는 않았지만, 환경이 하루아침에 달라지지는 않았지만, 룻은 선하신 하나님을 믿고 따랐습니다. 그 결과 마침내 다윗의 증조할머니가 되는 놀라운 축복을 얻습니다.

성경 66권 가운데 여자의 이름을 따라서 지은 책은 룻기와 에스더 두

권밖에 없습니다. 그나마 에스더는 유대인이었지만 룻은 천한 이방 여인이었습니다. 이 이방 여인의 이름을 따서 성경의 제목이 지어졌고, 그것을 오늘까지 우리가 읽는 놀라운 복을 룻은 누린 것입니다. 룻기를 읽으면서 룻의 믿음과 우리의 믿음을 한번 비교해봅시다.

유대인으로서 평생 하나님을 섬겼던 나오미의 믿음은 오히려 종교적이었습니다. 그녀는 눈에 보이는 것을 중요하게 여겼습니다. 나오미는 하나님의 백성이자 하나님을 아는 사람이었고 주님이 택한 사람이었지만 늘 눈에 보이는 것만 좇았습니다. 환경이 좋으면 하나님을 찬양하고, 환경이 어려우면 불평하고 원망했습니다. 하나님의 백성이었으나 하나님의 뜻대로 살지 못했습니다. 어려운 환경에 눌려서 하나님에 대한 기대와 사랑을 모두 잃어버리고 좌절하며 살았습니다. 그녀가 늘 입에 달고 다니던 말이 있습니다. 1장 13절 하반절을 보십시오.

"여호와의 손이 나를 치셨으므로 나는 너희로 말미암아 더욱 마음이 아프도다 하매."

이어서 1장 21절을 보십시오.

"내가 풍족하게 나갔더니 여호와께서 내게 비어 돌아오게 하셨느니라 여호와께서 나를 징벌하셨고 전능자가 나를 괴롭게 하셨거늘 너희가 어찌 나를 나오미라 부르느냐 하니라."

나오미란 이름은 '우리의 즐거움'이라는 뜻입니다. 여기서 우리는 나오미의 마음속에 무엇이 있었는지 짐작해야 합니다. 그녀는 살아가면서 늘 하나님이 자신을 치셨다고 생각했습니다. "내가 풍족하게 나갔더니"라고 말하고 있지만 과연 그랬습니까? 애초에 그들이 모압 땅으로 이주

해간 것은 가뭄을 피하기 위해서였습니다. 하지만 모압 땅에 가서도 불운한 일이 자꾸 겹치니까 이스라엘 땅에서 어렵게 지냈던 과거가 오히려 풍족했다고 느끼는 것입니다. 이처럼 나오미는 하나님이 자신을 치셨다고 생각하며 살아갔습니다.

나오미와 룻, 두 사람 모두 남편을 잃었습니다. 사실 룻은 더 젊은 나이에 남편을 잃고 똑같이 고생을 했습니다. 그러나 룻의 믿음은 달랐습니다. 성경을 읽으면서 룻과 나오미의 믿음을 한번 비교해보십시오. 여기에 하나님의 메시지가 있습니다. 룻기를 읽으면서 우리의 믿음이 회복되었으면 좋겠습니다.

룻과 보아스의 사랑

룻기의 두 번째 주제는 아름다운 사랑입니다. 바로 보아스와 룻 사이의 사랑입니다. 더 나아간다면 룻과 시어머니 나오미의 사랑입니다. 특별히 보아스와 룻, 이 두 사람은 하나님을 사랑하고 서로를 진심으로 사랑했습니다. 서로 배려하고 솔직했습니다.

3장의 무대 배경인 타작마당에서 보아스는 추수를 마친 후 잔치를 하고나서 곡식 단 옆에서 잠이 듭니다. 추수를 마쳤으니까 뿌듯하고 홀가분했겠지요. 그렇게 편한 마음으로 자고 있는데 한 여인이 다가옵니다. 시어머니의 권유를 받은 룻이 다가와서 보아스가 자는 이불을 들추고 발밑에 누웠습니다. 보아스가 자다가 깨어보니 발치에 웬 여자가 있는 것입니다. 너무 놀라서 누구냐고 물으니 여인이 자신을 룻이라고 대답하며 이렇게 덧붙입니다. "제가 오늘 여기에 온 것은 당신이 우리의 기업 무를 자이기 때문입니다." 룻은 아무하고나 결혼할 수 없었습니다. 남편과 시아버지가 잃어버린 토지를 되찾을 정도의 경제력을 지닌 친척하고만 결혼할 수 있었습니다. 그에 적합한 상대가 바로 보아스였습니다. 그것을 안 시어머니 나오미가 룻의 의중을 떠보았고, 룻은 기꺼이 나오미에게 순종했던 것입니다.

그렇다고 해서 밤중에 여자가 남자의 이불 안으로 들어간 것은 보아스 편에서 볼 때 충분히 의심할 만한 행동입니다. 그러나 3장을 보십시오. 두 사람은 서로 의심하지 않습니다. 룻은 마음을 숨기지 않고 솔직하게 얘기합니다. 그러자 보아스가 이렇게 대답합니다. "사람들이 보면 우리를 오해할지 모르니 조용히 집에 돌아가라. 내가 네가 말한 대로 다 행하리라." 그리고 이렇게 덧붙입니다. "나뿐 아니라 온 동네 사람이 네가 얼마나 현숙한 여인인지 알고 있다. 이런 식으로 내게 오기까지 얼마나 힘들었을지 안다. 그리고 네 진심도 알고 있다."

이런 깊은 대화, 서로에 대한 사랑을 우리는 배워야 합니다. 오늘날 우리가 정말 회복해야 할 부부간의 사랑, 형제간의 사랑이 여기에 나타나 있습니다. 이것이 룻기의 주제입니다. 룻기를 읽는 동안 우리의 사랑이 회복되기를 바랍니다.

룻기의 숨은 주인공

마지막 세 번째 주제는 다름 아닌 아름다우신 하나님입니다. 룻기의 주인공은 바로 하나님입니다. 그러면 하나님은 어느 장면에 나오십니까? 하나님은 룻기 전체의 모든 사건 속에 계십니다. 특별히 나오미는 깨닫지 못했지만 룻과 나오미가 혹독한 어려움을 당하고 있을 때에도 하나님은 그들과 함께 계셨습니다.

룻이 이삭을 주우러 어떤 밭을 찾아가는데, 그곳이 실은 보아스의 밭이었습니다. 아무런 사전 지식 없이 간 곳이 보아스의 밭이었다니 이것이 과연 우연일까요? 아닙니다. 하나님이 룻을 그리로 보내신 것입니다. 하나님은 그들의 인생을 섭리하시고, 세밀하게 인도하고 계셨습니다. 나오미는 모압에서 너무나 끔찍한 일을 당했습니다. 남편을 잃고, 아들 둘을 잃고, 재산까지 잃었습니다. 그러나 그 깜깜한 시간은 밝은 새벽을 위한 전조에 불과했습니다. 그렇습니다. 하나님은 구원받은 당신의 모든 아들딸의 삶을 지금도 세밀하게 돌보며 인도하고 계십니다.

지금 건강을 잃고, 재산을 잃고, 배우자를 잃고, 극심한 어려움 가운데 있다 하더라도 실망할 필요가 없습니다. 왜 그렇습니까? 하나님은 전체 그림을 이미 모두 계획해놓으셨기 때문입니다. 화가는 그림을 그리면서 때로는 어두운 색깔을 사용하는데, 그것은 의도하는 대상을 더 돋보이게 하기 위해서지 그림 전체를 어둡게 하려는 의도가 아닙니다. 하나님은 우리의 인생을 더 밝게 하기 위해서 고난을 사용하십니다. 지금 우리가 겪고 있는 모든 어려움과 이해하지 못할 상황은 저주가 아니라 더 큰 축복을 위한 잠시의 과정일 뿐입니다.

룻기는 어떻게 끝을 맺습니까? 마지막 4장을 보면 베들레헴 여인들의 노래로 끝을 맺습니다. 룻이 낳은 아기를 나오미가 안고 활짝 웃고 있습니다. 그들을 향해 여인들이 이렇게 노래합니다.

"여인들이 나오미에게 이르되 찬송할지로다 여호와께서 오늘 네게 기업 무를 자가 없게 하지 아니하셨도다 이 아이의 이름이 이스라엘 중에 유명하게 되기를 원하노라 이는 네 생명의 회복자이며 네 노년의 봉양자라 곧 너를 사랑하며 일곱 아들보다 귀한 네 며느리가 낳은 자로다 하니라" 룻 4:14-15.

나오미는 그리스도의 조상이 되었습니다. 이제 고통스러운 시간들이 지나고 밝은 미래가 그녀를 기다리고 있습니다. 그녀가 특별히 일곱 아들보다 더 나은 며느리 룻을 통해 하나님의 축복을 받았다고 여인들은 찬양합니다. 베들레헴에 있는 모든 관객들이 나오미의 삶을 지켜보면서 "나도 나오미와 같이 복을 받고 싶다"고 하며 부러워하는 장면으로 성경은 끝을 맺습니다.

이것은 비단 나오미와 룻만의 이야기가 아닙니다. 하나님은 바로 우리를 위해 이 말씀을 기록하셨습니다. 우리가 이 말씀처럼 아름다운 믿음을 가지고, 아름다운 사랑을 나누며, 아름다운 하나님을 좇아갈 때 우리의 삶을 보고 주위 사람들이 부러워하며 주님을 찬양하는 일들이 후대에 이르도록 계속해서 일어날 줄 믿습니다.

19장

어두움을 비추는 말

룻기 1:16-17

룻기에는 사사 시대의 어두움을 환히 밝히는 보석이 들어 있습니다.
바로 룻기의 주인공들이 하는 말입니다. 그 말들에 초점을 맞추어
룻기를 읽어봅시다. 은혜 되는 구절마다 밑줄을 그어봅시다.
우리가 배워야 할 말들이 많습니다.

룻이 이르되 내게 어머니를 떠나며 어머니를 따르지 말고 돌아가라 강권하지 마옵소서 어머니께서 가시는 곳에 나도 가고 어머니께서 머무시는 곳에서 나도 머물겠나이다 어머니의 백성이 나의 백성이 되고 어머니의 하나님이 나의 하나님이 되시리니 어머니께서 죽으시는 곳에서 나도 죽어 거기 묻힐 것이라 만일 내가 죽는 일 외에 어머니를 떠나면 여호와께서 내게 벌을 내리시고 더 내리시기를 원하나이다 하는지라 (룻 1:16-17).

작은 시골 성당에서 한 소년이 주일 미사를 돕고 있었습니다. 소년은 너무 당황을 했는지 그만 성찬식에 쓸 포도주를 떨어뜨리고 말았습니다. 천주교에서는 성찬용 포도주가 기도하는 순간 예수님의 피가 된다고 믿기 때문에 이것을 굉장히 중요하게 생각합니다. 그것을 본 신부가 소년의 뺨을 때리며 다시는 이 자리에 얼씬도 말라고 야단을 쳤습니다. 이 소년은 훗날 장성하여 하나님을 극렬하게 적대하는 공산주의 지도자가 됩니다. 그가 바로 유고슬라비아의 티토 대통령입니다.

비슷한 시기에 다른 성당에서도 똑같은 일이 일어났습니다. 미사를 돕던 한 소년이 역시 성찬용 포도주를 떨어뜨립니다. 그 당시에는 주로 소년들이 미사를 도왔습니다. 소년은 너무 놀라서 야단을 맞기도 전에 눈물을 글썽였습니다. 그러자 미사를 집전하던 신부가 다가와서 소년을 꼭 안아주면서 "괜찮아. 나도 너만 할 때 그런 실수를 종종 했단다" 하며 위로해주었습니다. 훗날 이 소년은 유명한 대주교가 되었습니다. 그가 바로 풀턴 쉰 대주교입니다.

한 사람의 말이 그들의 운명을 갈라놓았습니다. 제가 목회를 하면서 발견한 것 중 하나는 성도들의 상처 대부분이 말로 인해 생긴 것이라는 사실입니다.

어느 날 한 집사님이 아버지의 장례를 마치고나서 저를 찾아와 생전에 아버지께 들었던 말 때문에 상처 받은 일을 털어놓으며 엉엉 우셨습니다. 대학 시험에 떨어진 날 아버지가 술을 마시고 들어와 이렇게 말했다고 합니다. "야, 이놈아. 나가 죽어. 넌 내 아들도 아니야." 술에 취해서 한 소리였지만 그 말이 못이 되어 가슴에 박히더랍니다. 예수님을 믿고 나서 아버지에게 그 말을 하고 묵은 상처를 청산해야지 마음먹었는데 차마 말을 못 꺼내고 차일피일 미루기만 하다가 그만 아버지가 심장마비로 갑자기 돌아가신 것입니다. 마흔 중반에 이르도록 마음의 상처를 해결하지 못한 그 집사님은 제가 기도하는 동안 어린애처럼 펑펑 우셨습니다.

성경은 말의 중요성에 대해 이렇게 말하고 있습니다.

"죽고 사는 것이 혀의 힘에 달렸나니" 잠 18:21 상.

얼마나 짧고도 정확한 말씀입니까? 죽고 사는 것이 혀의 권세에 달렸다고 하나님은 말씀하십니다. 우리의 말이 사람을 죽이기도 하고 살리기도 한다는 것입니다. 다시 말하면, 내 말이 배우자와 자녀와 주위 형제들을 죽음으로 몰아넣는가 하면 그들에게 생기를 불어넣을 수도 있다는 뜻입니다. 이 땅에 사는 동안 우리는 어떻게 말해야 할까요? 우리가 정말 구원받은 자라면 말부터 달라져야 한다고 성경은 거듭 강조합니다.

그러면 구원을 받은 사람은 어떻게 말해야 합니까? 룻기에는 사사 시대의 어두움을 환하게 비춰주는 보석이 들어 있습니다. 다름 아닌 룻기의 주인공들이 하는 말들입니다. 그 말들에 초점을 맞추어 룻기를 읽어보십시오. 은혜가 되는 구절마다 밑줄을 그어보십시오. 우리가 배워야 할 말들이 얼마나 많은지 모릅니다.

사람을 살리는 헌신의 말

먼저, 구원받은 우리가 해야 할 말은 헌신의 말입니다. 룻기에는 네 부류의 인물이 등장합니다. 룻과 보아스, 룻의 시어머니 나오미, 그리고 그들의 삶을 옆에서 지켜보는 베들레헴 사람들. 그 가운데 맨 처음 등장하는 나오미의 형편을 성경은 이렇게 요약하고 있습니다.

"나오미의 남편 엘리멜렉이 죽고 나오미와 그의 두 아들이 남았으며 그들은 모압 여자 중에서 그들의 아내를 맞이하였는데 하나의 이름은 오르바요 하나의 이름은 룻이더라 그들이 거기에 거주한 지 십 년쯤에 말론과 기룐 두 사람이 다 죽고 그 여인은 두 아들과 남편의 뒤에 남았더라" 룻 1:3-5.

얼마나 기막힌 상황입니까? 약속의 땅에 흉년이 들자 나오미와 엘리멜렉은 이를 피해 모압 땅으로 떠납니다. 그런데 그 땅으로 옮겨간 지 얼마 되지 않아서 남편 엘리멜렉이 죽고 맙니다. 가슴이 무너져 내렸지만 그래도 아직 두 아들이 있습니다. 그러나 설상가상으로 두 아들마저 후손도 남기지 못한 채 죽고 맙니다. 이제 나오미가 기댈 수 있는 사람은 아무도 없습니다. 며느리가 둘이 있지만 생계를 남자에게만 의지하던 당시에 여자 셋이서 무엇을 할 수 있었겠습니까?

모든 것을 잃어버린 나오미는 이제 고향으로 돌아갑니다. 남편과 두 아들을 잃고 재산마저 다 잃어버린 나오미에게 무슨 희망이 남아 있겠습니까? 나오미는 고향으로 돌아가면서 자신을 따라오겠다고 하는 모압 출신의 며느리들에게 친정으로 돌아가라고 말합니다.

"나오미가 이르되 내 딸들아 돌아가라 너희가 어찌 나와 함께 가려느냐 내 태중에 너희의 남편 될 아들들이 아직 있느냐" 룻 1:11.

그 당시에는 형이 결혼해서 후손을 갖지 못하고 죽으면 동생이 형수와 결혼해서 후손을 보는 것이 관습이었습니다. 그런데 두 며느리 모두 후손 없이 과부가 되어서 자기를 따라오려고 하니 나오미가 이렇게 얘기하는 것입니다. "내 몸을 봐라. 나이가 많아 이렇게 늙었는데 누가 나를 데려가겠느냐? 데려간다고 해도 내가 아이를 낳을 수 있겠느냐? 낳는다고 해도 너희들이 그 아이가 자라도록 긴 시간을 어떻게 기다리겠느냐? 얘들아, 도저히 희망이 없다. 너희가 나를 따라올 이유가 없다. 이제 우리 집안은 끝났다. 친정으로 돌아가거라."

자신의 딱한 상황을 며느리에게 설명하는 나오미의 심정은 어떠했겠습니까? 아마 만 갈래로 찢어졌을 것입니다. 먹고살기 힘들어 고향을 버리고 먼 이국으로 떠나갔던 이민 생활. 자리를 잡기도 전에 남편이 몸져누워버렸습니다. 남편 간호하면서 두 아들을 키우느라 얼마나 고생했겠습니까? 그 와중에 두 아들을 겨우 키워내 이제 그들을 의지하며 살아야겠다고 생각했는데 이게 웬일입니까? 청천벽력 같은 일이 일어났습니다. 아들 둘이 모두 죽은 것입니다. 무엇보다 나오미를 힘들게 한 것은 자신의 마음이었습니다. 세상뿐만 아니라 하나님께도 버림받았다는 생각이 그녀를 괴롭혔습니다. 1장 13절에서 나오미는 이렇게 말합니다.

"여호와의 손이 나를 치셨으므로 나는 너희로 말미암아 더욱 마음이 아프도다 하매."

무슨 말입니까? "하나님이 나를 치셨다. 너희를 바라보면 하나님이 우리 집안을 치셨다는 사실이 너무나 분명하게 느껴져 마음이 아프다. 그러니 얘들아, 돌아가거라." 이것이 나오미의 심정이었습니다. 살아 있지만 사는 게 아니었을 것입니다. 그 말을 듣고 맏며느리 오르바는 친정으로 돌아갑니다. 그러나 둘째 며느리 룻은 뭐라고 대답합니까?

"룻이 이르되 내게 어머니를 떠나며 어머니를 따르지 말고 돌아가라 강권하지 마옵소서 어머니께서 가시는 곳에 나도 가고 어머니께서 머무시는 곳에서 나도 머물겠나이다 어머니의 백성이 나의 백성이 되고 어머니의 하나님이 나의 하나님이 되시리니 어머니께서 죽으시는 곳에서 나도 죽어 거기 묻힐 것이라 만일 내가 죽는 일 외에 어머니를 떠나면 여호와께서 내게 벌을 내리시고 더 내리시기를 원하나이다 하는지라" 룻 1:16-17.

두 사람의 미래는 어떻게 될지 모릅니다. 룻이 지금은 이렇게 말하지만 앞으로 태도가 달라질지도 모릅니다. 하지만 이 말 한마디로 나오미가 얼마나 위로를 얻었겠습니까? 남편도, 아들도, 하나님도 나를 버리고 이제 내 인생에는 아무런 희망이 없다고 좌절하던 나오미에게 이방 여인 룻이 말합니다. "제가 어머니와 함께하겠습니다. 죽도록 어머니를 봉양하겠습니다." 모르기는 몰라도 나오미는 이 말을 들으며 가뭄으로 갈라진 논에 물이 스며들 듯 위로를 얻었을 것입니다.

오늘 우리에게는 이런 헌신의 말이 필요합니다. 참사랑의 말이 필요합니다. 우리 시대는 사사 시대와 같은 암흑 시대입니다. 우리 시대의 특징 중 하나가 무엇입니까? 헌신이 사라진 시대라는 데 모두가 공감합니다. 주위를 둘러봅시다. 모든 것의 우선순위가 자기 자신입니다. 내 유익, 내 형편, 내 편안함, 내 즐거움, 내 성공, 내 안일을 위해서는 모든 것을 버릴 수 있습니다. 과거에는 상상도 못하던 일들이 오늘날 벌어지고 있습니다. 배우자도 버리고, 부모도 버리고, 자녀도 버리고, 교회도 버리고, 심지어 하나님도 버립니다. 현 시대를 포스트모더니즘 사회라고 합니다. 절대적인 기준이라고는 아무것도 없이 나를 위해서, 내 편안을 위해서라면 무엇이든지 버릴 수 있는 사회, 헌신이 사라진 사회에 우리는 살고 있습니다.

우리가 하고 있는 말들을 한번 살펴봅시다. 우리는 주위 사람들에게 어떤 말을 심어놓았을까요? 수많은 암시와 말을 통해 내 뜻에 거슬리면 언제라도 너와의 관계를 청산할 준비가 되어 있다는 뜻을 내비치면서 그들을 불안하게 하지는 않습니까? 이것이 오늘날 우리의 자화상입니다.

IMF 때 버림받은 아이들을 돌보는 고아원에서 봉사하는 교수님을 만난 적이 있습니다. 그 교수님은 이렇게 말씀했습니다. "버림받은 아이들에게 여러 가지 문제가 있지만 그중에서도 가장 심각한 문제는 사람을 믿지 못하는 것입니다." 그분은 앞으로 이 아이들이 자라서 어떻게 될지 걱정된다고 하셨습니다.

왜 그렇게 됐을까요? IMF 때 고아원마다 아이들로 가득했습니다. 그런데 그 아이들은 정말 부모 없는 고아들이 아니라 부모가 버젓이 살아 있었던 것이었습니다. 경제적인 어려움 때문에 부모가 이혼한 후 아이를 고아원에 맡기고 일주일이나 한 달 뒤에 다시 찾으러 오겠다고 약속하고 떠났다가 다시 나타나지 않은 것입니다. 이제 그 아이들은 무슨 이야기를 해도 절대로 사람을 믿지 않는다고 합니다.

오늘 우리에게 필요한 것은 서로에 대한 헌신입니다. 진심에서 우러나온 헌신의 말과 격려가 필요합니다. 우리는 지금 너무나도 어두운 시대에 살고 있습니다. 디모데후서 3장은 이 시대를 이미 예언했습니다.

"배신하며 조급하며 자만하며 쾌락을 사랑하기를 하나님 사랑하는 것보다 더하며" 딤후 3:4.

신의를 하루아침에 저버리는 일이 다반사로 일어나는 세상, 지금 이 시대가 바로 사사 시대요 암흑 시대입니다. 이때야말로 헌신의 말이 필요합니다.

사람을 세우는 솔직한 말

두 번째, 우리가 해야 할 말은 솔직한 말입니다.

"이르되 네가 누구냐 하니 대답하되 나는 당신의 여종 룻이오니 당신의 옷자락을 펴 당신의 여종을 덮으소서 이는 당신이 기업을 무를 자가 됨이니이다 하니" 룻 3:9.

앞서 고엘이라는 관습에 대해 말했습니다. 어떤 사람이 경제적인 어려움 때문에 땅을 팔면 친척 중 누군가가 그 땅을 도로 사서 되돌려주는 관습입니다. 나오미는 며느리 룻을 보아스에게 시집보내기로 마음을 먹습니다. 그래서 며느리를 설득했고, 착한 며느리는 시어머니의 말을 따르기로 합니다. 나오미가 룻에게 이스라엘의 풍습을 설명해주고 어떻게 행동해야 할지 가르쳐주었습니다. "오늘 밤에 목욕을 깨끗이 하고 화장을 하고 이러저러하게 행하여라."

그날 밤 보아스는 타작을 끝내고 기분이 좋아서 집에 들어가지 않고 곡식 단 옆에 짚을 펴고 이불을 덮고 자고 있었습니다. 그런데 룻이 자고 있는 보아스의 발치의 이불을 살짝 들추더니 같이 눕습니다. 보아스가 자다가 깨어서 웬 여자가 발치에 있는 것을 보고 얼마나 놀랐겠습니까? 누구냐고 묻자 룻은 이렇게 대답합니다. "제 이름은 룻입니다. 당신의 옷자락을 펴서 이 소녀를 덮어주십시오. 당신은 우리의 기업 무를 자입니다." 완곡한 표현이지만 룻은 지금 "저를 받아주세요"라고 말하는 것입니다. 즉, 결혼 신청을 하고 있습니다. 이것은 말처럼 쉬운 일이 아닙니다. 본문에 나오는 룻을 보면 현숙하고 믿음도 있지만 한편으로는 굉장히 담대합니다. 아니 솔직합니다. 자신의 마음을 빙빙 돌리지 않고 솔직하게 표현합니다.

어려운 이야기일수록 솔직하게 말해야 합니다. 우리나라 사람들이 조금 더 개선해야 할 점이 있다면 솔직하게 말하는 것이 아닐까 생각합니다. 우리 문화는 체면의 문화입니다. 예를 들어, 남의 집에서 밥을 먹을 때 주인이 더 먹으라고 권해도 괜찮다며 사양하는 것을 예의라고 생각합니다. 겉으로 하는 말로는 상대방의 의중을 알아차리기 힘듭니다. 그래서 감으로 알아차립니다. 그런데 감이라는 것이 사람마다 달라서 쓸데없는 오해와 불편한 관계가 생길 수 있습니다. 체면을 중시하는 것이 남을 배려하고 자존심을 지키는 면에서 좋을 수 있지만 자칫 잘못하면 겉과

속이 다른, 그래서 위선적인 문화가 될 수 있습니다.

누군가가 잘못된 행동을 하고 있다는 판단이 들면 어떻게 해야 합니까? 성경은 솔직하게 그 사람과 일대일로 대면해서 권면하라고 말합니다. 하지만 우리는 체면 때문에 그렇게 하지 못합니다. 대신 뒤에서 이러쿵저러쿵 말이 많습니다. 그러는 동안 진심은 사라지고 그 말이 엉뚱하게 번져서 당사자의 귀에 들어갑니다. 애초에 걱정해서 한 말이 오히려 나중에 두 사람의 관계를 어렵게 하고 오해를 만듭니다. 주님은 그렇게 하지 말고 룻의 본을 좇으라고 말씀합니다. 물론 어려운 일입니다. 하지만 대면하여 솔직하게 말할 수 있어야 합니다. 마태복음 5장에서 주님은 이렇게 말씀합니다.

"오직 너희 말은 옳다 옳다, 아니라 아니라 하라 이에서 지나는 것은 악으로부터 나느니라" 마 5:37.

한마디로 헛된 맹세를 하지 말라는 것입니다. 솔직하게 말하라는 것입니다. '정말로', '진짜로' 라는 말을 보태지 않더라도 솔직하게 말하면 진짜가 됩니다. 그것이 그리스도인으로서 해야 할 말입니다.

제가 목회하면서 가장 고마운 사람은 누구일까요? 제게 늘 칭찬만 하는 사람일까요? 물론 칭찬을 들으면 좋지만 고맙지만은 않습니다. 정말 고마운 사람은 미처 몰랐던 저의 부족한 점을 기도한 후에 찾아와서 말해주는 분입니다. 그런 분은 그렇게 고마울 수 없습니다. 우리 사이에 솔직한 말이 오고 가기를 바랍니다. 옆의 형제가 잘못하는 것을 보면 찾아가십시오. 누구 때문에 마음이 불편하다면 솔직하게 예의를 갖춰서 말해 보십시오.

룻은 복잡하게 얽힐 수 있는 상황을 이렇게 해결했습니다. 룻은 과부였고 보아스는 홀아비였습니다. 잘못하면 좋지 않은 소문이 떠돌 수도 있는 상황이었습니다. 그 점을 알고 있던 룻은 솔직하게 마음을 드러냈습니다. 그리스도인이란 솔직해서 누구든 그의 말을 믿을 수 있는 사람이어야 합니다.

사람을 헤아리는 배려의 말

세 번째, 우리가 해야 할 말은 배려의 말입니다. 룻이 솔직하게 말하자 보아스는 이렇게 답합니다.

"그가 이르되 내 딸아 여호와께서 네게 복 주시기를 원하노라 네가 가난하건 부하건 젊은 자를 따르지 아니하였으니 네가 베푼 인애가 처음보다 나중이 더하도다"룻 3:10.

"너의 베푼 인애가 처음보다 나중이 더하도다. 네가 시어머니를 섬긴 일이 인애라면 그것보다 지금 나에게 솔직하게 청혼하는 것이 더 큰 인애다"라고 칭찬하고 있는 것입니다.

이 대목에서 보아스가 말을 조금만 잘못하면 룻에게 큰 상처를 줄 수 있었습니다. 보아스가 체면을 차린다고 "아무리 전후 사정이 그렇다 하더라도 여자가 어디 남자 이불 안에 들어올 수가 있느냐?" 하면서 야단을 쳤더라면 룻이 얼마나 상처를 받았겠습니까? 하지만 보아스는 그렇게 하지 않았습니다.

지금보다 훨씬 더 법과 전통을 중요시하던 그 시대에 나이도 많고 점 잖은 보아스가 지금 어떻게 말하고 있습니까? 먼저 룻의 마음을 헤아립니다. 어떻게 보면 당돌할 수도 있는 여인의 마음을 먼저 헤아립니다. 그리고 칭찬합니다. "너의 인애가 더하도다." 보아스는 룻을 배려하는 말을 하고 이렇게 덧붙입니다.

"그리고 이제 내 딸아 두려워하지 말라 내가 네 말대로 네게 다 행하리라 네가 현숙한 여자인 줄을 나의 성읍 백성이 다 아느니라" 룻 3:11.

부끄러움을 무릅쓰고 찾아온 여인에게 "네가 현숙한 것을 나뿐만 아니라 온 동네가 다 안다"라고 말해주니 얼마나 지혜롭습니까? 룻을 지극히 배려한 말입니다. 솔직함은 무례함을 뜻하지 않습니다. 말은 반드시 예의 있게 해야 합니다. 우리는 늘 양극단을 달립니다. 솔직하게 말하는 사람은 거의가 다 무례합니다. 그러고는 솔직해서 그렇다고 합니다. 솔직하게 말한답시고 상대방에게 상처를 주었다면 그것은 솔직한 것이 아니라 무례한 것입니다. 성경은 솔직한 말뿐 아니라 배려하는 말 역시 강조하고 있습니다. 보아스의 따뜻한 말을 듣고 룻은 그에게 마음이 기울게 됩니다. 비록 나이 차이가 많이 나지만 이런 남자를 어떻게 사랑하지 않을 수 있겠습니까?

사람을 풍요롭게 하는 축복의 말

마지막으로, 본문이 강조하는 말은 축복의 말입니다.

"여호와께서 네가 행한 일에 보답하시기를 원하며 이스라엘의 하나님 여호와께서 그의 날개 아래에 보호를 받으러 온 네게 온전한 상 주시기를 원하노라 하는지라"룻 2:12.

가난에 쪼들려서 보아스의 밭에서 이삭을 줍고 있던 룻에게 보아스가 한 말입니다.

다른 구절을 하나 봅시다.

"나오미가 자기 며느리에게 이르되 그가 여호와로부터 복 받기를 원하노라"룻 2:20 상.

이것은 보아스가 베푼 호의를 룻에게서 전해 듣고 나오미가 그를 축복하는 내용입니다.

이어서 3장에도 축복의 말이 나옵니다.

"그가 이르되 내 딸아 여호와께서 네게 복 주시기를 원하노라"룻 3:10 상.

4장에서는 보아스와 룻 사이에 태어난 아이를 안고 있는 나오미에게 동네 여인들이 축복하는 장면이 나옵니다.

"여인들이 나오미에게 이르되 찬송할지로다 여호와께서 오늘 네게 기업 무를 자가 없게 하지 아니하셨도다 이 아이의 이름이 이스라엘 중에 유명하게 되기를 원하노라"룻 4:14.

우리 가정과 교회와 사회에 이런 말이 가득하다면 설령 물질적으로 부유하지 못하다 하더라도 그곳에는 평안과 행복이 있을 것입니다. 우리는 그런 곳을 만들 수 있습니다. 그 일을 위해 하나님이 우리를 부르셨습니다. 이 말씀을 듣고 우리의 말을 다스립시다. 다른 사람을 축복하는 말, 다른 사람을 배려하고 세워주는 말, 솔직한 말을 습관화합시다. 그래서 우리 모두가 이 말씀 앞에 마음을 열고 가정과 사회에 복을 끼치는 하나님의 도구가 될 수 있기를 바랍니다.

20장
어두움을 비추는 눈

룻기 1:19-22

인생을 살아가는 데 중요한 것 중 하나가 눈입니다.
어떤 눈을 가지고 사느냐에 따라 인생이 달라지기 때문입니다.
나오미의 눈과 룻의 눈을 통해 이 땅에서 우리가 가지고
살아야 할 마음의 눈이 무엇인지 알 수 있습니다.

이에 그 두 사람이 베들레헴까지 갔더라 베들레헴에 이를 때에 온 성읍이 그들로 말미암아 떠들며 이르기를 이이가 나오미냐 하는지라 나오미가 그들에게 이르되 나를 나오미라 부르지 말고 나를 마라라 부르라 이는 전능자가 나를 심히 괴롭게 하셨음이니라 내가 풍족하게 나갔더니 여호와께서 내게 비어 돌아오게 하셨느니라 여호와께서 나를 징벌하셨고 전능자가 나를 괴롭게 하셨거늘 너희가 어찌 나를 나오미라 부르느냐 하니라 나오미가 모압 지방에서 그의 며느리 모압 여인 룻과 함께 돌아왔는데 그들이 보리 추수 시작할 때에 베들레헴에 이르렀더라(룻 1:19-22).

얼마 전 〈뉴욕타임스〉지에 펜실베이니아 대학의 심리학과 길슨 교수Dr. Gilson의 실험 결과가 실려서 많은 사람의 이목을 끌었습니다. 길슨 교수는 환하게 웃는 얼굴과 불행해 보이는 얼굴 두 가지를 살짝 겹치게 그려놓고 그것을 사람들에게 보여주었습니다. 그런데 놀랍게도 그림을 본 사람들의 반응이 극명하게 둘로 나뉘었습니다. 똑같은 그림을 보았는데도 어떤 사람들은 웃는 얼굴이라고 말한 반면, 어떤 사람들은 불행한 얼굴이라고 주장했습니다. 어떤 사람들에게는 웃는 얼굴이 전혀 보이지 않고 슬픈 얼굴만 보인 것입니다.

길슨 교수는 이것을 인식의 차단cognitive blockade이라는 말로 설명했습니다. 그의 연구에 의하면 자신과 세상을 보는 태도에 따라 눈에 들어오는 그림이 결정된다고 합니다. 자기 인생이 슬프고 불행하다고 생각하는 사람은 두 그림 가운데 슬픈 그림만 보는 것입니다. 인식이 차단되어 있기 때문입니다. 인생이 행복하다고 느끼는 사람의 눈에는 슬픈 그림은 들어오지 않고 행복한 그림만 보입니다.

인생을 살아가는 데 중요한 것이 여럿 있지만 그 중 하나가 '눈'입니다. 어떤 눈을 가지고 살아가느냐가 중요합니다. 예수님은 눈의 중요성에 대해 일찍이 이렇게 말씀해주셨습니다.

"눈은 몸의 등불이니 그러므로 네 눈이 성하면 온 몸이 밝을 것이요 눈이 나쁘면 온 몸이 어두울 것이니 그러므로 네게 있는 빛이 어두우면 그 어둠이 얼마나 더하겠느냐"마 6:22.

예수님은 이 말씀을 하실 때 눈이라는 단어를 복수가 아닌 단수로 쓰셨습니다. 애꾸눈이 아니라 우리 마음의 눈을 두고 말씀하신 것입니다. 즉, 우리의 관점을 가리키셨습니다. "마음의 눈이, 곧 관점이 어두우면 네 인생에 다가오는 어둠이 얼마나 심하겠느냐?" 어떤 관점을 가지고 사느냐에 따라 우리의 인생이 결정된다는 말씀입니다. 마음의 눈이 잘못되어 있다면 평생 불행 가운데 살아갈 수밖에 없습니다.

룻기에는 눈이 다른 두 여인이 등장합니다. 나오미와 룻입니다. 두 사람은 똑같은 환경에 처했음에도 불구하고 그 반응은 너무나도 달랐습니다. 저자는 이 두 사람을 대조하며 중요한 메시지를 던져주고 있습니다. 룻기를 읽을 때 이 두 사람의 눈을 자세히 관찰해보십시오. 두 사람의 눈 가운데 당신의 눈은 누구와 닮았는지 한번 대입해보십시오.

우리 모두는 그 두 사람 중 한 사람의 눈을 가지고 세상을 살아갑니다. 우리는 어떤 눈을 가져야 할까요? 하나님은 이 땅을 사는 동안 우리 그리스도인들이 어떤 마음의 눈을 가지고 살기를 원하실까요?

나오미의 눈

먼저, 나오미의 눈을 살펴보십시오. 룻기에는 나오미의 눈을 보여주는 몇몇 대목들이 등장하는데 그 가운데 하나가 1장 13절 하반절입니다.

"여호와의 손이 나를 치셨으므로 나는 너희로 말미암아 더욱 마음이 아프도다."

우리말 성경에는 '너희 때문에 마음이 아프다'고 되어 있지만 사실 히브리어 원어를 보면 '나는 너희보다 훨씬 더 마음이 아프다'는 말입니다. 이것이 나오미의 눈이었습니다. 그녀는 자신이 이 세상에서 가장 큰 고통을 당하고 있다고 생각했습니다. 그래서 며느리들에게 이렇게 말합니다. "너희도 고통스럽겠지만 내 마음은 훨씬 더 하다. 내 고통이 더 크다." 과연 이것이 사실일까요? 그렇지 않습니다. 며느리들인 오르바와 룻이 당한 고통이 어찌 나오미만 못하겠습니까? 그 여인들 역시 시집온 지 얼마 되지 않아서 과부가 되었습니다. 그것도 나오미보다 훨씬 젊은 나이에 남편을 잃었습니다. 그러나 나오미는 며느리들의 고통은 안중에 없고 자기만큼 세상에서 고통당하고 있는 사람도 없다는 생각을 하며 살고 있습니다. 그뿐 아니라 하나님이 자신을 치셨다고 믿고 있습니다.

"이에 그 두 사람이 베들레헴까지 갔더라 베들레헴에 이를 때에 온 성읍이 그들로 말미암아 떠들며 이르기를 이이가 나오미냐 하는지라" 룻 1:19.

나오미가 타국으로 떠난 지 10여 년 만에 고향으로 돌아왔더니 고향 사람들이 몰라봅니다. 아마 얼굴도 많이 상하고 나이에 비해 더 늙어 보였겠지요. 잘못된 마음의 눈을 가지고 사니 그 인생이 얼마나 힘들었겠습니까?

"이이가 나오미냐 하는지라 나오미가 그들에게 이르되 나를 나오미라 부르지 말고 나를 마라라 부르라 이는 전능자가 나를 심히 괴롭게 하셨음이니라"룻 1:19 하-20.

나오미는 '즐거움' 이라는 뜻이고 마라는 '괴로움' 이라는 뜻입니다.

"내가 풍족하게 나갔더니 여호와께서 내게 비어 돌아오게 하셨느니라 여호와께서 나를 징벌하셨고 전능자가 나를 괴롭게 하셨거늘 너희가 어찌 나를 나오미라 부르느냐 하니라"룻 1:21.

하나님이 우리를 치십니까? 그렇습니다. 우리가 잘못했음에도 불구하고 징계가 없다면 그것은 우리가 하나님의 아들이 아니라는 증거입니다. 그래서 히브리서 기자는 이렇게 말합니다.

"하나님이 아들과 같이 너희를 대우하시나니 어찌 아버지가 징계하지 않는 아들이 있으리요 징계는 다 받는 것이거늘 너희에게 없으면 사생자요 친아들이 아니니라"히 12:7 하-8.

하나님은 우리가 잘못할 때 부득이하게 회초리를 드십니다. 그렇다고 우리에게 찾아오는 고난이 모두 하나님의 징계는 아닙니다. 종종 하나님은 더 큰 복을 주기 위해, 우리의 믿음을 성숙시키기 위해 고난을 허락하십니다. 나오미에게 다가온 것은 바로 이런 성격의 고난이었습니다. 하나님은 망하라고 우리를 때리지는 않으십니다.

그러면 잘못을 바로잡기 위해서가 아니라 축복하기 위해서 고난이 찾아올 때 우리는 어떻게 해야 합니까? 야고보 사도는 이럴 경우 어떤 태도를 가져야 할지 말합니다.

"내 형제들아 너희가 여러 가지 시험을 당하거든 온전히 기쁘게 여기라"약 1:2.

시험을 기쁘게 여길 수 있어야 합니다. 우리에게 그런 눈이 있어야 합니다. 어떻게 하면 고난 중에도 기뻐할 수 있을까요? 비결은 한 가지뿐입니다. 우리에게 닥친 고난의 성격을 꿰뚫어 보는 올바른 눈이 있어야 합니다. 신실한 하나님을 신뢰하고 인내로 기다려야 합니다. 하나님이 그릇을 넓히신 다음에 나를 축복하실 것이라는 믿음의 눈을 가질 때 우리는 고난 속에서도 기다리며 기뻐할 수 있습니다.

불행히도 나오미에게는 그런 눈이 없었습니다. 그래서 고난 앞에서 낙심하며 주저앉아버렸습니다. 하나님께 미움을 받는다고 생각했습니다. 전능자가 자신을 괴롭힌다고 생각했습니다.

본문에는 나오미의 눈이 잘못되었음을 보여주는 훨씬 더 구체적인 대목이 나옵니다.

"나오미가 또 이르되 보라 네 동서는 그의 백성과 그의 신들에게로 돌아가나니 너도 너의 동서를 따라 돌아가라 하니"룻 1:15.

나오미의 권유에 맏며느리 오르바는 모압으로 돌아갔습니다. 지금 나오미는 룻에게도 돌아가라고 회유하고 있습니다. 지금 나오미가 무슨 일을 하고 있는지 알겠습니까? 이것이 연극의 한 장면이라면 관객들은 이렇게 소리치고 싶을 것입니다. "나오미, 그러지 마세요. 그렇게 말하면 안 됩니다!" 나오미는 룻이 미워서가 아니라 그녀를 위해서 고향으로 돌아가라고 말했겠지만, 그 말의 실제 의미를 자세히 묵상해본 적이 있습니까?

룻은 이방 여인이지만 하나님의 섭리 아래서 나오미를 만났습니다. 그의 아들과 결혼한 후 룻은 하나님을 뜨겁게 만나서 구원받은 백성이 되었습니다. 그런데 지금 나오미는 구원받은 백성인 룻에게 고향으로 돌아가라고 합니다. 다시 말하면, 너희 고향으로 돌아가서 과거에 섬기던 이방 신을 섬기라고 말하고 있는 것입니다.

믿는 사람이 어떻게 이렇게 말할 수 있습니까? 그것은 바로 나오미의 눈 때문이었습니다. 어떤 눈입니까? 하나님의 나라보다 이 세상이 더 중요하다고 생각하는 눈입니다. 나오미에게는 생활 형편이 신앙보다 더 중요했습니다. 오랫동안 고난을 겪으면서 자기도 모르게 생각이 굳어진 것입니다. 자신이 하나님의 백성인 줄은 알고 있었지만 고난을 올바로 이해하지 못해서 생각의 눈이 삐뚤어진 것입니다. '뭐니 뭐니 해도 돈이 최고다. 현실적인 여건이 최고야. 고생하지 않고 사는 게 최고야' 하는 생각에 사로잡혀 있습니다. 그래서 지금 며느리 룻에게 돌아가라고 말하는 것입니다.

나오미는 분명히 구원받은 하나님의 백성이었지만 오랜 어려움을 겪으면서 마음속에 자신도 모르게 세상적인 가치관이 들어찼던 것입니다. 그녀에게 축복과 저주의 기준은 이 땅에서 누리는 안락한 삶이었습니다. 나오미는 왜 룻에게 돌아가라고 권유했을까요? 하나님보다 현실적인 여건이 더 중요하다고 생각했기 때문입니다. 그러나 룻이 모압으로 돌아가면 어떻게 됩니까? 하나님을 떠나 다시 이방 신을 섬길 것이며 그 결과는 영적인 죽음입니다. 그럼에도 나오미는 며느리에게 고향으로 돌아가라고 권유하고 있습니다. 성경은 이것이 우리 그리스도인들의 눈일 수 있다고 경고합니다. 실제로 우리 주위에 그런 그리스도인들이 얼마나 많은지 모릅니다.

여기서 우리는 나오미에 대해 조심스러운 태도를 가져야 합니다. 영화나 연극을 보면 주인공이 나오고, 그 주인공과 상반되는 인물이 한 사람 등장합니다. 그러면 우리는 보통 주인공 편이 되어서 주인공을 응원합니다. 룻기의 주인공은 룻입니다. 그래서 우리는 룻을 좋아하고 그녀처럼 되고자 애씁니다. 맞습니다. 그렇게 해야 합니다. 그렇다면 나오미는 우리의 적인가요? 그렇지 않습니다.

하나님은 룻기를 통해 나오미의 모습이 바로 우리의 모습임을 말씀하고자 하실 뿐입니다. 우리 역시 주위 환경이 힘들다 싶으면 룻보다는 나오미처럼 행동하기 쉽습니다. 그런 면에서 나오미는 우리의 거울입니다. 하나님보다 이 세상을, 영적인 것보다 물질을 더 중요하게 생각하며 산다는 점에서 나오미는 우리의 분신이라 해도 과언이 아닙니다.

우리는 얼마나 자주 나오미처럼 행동하는지 모릅니다. 병이 들거나 경제적인 어려움이 찾아오면 자기 문제에만 전전긍긍해서 다른 사람을 돌아볼 엄두조차 내지 못합니다. 이 세상에서, 교회에서 자기만 가장 큰 고난을 겪고 있다고 생각하면서 자기 연민에 빠집니다. 그래서 주위 사람들에게 따뜻한 눈길을 받지 못하면 서운한 마음을 품습니다. 목회자에게 서운해하고, 성도들에게 서운해하고, 한술 더 떠서 하나님께 버림받았다고 생각하며 좌절하고 맙니다. '그래, 하나님이 나 같은 것을 사랑하실 리가 없지'라고 생각하면서 과거에 지은 잘못들을 몽땅 떠올립니다. '그래, 내가 하나님이라도 그런 죄는 용서 못하지'라고 지레짐작하면서 하나님을 격하시킵니다.

　이런 사람에게 하나님께 축복 받느냐 버림받느냐를 알아보는 기준은 오로지 이 땅에서 받는 축복입니다. 내가 얼마나 건강한가, 사업이 얼마나 잘되는가, 자녀가 얼마나 성공의 길을 달려가고 있는가 하는 것이 축복의 기준입니다. 이런 눈을 가지고 신앙생활을 하는 한 신앙의 성숙은 있을 수 없습니다.

　지금 하나님은 묻고 계십니다. "너희의 눈은 나오미의 눈이냐, 아니면 룻의 눈이냐? 너희 마음의 눈이 어두우면 그 어두움이 얼마나 심하겠느냐?" 마음의 눈이 잘못되어 있으면 목회자들이 아무리 열심히 목회하고 설교해도 소용이 없습니다. 인식이 차단되어 있기 때문입니다. 하나님의 나라보다 이 땅의 것을 더 소중하게 생각하는 잘못된 나오미의 눈이 우리 마음에서 다 사라지기를 바랍니다.

룻의 눈

　그러면 우리가 가져야 할 눈은 어떤 눈일까요? 하나님은 룻을 통해 그리스도인들이 이 땅을 사는 동안 가져야 할 눈에 대해 말씀해주십니다. 룻기에서 주인공인 룻은 정작 말을 많이 하지 않습니다. 오히려 나오미보다 적게 얘기합니다. 시어머니나 다른 사람들의 질문에 대답하는 것 말고 룻이 스스로 한 말은 얼마 되지 않습니다. 그러나 룻기를 읽다보면 그녀가 지녔던 눈을 환하게 볼 수 있습니다. 말 한 마디, 행동 하나하나에서 룻이 가지고 있는 마음의 눈이 환하게 드러납니다. 그녀가 어떤 눈을 가지고 인생을 살았는지 명백하게 알 수 있습니다. 고향으로 돌아가라는 시어머니의 권유에 룻은 어떻게 대답합니까?

"룻이 이르되 내게 어머니를 떠나며 어머니를 따르지 말고 돌아가라 강권하지 마옵소서 어머니께서 가시는 곳에 나도 가고 어머니께서 머무시는 곳에서 나도 머물겠나이다 어머니의 백성이 나의 백성이 되고 어머니의 하나님이 나의 하나님이 되시리니 어머니께서 죽으시는 곳에서 나도 죽어 거기 묻힐 것이라 만일 내가 죽는 일 외에 어머니를 떠나면 여호와께서 내게 벌을 내리시고 더 내리시기를 원하나이다 하는지라" 룻 1:16-17.

룻은 고난을 겪지 않았습니까? 그나마 수월하게 고난을 통과했습니까? 아닙니다. 한번 그녀의 입장이 되어보십시오. 시집온 지 얼마 지나지 않아 시아버지가 돌아가시고, 시아주버니가 돌아가시고, 남편마저 죽었습니다. 경제적 어려움은 물론이고 심적으로 얼마나 괴로웠을까요? 동네 사람들은 "믿던 신을 버리고 이스라엘 사람한테 시집을 가더니 저주 받았다"고 악담을 했을 것입니다. 룻은 하나님을 제대로 섬겼기 때문입니다.

이제 룻은 나오미를 따라가면 한 번도 가본 적 없는 타국에서 살아야 할 뿐 아니라 홀로 된 시어머니를 평생 봉양해야 합니다. 그 당시는 보아스를 만난다는 생각은 꿈에도 못한 상태입니다. 막일을 해서라도 시어머니를 죽을 때까지 모셔야 할 상황입니다. 그러나 지금이라도 돌아서면 모든 짐을 벗을 수 있습니다. 게다가 지금 시어머니까지 돌아가라고 권하고 있고, 동서인 오르바도 이미 돌아갔습니다. 지금 돌아가면 새로운 삶을 시작할 수 있습니다.

그러나 룻은 그렇게 하지 않았습니다. 놀라운 것은 그녀의 말 어디에도 낙심의 흔적이 없다는 것입니다. 그녀는 베들레헴에 도착하자마자 이삭을 주우러 바구니를 들고 나갑니다. 당장 그날 먹을 끼니조차 없었기 때문입니다. 새벽에 일찍 일어나 이삭을 줍는 룻을 한번 상상해보십시오. 마음이 얼마나 어려웠겠습니까? 얼마나 두려웠겠습니까? '낯선 나라에 와서 아는 사람이라고는 아무도 없는데 어디 가서 이삭을 주울까? 설령 가더라도 이삭을 줍도록 허락해줄까?' 성경은 룻의 두려움을 간접적으로 이렇게 말하고 있습니다.

"룻이 엎드려 얼굴을 땅에 대고 절하며 그에게 이르되 나는 이방 여인이거늘 당신이 어찌하여 내게 은혜를 베푸시며 나를 돌보시나이까" 룻 2:10.

보아스가 이삭 줍는 것을 허락해주자 룻은 그동안 얼마나 불안하고 초조했던지 어떻게 보면 별것 아닌 일인데도 논바닥에 엎드려 절하면서 자신도 모르게 이렇게 말합니다. 가진 것이 아무것도 없는 이방인이 타국에서 산다는 것은 결코 쉬운 일이 아닙니다. 그러나 룻은 그런 모든 어려움을 뒤로하고 조용히 행동합니다. 본문 어디에도 룻의 부정적인 면은 나오지 않습니다. 그녀는 겸손했습니다. 시어머니나 다른 사람들 앞에서 늘 자신을 낮추었습니다. 그러나 필요할 때는 놀랄 만큼 담대했습니다. 고향으로 돌아가라는 시어머니의 말에 끝까지 의견을 굽히지 않습니다. 동서도 돌아갔지만 결국 자기의 뜻을 관철시킵니다.

"어머니의 백성이 나의 백성이 되고 어머니의 하나님이 나의 하나님이 되시리니 어머니께서 죽으시는 곳에서 나도 죽어 거기 묻힐 것이라" 룻 1:16 하-17 상.

룻은 어머니도 어머니지만 무엇보다 신앙을 버릴 수 없었습니다. 그리고 3장에서 보면 놀랄 정도로 담대하게 보아스에게 청혼합니다. 그녀는 사람들 앞에서는 겸손했지만 가난과 어려움 앞에서는 담대했습니다. 가난과 고난에 굴하지 않고 자신에게 다가오는 힘든 파도를 꿋꿋하게 헤쳐 나갔습니다.

당신의 눈은 어디를 바라보고 있는가

이러한 룻의 힘은 어디서 나온 것일까요? 우리는 어떻게 룻과 같이 살 수 있을까요? 그녀의 말과 행동을 볼 때 한 가지는 분명합니다. 하나님을 만난 이후 그녀의 눈이 완전히 바뀌었다는 것입니다. 그녀는 자신에게 다가오는 모든 일들을 하나님의 눈으로 바라보았습니다. 고난도, 불행도, 가난도, 예측할 수 없는 앞날도, 날마다 찾아오는 험한 파도도 그녀를 흔들 수 없었습니다. 룻은 그 모든 것들을 하늘의 시각으로 바라보았기 때문입니다. 하늘의 시각을 가진 자는 누구도 흔들 수 없습니다.

배를 타면 유난히 멀미를 심하게 하는 사람들이 있습니다. 몸 상태가 똑같아도 사람에 따라 멀미하는 정도가 다릅니다. 왜 그럴까요? 전문가들은 눈 때문이라고 말합니다. 멀미를 하는 사람들의 특징은 파도를 바라본다는 것입니다. 물에 빠져 죽을지 모른다고 생각하며 자꾸 파도를 바라본다고 합니다. 그러니까 멀미가 생기는 것입니다. 그러므로 멀미를 하지 않으려면 파도를 볼 것이 아니라 수평선이나 하늘을 바라봐야 합니다. 구름을 보거나 멀리 있는 섬을 봐야 합니다. 그러면 멀미가 신기하게 가십니다.

우리 인생도 마찬가지입니다. 무엇을 바라보고 사느냐에 따라 삶이 결정됩니다. 그래서 성경은 이렇게 권면하고 있습니다.

"그러므로 너희가 그리스도와 함께 다시 살리심을 받았으면 위의 것을 찾으라 거기는 그리스도께서 하나님 우편에 앉아 계시느니라 위의 것을 생각하고 땅의 것을 생각하지 말라 이는 너희가 죽었고 너희 생명이 그리스도와 함께 하나님 안에 감추어졌음이라 우리 생명이신 그리스도께서 나타나실 그때에 너희도 그와 함께 영광 중에 나타나리라"골 3:1-4.

하늘의 시각을 가지고 살면 축복이 우리에게만 오는 것이 아니라 주위 사람들에게까지 퍼져나갑니다. 룻은 자기만 축복 받은 것으로 그치지 않았습니다. 시어머니 나오미를 살렸고, 자신은 그리스도의 조상이 되었습니다. 온 동네 사람들을 살렸습니다. 룻이 특별한 여인이어서 그랬을까요? 그렇지 않습니다. 우리도 그렇게 될 수 있습니다.

룻기를 읽으면서 한 여인이 떠올랐습니다. 다름 아닌 제 어머니입니다. 저는 어머니가 짜증 내시는 모습을 한 번도 본 적이 없습니다. 어머니는 고생을 많이 하셨습니다. 살림이 어려워서 때로 쌀이 떨어질 때도 있었지만 한 번도 짜증 내시는 법이 없었습니다. 동네에서 병든 짐승을 어머니께 데려오면 짐승들이 살아나기도 했습니다. 그들에게 사랑을 쏟으니까 그랬나 봅니다. 어머니는 말수가 많지 않으셨지만 기도에는 늘 열심이셨습니다. 일찍 돌아가셔서 제 마음에는 아직도 어머니에 대한 아련한 그리움이 남아 있습니다. 꼭 제 어머니라서 그런 것만은 아닙니다. 어머니가 아름다운 삶을 사셨기 때문입니다. 늘 긍정적이고 다른 사람에게 용기를 주는 말씀을 하셨기 때문입니다.

당신의 눈은 나오미의 눈입니까, 아니면 룻의 눈입니까? 우리의 눈은 주의 은혜로 바뀔 수 있습니다. 눈이 바뀌면 인생이 달라집니다. 가정이 달라집니다. 주위 사람들에게 하나님의 축복을 전할 수 있습니다.

21장
어두움을 비추는 삶

룻기 2:10-16

사회가 어두울수록 그리스도인들의 역할이 중요합니다.
어두운 사회에서 내 영혼을 살리고, 가족을 일으키며,
이웃에게 소망을 주는 삶은 어떤 삶일까요?
베들레헴의 작은 빛이 사사 시대의 어두움을 뚫고
온 사회를 밝힌 정황들을 살피며 그리스도인이
어떤 삶을 살아야 하는지 생각해봅시다.

룻이 엎드려 얼굴을 땅에 대고 절하며 그에게 이르되 나는 이방 여인이거늘 당신이 어찌하여 내게 은혜를 베푸시며 나를 돌보시나이까 하니 보아스가 그에게 대답하여 이르되 네 남편이 죽은 후로 네가 시어머니에게 행한 모든 것과 네 부모와 고국을 떠나 전에 알지 못하던 백성에게로 온 일이 내게 분명히 알려졌느니라 여호와께서 네가 행한 일에 보답하시기를 원하며 이스라엘의 하나님 여호와께서 그의 날개 아래에 보호를 받으러 온 네게 온전한 상 주시기를 원하노라 하는지라 룻이 이르되 내 주여 내가 당신께 은혜 입기를 원하나이다 나는 당신의 하녀 중의 하나와도 같지 못하오나 당신이 이 하녀를 위로하시고 마음을 기쁘게 하는 말씀을 하셨나이다 하니라 식사할 때에 보아스가 룻에게 이르되 이리로 와서 떡을 먹으며 네 떡 조각을 초에 찍으라 하므로 룻이 곡식 베는 자 곁에 앉으니 그가 볶은 곡식을 주매 룻이 배불리 먹고 남았더라 룻이 이삭을 주우러 일어날 때에 보아스가 자기 소년들에게 명령하여 이르되 그에게 곡식 단 사이에서 줍게 하고 책망하지 말며 또 그를 위하여 곡식 다발에서 조금씩 뽑아 버려서 그에게 줍게 하고 꾸짖지 말라 하니라 (룻 2:10-16).

요즘 뉴스를 보면서 스트레스 받는 사람들이 점점 늘어나고 있습니다. 정치를 봐도 시원한 것이 없고, 경제를 봐도 무엇 하나 나아지는 것이 없고, 날마다 이어지는 데모와 집회로 온 나라가 떠들썩합니다. 그러니까 뉴스 보기가 싫어집니다. 설상가상으로 각 방송과 신문의 사회면은 날마다 흉포한 사건으로 가득 찹니다. 지금 우리가 사는 사회의 모습을 성경 역사 속에서 찾아보라고 한다면 틀림없이 사사 시대가 될 것입니다. 모두가 하나님을 떠나 각자 소견에 옳은 대로 살던 시대. 정치적으로, 사회적으로, 윤리적으로 어두워서 희망이 없던 시대. 그것이 오늘 우리 사회의 모습입니다. 이렇게 온 사회가 어두울 때 우리 그리스도인들은 어떻게 살아야 합니까?

　본문에는 어두움을 밝히는 한 줄기 빛이 등장합니다. 어두움이 심하면 심할수록 빛은 더욱 밝아지듯이 사사 시대가 너무나도 깜깜했기 때문에 본문의 이 짧은 이야기는 더욱 빛을 발합니다. 모두가 각자 소견대로 행하던 그때 저 멀리 베들레헴에서 한 줄기 빛이 비칩니다. 그들은 비록 가난하고 어려웠지만 하나님을 사랑하고 사람들을 귀히 여겼습니다. 그들로부터 나온 작은 빛이 사사 시대의 어두움을 뚫고 마침내 온 사회를 환하게 비추었습니다.

어떻게 하면 어두워져가는 사회를 밝게 할 수 있을까요? 사회가 어두울수록 우리 그리스도인들의 역할이 중요하고 또 기대됩니다. 이런 어두운 사회에서 내 영혼을 살리고, 가족을 일으키며, 이웃에게 소망을 주는 삶은 어떤 삶일까요? 본문에서 이 답을 찾기 바랍니다.

어두운 시대를 밝힌 한 줄기 빛

본문은 나오미와 룻의 귀향으로부터 시작됩니다. 나오미는 남편과 재산을 모두 잃은 채 룻을 데리고 고향 베들레헴으로 돌아왔지만 앞으로 살아갈 길이 막막하기만 합니다. 당장 하루 먹고살 양식도 없었기 때문입니다.

양식이 떨어져본 경험을 한 분이 있는지 모르겠습니다. 저는 그런 경험이 없지만 제 친구 얘기를 듣고 얼마나 마음이 아팠는지 모릅니다. 그 친구가 쌀이 없어서 사흘을 굶고 학교에 갔다고 합니다. 옆에 있던 친구가 그것을 눈치를 채고 자기 도시락을 내줘서 한 숟가락을 뜨기 시작하는데 수업 시작종이 치더랍니다. 마침 기말 시험 시간이었는데 선생님이 시험지를 나눠주는데도 자신은 정신없이 도시락을 계속 퍼먹었다고 합니다. 그것도 울면서 말입니다. 그 친구의 심정이야 그렇다 치고 도시락도 싸주지 못하는 부모의 심정은 오죽했겠습니까?

지금 나오미와 룻의 상황이 그렇습니다. 그 상황에서 룻이 할 수 있는 일은 하나밖에 없었습니다. 남의 밭에 가서 추수하고 남은 이삭을 줍는 일이었습니다. 그것이 룻이 할 수 있는 최선이자 유일한 일이었습니다. 그래서 룻은 시어머니에게 이야기하고 확신도 없이 남의 밭에 이삭을 주우러 나갑니다. 이런 룻의 심정을 한번 헤아려보기 바랍니다.

이제 막이 열리고 밭에서 추수하는 장면이 나옵니다. 일꾼들이 열심히 보리를 베고 저 멀리 일꾼들 뒤에서 머리에 수건을 두른 룻이 열심히 이삭을 줍고 있습니다. 그러는 동안 이제 주인이 밭에 도착하여 일꾼들에게 이렇게 이야기합니다.

"마침 보아스가 베들레헴에서부터 와서 베는 자들에게 이르되 여호와께서 너희와 함께 하시기를 원하노라 하니 그들이 대답하되 여호와께서 당신에게 복 주시기를 원하나이다 하니라" 룻 2:4.

이런 일터를 본 적이 있습니까? 얼마나 아름다운 모습입니까? 노사가 서로를 향해 으르렁대는 우리의 현실과는 얼마나 다릅니까? 본문을 읽으며 '우리 사회가 이렇게 바뀐다면 얼마나 좋을까? 서로를 축복하고 존중하고 배려한다면 얼마나 아름다울까' 하는 생각을 해보았습니다. 성경은 이것이 그토록 어둡던 사사 시대에 실제로 있었던 일이라고 말합니다.

사사 시대에 이러한 일이 가능했다면 오늘날도 가능할 줄 믿습니다. 일터를 이렇게 만들어야 할 의무가 우리에게 있습니다. 출근하자마자 서로를 축복하고, 진정으로 배려하며 일하고, 고용주는 고용인들을 축복하고, 고용인들은 고용주를 축복하는 사회. 이런 일은 오늘날도 가능할 뿐 아니라 우리 그리스도인들이 반드시 이루어야 할 일입니다.

그렇게 인사를 마친 보아스는 관심을 가지고 일터를 꼼꼼하게 돌아봅니다. 그의 세밀한 시선에 한쪽 구석에서 이삭을 줍는 낯선 여인의 모습이 들어오지 않을 리 없습니다. 보아스는 그때 룻을 처음 보았습니다. 그래서 일꾼들에게 물어봅니다. "저 소녀가 누구냐?" 그러자 일꾼들을 거느리는 사환이 이렇게 보고를 합니다.

"베는 자를 거느린 사환이 대답하여 이르되 이는 나오미와 함께 모압 지방에서 돌아온 모압 소녀인데 그의 말이 나로 베는 자를 따라 단 사이에서 이삭을 줍게 하소서 하였고 아침부터 와서는 잠시 집에서 쉰 외에 지금까지 계속하는 중이니이다"룻 2:6-7.

사환의 보고를 잘 보십시오. 이 사환 역시 룻에게 감동을 받았던 것 같습니다. 룻이 시어머니를 모시기 위해 이삭을 주우러 나온 사연과 그에게 부탁할 때의 겸손한 태도, 그리고 그녀가 잠시 쉰 것 외에는 자기들보다 더 열심히 이삭을 줍는 모습에 이미 감화를 받았던 것입니다. 그래서 주인 보아스에게 룻에 대해 은근히 긍정적인 보고를 합니다.

지금 추수 밭에 등장하는 사람들의 모습은 다들 아름답습니다. 주인과 사환은 서로 진심으로 축복하고, 룻은 홀로 된 시어머니를 부양하기 위해 열심히 일하고, 그 모습을 바라보는 일꾼들은 룻의 모습에 감화를 받아 주인에게 그녀를 좋게 이야기해줍니다. 밀레의 작품 '만종' 보다 더 아름다운 풍경이 룻기 2장의 추수 장면에 펼쳐집니다. 자기 입장만 변호하면서 모든 문제를 상대 탓으로만 돌리는 오늘 우리 사회와는 얼마나 다른 모습입니까?

사환으로부터 이 말을 들은 보아스는 룻에게 이렇게 말합니다.

"보아스가 룻에게 이르되 내 딸아 들으라 이삭을 주우러 다른 밭으로 가지 말며 여기서 떠나지 말고 나의 소녀들과 함께 있으라"룻 2:8.

다른 밭에 갈 필요 없이 계속해서 이 밭에서 이삭을 주우라는 것입니다. 그 말을 들은 룻은 몹시 감격합니다. '시어머니를 따라서 오긴 했지만 언어와 문화가 다르고 이방 여인인 내가 이삭 줍는 것을 과연 허락해 줄까?' 하는 두려움으로 나왔는데 이게 웬 은혜란 말입니까?

그뿐 아닙니다. 보아스는 이삭 줍는 것을 허락할 뿐 아니라 룻의 마음을 어루만져주는 아름다운 말을 합니다.

"보아스가 그에게 대답하여 이르되 네 남편이 죽은 후로 네가 시어머니에게 행한 모든 것과 네 부모와 고국을 떠나 전에 알지 못하던 백성에게로 온 일이 내게 분명히 알려졌느니라 여호와께서 네가 행한 일에 보답하시기를 원하며 이스라엘의 하나님 여호와께서 그의 날개 아래에 보호를 받으러 온 네게 온전한 상 주시기를 원하노라" 룻 2:11-12.

보아스는 이 말을 한 후에 일꾼들이 마시는 물을 마음대로 마시라고 말합니다. 당시 중동에는 물이 매우 귀했습니다. 그뿐 아니라 룻을 자신과 일꾼들의 식사 자리에 초대하여 음식을 먹으라고 권합니다. 그날 룻이 얼마나 큰 위로를 받았겠습니까? 이방인으로서 타국 사람들을 두려워하던 터에 얼마나 큰 격려를 받았겠습니까?

그러나 이러한 호의는 보아스가 그 다음에 룻에게 베푼 은혜에 비하면 오히려 사소한 것이었습니다. 룻에게 따뜻한 호의를 베푼 보아스는 일꾼들에게 이렇게 말합니다.

"룻이 이삭을 주우러 일어날 때에 보아스가 자기 소년들에게 명령하여 이르되 그에게 곡식 단 사이에서 줍게 하고 책망하지 말며 또 그를 위하여 곡식 다발에서 조금씩 뽑아 버려서 그에게 줍게 하고 꾸짖지 말라 하니라"룻 2:15-16.

단에서 일부러 나락을 조금씩 뽑아서 룻이 가능하면 많이 줍도록 하라는 것입니다. 룻이 눈치 채지 않게, 자존심 상하지 않게 말입니다. 얼마나 아름다운 모습입니까? 우리 사회가 이렇게 된다면 얼마나 좋을까요? 이 아름다운 장면은 주운 이삭을 머리에 가득 이고 돌아온 룻이 시어머니에게 추수 밭에서 있었던 모든 일들을 전하고, 그 이야기를 들은 나오미가 보아스를 축복하는 것으로 막을 내립니다.

이처럼 어두운 사회를 비춘 한 줄기 빛은 부잣집에서 비롯된 것이 아니었습니다. 저 시골 베들레헴에서, 그것도 끼니를 거를 만큼 궁핍했던 한 가정에서 시작되었습니다.

이 본문을 통해 하나님이 말씀하시는 것은 무엇일까요? 사사 시대와 같은 오늘날, 우리 그리스도인들은 어떻게 살아야 할까요? 본문은 몇 가지 방법을 시사하고 있습니다. 가난한 이방 여인이었던 룻이 그 사회를 밝게 만들었다면 우리 역시 할 수 있다고 말합니다.

다른 사람을 축복하는 삶

먼저, 다른 사람을 축복하는 삶을 살아야 합니다. 보아스가 일꾼들을 축복하고, 일꾼들은 주인인 보아스를 축복하는 장면을 떠올려보십시오. 이 땅에서의 삶은 너무나 짧습니다. 남을 축복만 하고 살기에도 시간이 모자랍니다. 그런데 왜 귀한 인생을 남을 저주하며 사는지 모르겠습니다. 너무도 어리석은 일입니다. 남을 미워하며 원망하는 마음을 가지는 순간 이미 우리는 사탄에게 속은 것입니다. 사탄의 종이 되는 것입니다. 사탄에게 속은 그 시간만큼 인생을 허비하는 것입니다.

앞으로 무슨 일이 있든지 다른 사람을 축복하며 살겠다고 결심하십시오. 어두워지는 가정을 어떻게 밝힐 수 있을까요? 사사 시대와 같은 우리 시대를 어떻게 밝힐 수 있을까요? 이에 대한 하나님의 대답은 간단합니다. 한 사람을 보여주면서 '누구로 인해 그 사회가 밝아졌는가' 묻고 계십니다.

시골 구석 베들레헴, 바로 그곳에 또 하나의 빛이 찾아온 것을 우리는 알고 있습니다. 바로 예수 그리스도입니다. 그분은 우리를 축복하기 위해 이 땅에 오셨습니다. 우리가 비록 가진 것 없고 연약하지만 마음을 다해 남을 축복하며 살아갈 때 우리에게서 빛이 나온다고 하나님은 말씀하십니다. 그럴 때 깜깜한 세상은 물러갈 것입니다. 예수님은 제자들을 전도하러 보내면서 이렇게 말씀하셨습니다.

"또 그 집에 들어가면서 평안하기를 빌라 그 집이 이에 합당하면 너희 빈 평안이 거기 임할 것이요 만일 합당하지 아니하면 그 평안이 너희에게 돌아올 것이니라" 마 10:12-13.

누구를 만나든지 평안을 빌라고 합니다. 그 사람을 축복해주라고 합니다. 그러면 어떤 일이 일어납니까? 그 사람이 축복 받기에 합당하면 그가 축복을 받을 것입니다. 그가 축복 받기에 합당치 않으면, 즉 축복하는데도 계속해서 내게 악을 퍼부으면 그에게 빈 평안과 축복이 내게 돌아올 것입니다. 그러므로 우리는 누구에게라도 축복해야 합니다. 상대방이 나를 저주한다고 같이 저주해서는 안 됩니다. 그것은 믿지 않는 사람들의 방식입니다.

누군가를 축복하는데도 그 사람이 계속 엇나갑니까? 계속 잘못된 길로 나아갑니까? 저도 그런 경험을 해본 적이 있습니다. 그를 위해 날마다 기도하고, 축복하는 말을 해주는데 전혀 반응하지 않습니다. 오히려 점점 엇나갑니다. 그때가 고비입니다. 그런 때에라도 계속해서 축복해보십시오. 놀라운 일이 생깁니다. 먼저 그에게 빈 평안이 내게 돌아옵니다. 나를 미워하는 그의 삶은 흐트러지지만 내 마음에는 평안이 옵니다. 그뿐만이 아닙니다. 하나님이 내 삶을 축복해주십니다. 이것이 "누구든지 네 오른편 뺨을 치거든 왼편도 돌려 대"마 5:39라는 말씀에 담긴 뜻입니다. 우리가 하나님 앞에서 복을 받기 위해서 이렇게 살아갈 때 사회가 밝아질 것입니다.

약한 자를 긍휼히 여기는 삶

둘째, 약한 자를 긍휼히 여기며 살아야 합니다. 보아스는 의지할 곳 없는 룻을 긍휼히 여겨서 은혜를 베풉니다. 자신의 밭에서 이삭을 줍게 하고, 물을 마시게 하고, 식사 자리에 초대하고, 일부러 곡식을 흘려 많이 줍도록 도와줍니다. 이것이 바로 우리 그리스도인들이 가져야 할 태도입니다.

오늘 우리가 사는 사회는 많이 가진 자 앞에서는 고개를 숙이고 연약한 자들은 함부로 무시하는 철저하게 불공평한 사회입니다. 사회 풍조가 어떻든 하나님을 믿는 우리 그리스도인들은 그렇게 살면 안 됩니다. 가진 자는 없는 자를 불쌍히 여길 줄 알아야 합니다. 건강한 자는 약한 자를 긍휼히 여길 줄 알아야 합니다. 우리 교회는 해운대 센텀시티에 예배당을 지으면서 엘리베이터도 함께 설치했습니다. 그랬더니 장애우 한 분이 교회에 등록하면서 정말 감사하다는 인사를 했습니다. 교회는 이렇게 작은 일에서부터 약하고 소외된 자들을 먼저 생각해야 합니다.

본문의 추수 밭에서는 보아스뿐 아니라 주인의 영향을 받은 일꾼들조차 이방 여인 룻을 긍휼히 여깁니다. 물론 그 긍휼의 시초는 룻이었습니다. 룻은 홀로 된 시어머니를 긍휼히 여겨 그 곁을 떠나지 않고 이곳까지 따라와서 이삭을 주우러 갔습니다. 그랬더니 긍휼히 여기는 사람들을 만났습니다. 아니 그 누구보다 하나님께 긍휼을 입었습니다.

예수님은 산상수훈에서 친히 이렇게 말씀하셨습니다. "긍휼히 여기는 자는 복이 있나니 그들이 긍휼히 여김을 받을 것임이요" 마 5:7. 우리가 연약한 자들을 긍휼히 여길 때 하나님이 우리를 긍휼히 여기실 것입니다. 늘 다른 사람을 축복하며 살 뿐 아니라 긍휼히 여기면서 살겠다고 결심하십시오. 누가 아파하면 함께 아파할 수 있는 마음을 달라고 기도하기를 바랍니다.

신앙과 일치하는 삶

마지막으로, 신앙과 일치하는 삶을 살아야 합니다. 오늘 추수 밭에서 룻은 한갓 이삭 줍는 여인으로 등장합니다. 2장을 읽다보면 보아스와 일꾼들이 주인공처럼 보입니다. 그러나 이 추수 밭에서도 주인공은 여전히 룻입니다.

"보아스가 그에게 대답하여 이르되 네 남편이 죽은 후로 네가 시어머니에게 행한 모든 것과 네 부모와 고국을 떠나 전에 알지 못하던 백성에게로 온 일이 내게 분명히 알려졌느니라" 룻 2:11.

룻기의 저자는 지금 보아스의 입을 통해 룻의 삶을 두 가지로 요약합니다. 첫 번째는 '시모에게 행한 모든 것', 다시 말하면 룻의 삶과 행위에 대해 말하고 있습니다. 두 번째는 '전에 알지 못하던 백성에게로 온 것', 다시 말하면 우상을 섬기던 모압을 떠나 하나님의 백성이 된 룻의 신앙에 대해 말하고 있습니다. 룻은 비록 이방 여인이었지만 그 삶과 신앙이 이스라엘의 모든 사람들에게 알려질 정도로 그 진실하고 돈독함이 보아스의 입을 통해 증언되고 있습니다.

하나님의 백성들이 각자의 소견에 옳은 대로 행하는 바람에 극도로 어두워져가던 그때, 희망을 던져주는 빛이 찾아들었습니다. 놀라운 것은 그 빛이 이스라엘의 종교 지도자가 아닌 이방 여인에게서 나왔다는 사실입니다. 이토록 어두운 사회를 도대체 누가 밝힐 수 있을까요? 신앙 경력이 화려한 사람일까요? 몇 대에 걸쳐 신앙생활을 한 사람일까요? 교회 직분을 가진 사람일까요? 아닙니다. 어두운 세상을 비추는 사람은 다름 아니라 삶과 신앙이 일치하는 사람이라고 성경은 말합니다. 교회생활이 가정생활이나 직장생활과 일치를 이루는 사람 말입니다.

하나님은 지금도 이런 사람을 찾고 계십니다. 보잘것없는 모압 여인을 사용해서 그토록 어두운 사회를 밝히셨다면 누구인들 사용하시지 않겠습니까? 하나님에 대한 신앙이 확고하다면, 주를 바라는 깨끗한 삶을 산다면 하나님은 우리 가운데 누구라도 사용하실 것입니다. 하나님은 룻기를 통해 이렇게 말씀하고 계십니다. "네가 한번 룻이 되어보거라. 내가 연약한 여인을 사용하지 않았느냐? 이방 여인을 들어 어두운 사회를 밝히지 않았느냐? 네가 사는 사회가 어둡다고 한탄만 하지 말고 이 말씀을 듣는 순간 네가 한번 룻이 되어보거라." 이것이 하나님이 주시는 메시지입니다.

1878년 영국에서 전당포를 경영하던 사람이 있었습니다. 사람들이 물건을 맡기고 돈을 빌려 가는데 당시 경제 상황이 어려웠던지 부모의 손때 묻은 유품이나 결혼반지까지 맡기러 오는 사람들이 있었다고 합니다. 전당포 주인은 하나님을 믿는 사람이었습니다. 그래서 자신의 직업에 대해 진지하게 고민하기 시작했습니다. 고민 끝에 그는 구제 사업을 하기로 결심합니다. 그리고 그 일을 34년 동안 부지런히 행했습니다. 그 사람은 바로 우리가 잘 아는 구세군의 창설자 윌리엄 부스입니다.

34년 동안 남을 축복하고 섬기면서 신앙과 삶을 일치시키려 애써왔던 그가 1912년 임종을 앞두고 이런 말을 남겼습니다. "사랑하는 그리스도인 여러분, 거리에 우는 여인이 있습니까? 함께 울어주십시오. 배고픈 아이들이 있습니까? 주머니를 털어 그들의 배를 채워주십시오. 감옥이 차고 넘칩니까? 사랑의 손을 펴십시오. 구세군은 사회의 악과 싸우는 주님의 군대입니다. 그러나 그보다 앞서 당신은 하나님의 군사가 되기 위해서 자신과의 싸움에서 이겨야 합니다."

세상이 이렇게 어두워지는 것을 두고 남의 탓만 할 수는 없습니다. 먼저 우리 그리스도인들이 스스로 하나님의 빛이 되어야 합니다. 이러한 결단이 우리 모두에게 있기를 바랍니다.

22장
어두움을 비추는 사랑

룻기 3:5-13

하나님이 주신 배우자를 우리는 어떻게 사랑해야 할까요?
남녀 간에는 어떤 사랑을 주고받아야 할까요?
보아스와 룻의 사랑을 들여다보며 하나님이 허락하신
큰 축복들을 잘 감당하고 누리는 법에 대해 배울 수 있습니다.

롯이 시어머니에게 이르되 어머니의 말씀대로 내가 다 행하리이다 하니라 그가 타작 마당으로 내려가서 시어머니의 명령대로 다 하니라 보아스가 먹고 마시고 마음이 즐거워 가서 곡식 단 더미의 끝에 눕는지라 룻이 가만히 가서 그의 발치 이불을 들고 거기 누웠더라 밤중에 그가 놀라 몸을 돌이켜 본즉 한 여인이 자기 발치에 누워 있는지라 이르되 네가 누구냐 하니 대답하되 나는 당신의 여종 룻이오니 당신의 옷자락을 펴 당신의 여종을 덮으소서 이는 당신이 기업을 무를 자가 됨이니이다 하니 그가 이르되 내 딸아 여호와께서 네게 복 주시기를 원하노라 네가 가난하건 부하건 젊은 자를 따르지 아니하였으니 네가 베푼 인애가 처음보다 나중이 더하도다 그리고 이제 내 딸아 두려워하지 말라 내가 네 말대로 네게 다 행하리라 네가 현숙한 여자인 줄을 나의 성읍 백성이 다 아느니라 참으로 나는 기업을 무를 자이나 기업 무를 자로서 나보다 더 가까운 사람이 있으니 이 밤에 여기서 머무르라 아침에 그가 기업 무를 자의 책임을 네게 이행하려 하면 좋으니 그가 그 기업 무를 자의 책임을 행할 것이니라 만일 그가 기업 무를 자의 책임을 네게 이행하기를 기뻐하지 아니하면 여호와께서 살아 계심을 두고 맹세하노니 내가 기업 무를 자의 책임을 네게 이행하리라 아침까지 누워 있을지니라 하는지라 (룻 3:5-13).

이 땅을 사는 동안 하나님이 인간에게 주신 가장 큰 축복이 있다면 우리에게 허락하신 배우자일 것입니다. 아담은 이 축복을 받고나서 하와를 향해서 이렇게 소리쳤습니다. "내 뼈 중의 뼈요 살 중의 살이로다." 알다시피 하나님은 동물을 먼저 지으시고 인간을 맨 나중에 지으셨습니다. 아담이 가만 보니까 모든 동물에게 짝이 있는데 자기만 짝이 없는 것입니다. 짝을 찾기 위해서 호랑이 옆에 가보아도, 사자 옆에 가보아도, 자기와 비슷하게 생긴 원숭이 옆에 가보아도 짝이 없습니다. 그러던 어느 날 자고 일어나니 옆에 누가 있는 것입니다. 바로 하와였습니다. 아담은 얼마나 기뻤던지 "내 뼈 중의 뼈요 살 중의 살이로다"라고 소리쳤습니다.

하나님이 허락하신 축복인 배우자를 우리는 어떻게 사랑해야 할까요? 남녀 간에 어떤 사랑을 주고받아야 할까요? 본문은 그 부분에 대해서 말하고 있습니다. 사탄은 하나님이 허락하신 축복을 저주로 바꾸는 데 선수입니다. 그래서 축복에는 늘 위험이 도사리고 있습니다.

예를 들어 돈에 대해 생각해봅시다. 어떤 사람은 돈이 나쁘다고 합니다. 그런데 성경에 돈이 나쁘다고 말하는 곳은 한 군데도 없습니다. 돈을 사랑하는 것이 악의 뿌리라고 했지 돈 자체가 나쁘다고 말하지는 않습니다. 돈은 하나님의 축복입니다. 누군가에게 돈을 준다는 것은 가장 큰 사랑의 행위입니다. 내 노력의 정화精華를 주는 일입니다. 그래서 하나님께 헌금하는 것이 중요하고, 사랑하는 사람에게 선물과 돈을 주는 것이 중요합니다. 내 마음을 주는 것이니까요. 그러나 그 좋은 돈이 한편으로는 얼마나 위험한지 모릅니다. 돈 때문에 얼마나 많은 사람이 상하고 다칩니까? 그 모두가 사탄이 만든 일입니다.

성性도 마찬가지입니다. 성은 하나님의 축복입니다. 한때 한국 교회가 성을 나쁜 것으로 매도한 적이 있습니다. 그래서 목사들 가운데 거세한 분도 있었습니다. 성경을 잘못 본 것입니다. 남녀 간의 성은 하나님으로부터 온 큰 축복입니다. 하지만 사탄은 그것마저도 저주의 대상으로 바꾸었습니다. 알다시피 소돔과 고모라는 하나님이 주신 축복을 잘못 사용하여 멸망하고 말았습니다. 우리 시대 역시 하나님이 축복으로 주신 성을 얼마나 잘못 사용하고 있는지 모릅니다. 온갖 형태의 성적인 범죄가 늘어나고 있습니다. 어른 청소년 할 것 없이 원하기만 하면 언제든지 인터넷에서 자극적인 영상을 접할 수 있습니다. 채팅으로 서로 모르는 사람끼리 만나 성을 나누고, 어른들은 돈으로 청소년들의 성을 삽니다. 그래서 원조 교제라고 하는 신조어까지 생겨났습니다. 부부간에 배우자를 교환해서 성 관계를 갖는 카페가 적발되어서 사회에 큰 충격을 주기도 했습니다. 과연 오늘 우리 세대가 소돔과 고모라보다 나은 점이 무엇이 겠습니까?

뿐만 아니라 하나님의 축복으로 결혼한 배우자들 역시 사랑하는 법을 몰라 서로에게 고통을 주고 있습니다. 축복의 보고가 되어야 할 가정 안에서 고통을 맛보고 있는 사람들이 얼마나 많은지 모릅니다. 이러한 때에 우리 그리스도인들은 어떻게 살아야 합니까? 서로 허락받은 배우자를 어떻게 사랑해야 합니까? 특별히 하나님이 주신 놀라운 축복인 남녀 간의 사랑을 어떻게 나누어야 합니까?

나 여호와는 중심을 보느니라

하나님이 우리에게 원하시는 사랑은, 첫 번째로 인격에 근거한 사랑입니다. 오늘날 우리 사회가 추구하는 남녀 간의 사랑은 너무나 정욕에 치우쳐 있고 자극적입니다. 어느 여론 조사 기관에서 요즘 젊은이들의 배우자 선택 조건 두 가지를 발표했는데 그 첫째가 외모입니다. 요즘 청소년들은 예쁜 친구를 보면 "참 착하게 생겼다"라고 말한답니다. 그들의 생각 속에 예쁜 것은 곧 착한 것이고, 그렇지 못한 것은 못된 것이 되어버린 것입니다.

예쁜 것을 좋아하는 것이 잘못되었다는 말은 아닙니다. 아름다움을 추구하는 것은 하나님이 주신 본능이고 지극히 자연스러운 일입니다. 문제는 외모 지상주의입니다. 외모를 그 무엇보다 중요하게 생각하는 것, 모든 것 위에 두는 것이지요. 외모는 나이가 들면 사그라집니다. 영원하지 않습니다. 영원하지 않은 것에 집착하지 맙시다.

요즘 젊은이들이 배우자의 선택 조건으로 두 번째 꼽은 것이 재물입니다. 돈이지요. 돈만 있다면 내면은 중요하지 않다는 것입니다. 이것이 오늘날 젊은이들이 추구하는 결혼 조건입니다.

이렇게 이기적이고 자극적인 사랑에 무슨 열매가 있겠습니까? 오늘날 뜨겁게 사랑해서 결혼한 부부들이 얼마 가지 못하고 헤어지는 데는 다 이유가 있습니다. 서로에게 다가가는 출발선부터 잘못되어 있습니다. 그러나 본문에 나오는 룻과 보아스의 사랑은 오늘 우리 사회가 추구하는 사랑과 전혀 다릅니다. 그들의 사랑을 한마디로 표현한다면 인격에 근거한 사랑이었습니다.

룻과 보아스는 추수 들녘에서 처음 만났습니다. 보아스는 소문을 통해 이미 룻에 대해 많은 것을 알고 있었기 때문에 그녀에 대해 좋은 인상을 가지고 있었습니다. 그녀가 홀로 된 시어머니를 충성스럽게 섬기고, 하나님을 따르기 위해 고국을 버린 채 이방 나라인 이스라엘로 온 것을 들어 알고 있었습니다. 그녀의 선한 행실과 하나님을 향한 뜨거운 사랑은 시골 마을 베들레헴에 이미 잔잔한 감동의 물결을 일으키고 있었습니다.

한편 룻은 보아스를 그날 처음 만났기 때문에 그에 대해 아는 것이 전혀 없었습니다. 그러나 밭에서 보아스의 행동을 보고 많은 감화를 받습니다. 밭에 오자마자 진심을 다해 일꾼들을 축복하는 모습 그리고 일꾼들이 보아스를 존경하는 모습을 보며 감동합니다. 그뿐 아니라 이방 출신에다 가난한 과부인 자신에게 긍휼을 베푸니 얼마나 큰 감동을 받았겠습니까?

룻은 그날 아침에 이삭을 주우러 갈 때 자기 같은 사람에게 누가 이삭을 줍게 해줄까 염려하는 마음으로 나갔습니다. 보아스는 그런 룻에게 긍휼을 베풉니다. 음식과 물을 권하고, 추수 기간 동안에 다른 밭을 찾아나설 것 없이 자신의 밭에서 계속해서 이삭을 주우라고 호의를 베풉니다.

그 호의가 어찌 평범하게 여겨졌겠습니까? 문헌에 따르면 당시 많은 농사를 짓던 부자의 경우 추수 기간이 보름에서 한 달을 넘는 경우가 많았다고 합니다. 보아스는 부자였으니까 추수 기간이 아마 한 달 내내 계속되었을 것입니다. 그동안 보아스와 룻은 만나서 대화하면서 많은 감정을 나누었을 것입니다. 그러면서 그들은 정욕에 끌린 것이 아니라 서로의 인격을 흠모하여 차원 높은 사랑을 갖게 되었다고 성경은 말합니다.

오늘 우리에게도 이런 사랑이 필요합니다. 외모는 한시적이어서 세월이 지나면 다 사라집니다. 아무리 아름다워도 나이 들면 소용이 없습니다. 그래서 하나님은 사무엘 선지자에게 친히 이렇게 말씀하셨습니다.

"사람은 외모를 보거니와 나 여호와는 중심을 보느니라" 삼상 16:7 하.

사무엘이 왕을 뽑기 위해 하나님의 부르심으로 이새의 집에 갔을 때 다윗의 형들이 사무엘 앞에 나왔는데 다들 인물이 좋았습니다. 특히 장남은 특출하게 키도 크고 얼굴이 훤했습니다. 사무엘은 그를 보자마자 '이 자가 바로 여호와께서 택하신 사람이구나'라고 속으로 생각했습니다. 그때 하나님은 사무엘에게 "내가 이미 그를 버렸노라 내가 보는 것은 사람과 같지 아니하니 사람은 외모를 보거니와 나 여호와는 중심을 보느니라"고 말씀하십니다.

외모의 아름다움은 얼마 가지 않지만 인격의 아름다움은 영원합니다. 우리는 서로를 인격에 근거하여 사랑하도록 부름 받은 자들입니다. 이 땅을 사는 동안 하나님이 허락하신 가장 큰 축복을 마음껏 받기를 원합니까? 그렇다면 당신에게 허락된 배우자를 인격에 근거하여 사랑하기 바랍니다. 진정 누군가에게 사랑받기를 원합니까? 그렇다면 외모보다는 마음과 영혼을 가꾸는 일에 주력하십시오. 하나님이 우리에게 원하시는 사랑은 인격에 근거한 사랑입니다.

바깥에서 하는 것 반만이라도 집에서 하라

두 번째로 하나님이 남녀 간에게 부탁하는 사랑은 상대를 배려하는 사랑입니다. 본문의 배경은 타작마당입니다. 모든 농경 사회가 그러하듯이 추수하고 타작하는 날은 잔칫날입니다. 일 년 가운데 가장 기쁜 날입니다. 일 년 내내 땀 흘려 수고한 곡식을 거두어 곳간에 들이는 날이니 얼마나 기쁘겠습니까? 보아스 역시 기분이 아주 좋았습니다. 잔치를 베풀고 너무 기쁜 나머지 방에 들어가서 자고 싶지 않았습니다. 그래서 타작한 곡식 옆에 짚으로 된 자리를 깔고 이불을 덮고 자고 있었습니다. 본문에 따르면 거기에 누가 찾아옵니까? 룻이 찾아와 그 발치 이불을 살짝 들추고 들어가 눕습니다. 보아스가 자다가 일어나 보니까 웬 여인이 있는 것입니다. 너무 놀라서 "누구냐?" 하는 소리가 저절로 튀어나왔겠지요. 그랬더니 룻이 이렇게 대답합니다.

"나는 당신의 여종 룻이오니 당신의 옷자락을 펴 당신의 여종을 덮으소서 이는 당신이 기업을 무를 자가 됨이니이다 하니"룻 3:9 하.

여기에서 "당신의 옷자락으로 시녀를 덮으소서"라는 말은 그 당시의 관용어법으로서 결혼을 의미합니다. "하나님이 그 큰 손으로 우리를 덮으신다"라고 할 때 '덮는다' 라는 말이 '지켜주다', '보호하다' 라는 뜻을 가진 것처럼 지금 룻은 보아스에게 "나를 지켜주십시오", "나의 주인이 되어주십시오"라는 의미로 결혼을 요청하고 있습니다. 왜 결혼을 요청합니까? 룻기를 시작할 때 말한 것처럼 고엘이라는 풍습을 따른 것입니다.

지금 룻은 참으로 난감한 상황입니다. 시어머니가 시키는 대로 따르기는 했지만 이 자리에 오기까지 그 마음이 얼마나 힘들었겠습니까? 룻은 순종적인 며느리였습니다. 그래서 시어머니가 가르쳐준 대로 목욕을 하고 향수를 바르고 타작마당에 나왔습니다. 보아스가 자리에 누울 때 그냥 그 앞에 나가서 얘기하면 좋겠는데 시어머니는 그렇게 하도록 놔두지 않았습니다. 나오미 입장에서는 잔머리를 쓴 것이지요. '설마 남자가 자기 이부자리에 들어오는 여자를 그냥 놔두고 잠만 자겠느냐?'라고 생각했던 것 같습니다. 룻은 그렇게 해서 시어머니가 시킨 대로 자리에 누웠습니다. 그러나 그날 아무 일도 일어나지 않았습니다. 두 사람은 서로를 인격적으로 사랑했기 때문입니다. 당황한 보아스가 누구냐고 물을 때 "룻입니다. 저와 결혼해주세요. 저를 데려가주세요"라고 말하기가 얼마나 어려웠을까요? 마침 밤이어서 그렇지 낮이었다면 룻의 얼굴이 발갛게 달아오른 것이 보였을 것입니다.

그토록 힘든 말을 내뱉은 룻에게 보아스는 그녀가 젊은 남자를 쫓지 않고 자기 같은 사람을 선택해준 것이 인애라고 말합니다. 그 한 마디에 룻의 마음이 얼마나 편해졌을까요? 하기 힘든 말을 해줘서 고맙다는 뜻을 극대화해서 표현한 것입니다. 보아스는 걱정하지 말라고 위로하면서 이렇게 말합니다. "네가 현숙한 여인임을 나도 알고 이 동네 사람들도 다 안다. 다른 사람들은 네 행동을 오해할 수도 있지만 나는 네 행동이 잘못

됐다고 생각하지 않는다. 네가 현숙한 여인임을 알고 있기 때문이다." 이런 말을 해주는 남자를 어떻게 사랑하지 않을 수 있겠습니까? 보아스가 룻을 얼마나 배려하고 있는지 잘 드러나 있습니다.

룻기를 자세히 읽어보면 보아스와 룻은 이미 서로에게 끌리고 있었지만 선뜻 다가서지 못하고 있습니다. 왜 그럴까요? 아마도 서로 자신이 상대에게 부족하다고 생각했던 것 같습니다. 룻은 자신에 대해 어떻게 말합니까? 보아스가 은혜를 베풀자 "나는 당신의 시녀의 하나와 같지 못하오나 당신이 이 시녀를 위로하고 마음을 기쁘게 하는 말씀을 하셨나이다"라고 말하면서 자신이 보아스의 시녀보다 못하다고 밝힙니다. 룻은 자신이 가난한 과부이자 이방 출신이기 때문에 감히 보아스와 결혼할 수 없는 처지라고 생각했습니다. 보아스 또한 자신이 룻처럼 젊은 여자와 결혼하기에는 나이가 너무 많다고 생각했습니다. 이처럼 두 사람은 마음에서는 사랑이 싹트고 있었지만 서로 이야기를 못하고 있었던 것입니다. 서로를 배려해서 입을 다문 것이지요. 그런데 나오미가 시킨 대로 룻이 찾아와서 자신의 사정을 얘기하면서 서로의 마음을 확인하게 된 것입니다. 이것이 바로 하나님이 우리에게 원하시는 배우자 간의 사랑입니다. 마음을 다해 서로를 배려하는 사랑입니다.

한번 스스로에게 물어보십시오. 특히 결혼한 지 오래된 분들은 하나님 앞에서 질문해보십시오. 당신은 배우자를 얼마나 배려하고 있습니까? 하나님 앞에서 정직하게 대답해보십시오. 혹시 그냥 사는 것은 아닙니까? 정말 세심하게 배우자를 배려해본 적은 언제입니까? 가정협회에서 일하시는 어느 교수님이 이런 말을 했습니다. "우리가 바깥에서 다른 사람에게 보여주는 배려의 절반만이라도 배우자에게 베푼다면 우리나라의 가정은 크게 달라질 것이다."

그렇습니다. 우리가 다른 사람에게는 얼마나 잘 합니까? 여자들이 화장하는 것만 보아도 벌써 배려의 초점이 어디에 있는지 알 수 있습니다. 함께 외출이라도 하려면 남편이 아무리 독촉해도 화장이 마음에 들 때까지 절대 방에서 나오지 않습니다. 과연 누구를 위한 배려입니까? 한편 남자들은 어떻습니까? 밖에 나가서 다른 여자들에게는 얼마나 잘 합니까? 어떤 집사님은 여자가 차에 탈 때마다 일일이 문을 열어주기에 정말 신사인 줄 알았습니다. 그래서 부인에게 집에서도 그러느냐고 물었더니 저를 쏘아보면서 "그렇게 사람 보는 눈이 없으세요?"라고 반문하더군요. 웃지 못할 이야기입니다.

부부간에 서로를 향한 배려가 있기를 바랍니다. 상대의 감정을 살피십시오. 육체를 살피십시오. 나를 희생해서 조금만 배려해보십시오. 남편이 직장에서 얼마나 힘들지 조금만 생각해보십시오. 아내가 살림하느라 얼마나 힘들지 조금만 상상해보십시오. 그리고 따뜻하게 배려해보십시오. 우리 가정은 달라질 것입니다. 하나님의 법칙대로 살아보십시오. 바로 거기에 행복이 있습니다.

아무리 세태가 그럴지라도…

세 번째로 하나님이 원하시는 남녀 간의 사랑은 법도를 지키는 사랑입니다. 룻을 이미 마음속에 두고 있던 보아스에게 그날 밤은 분명히 기회의 밤이었습니다. 그날 그들은 무슨 일이든지 할 수 있었습니다. 이미 두 사람 모두 결혼했던 경험도 있었습니다. 그러나 성경에 따르면 룻과 보아스는 그렇게 행동하지 않습니다. 대신 보아스는 룻에게 그녀와 결혼하는 데 있어 우선권을 가진 친족이 있음을 알려줍니다. 룻은 그 사실을 몰랐던 것 같습니다. 아마 알았더라면 그렇게 찾아오지도 않았을 것입니다. 나오미는 알고서도 말을 안 해주었을 수도 있지만 룻은 몰랐습니다. 보아스는 그 마을에서 유력한 자였습니다. 권력자이자 재물도 있었습니다. 그러니까 룻과 결혼하겠다는 마음만 먹으면 법도쯤은 무시하고 얼마든지 결혼할 수 있었습니다.

그러나 보아스는 결혼을 요청하는 룻에게 이렇게 얘기합니다. "나보다 우선적인 권리를 가진 친족이 있으니 내가 내일 아침 성문에서(오늘날로 말하면 법원에서) 사람들을 불러 놓고 그에게 의중을 물어보겠다. 그가 당신을 데려가겠다고 하면 어쩔 수 없지만 그렇지 않으면 당신의 청혼을 받아들이겠다." 두 사람은 이미 사랑하고 있었습니다. 그러나 보아스는 서로의 감정보다는 하나님의 법도를 우선시했습니다. 이 얼마나 놀라운 일입니까? 이것이 하나님이 우리에게 주시는 남녀 간의 사랑법입니다.

요즘 TV 드라마나 영화를 한번 보십시오. 남녀 간의 사랑에 법도가 없어진 지 이미 오래입니다. 오히려 미디어는 하나님이 정하신 사랑의 법도를 교묘한 방법으로 무너뜨리고 있습니다. 결혼하기도 전에 동거하는 것은 흔한 일이고, 혼외정사를 너무나 당연한 일로 여깁니다. 결혼하지 않고 아이를 가지는 것도 흔한 얘기입니다. 이처럼 미디어는 미혼자이건 기혼자이건 할 것 없이 연애하고 성 관계 갖는 것을 교묘하게 장려하고 있습니다.

그러나 과연 거기에 행복이 있을까요? 하나님의 법도를 떠난 곳에는 행복이 있을 수 없습니다. 잠시 즐거움이 있는 것 같지만 결국에는 재앙과 저주만 남을 뿐입니다. 시대가 아무리 바뀌어도 하나님의 법은 영원합니다. 가장 복된 인생은 하나님의 법 안에서 사는 삶입니다. 이 땅에 사는 동안 하나님이 허락하신 남녀 간의 놀라운 축복을 받기 원합니까? 그렇다면 사랑의 법도를 지키시기를 주의 이름으로 부탁드립니다. 며칠 전 신문을 보니까 중학생이 아버지의 카드로 안마 시술소에서 몇백 만 원을 사용했다고 합니다. 친구 세 명을 데리고 가서 매춘 행위를 한 것입니다. 이런 사회에 어찌 행복이 있을 수 있겠습니까? 무슨 하나님의 축복이 있겠습니까?

오늘날 사랑의 법도를 지키기가 너무나 힘듭니다. 왜 그렇습니까? 이 사회가 본질에서 벗어나 다른 곳으로 흘러가고 있기 때문입니다. 그러나 이러한 세태를 거스를 줄 알아야 합니다. 자녀들을 그렇게 가르치기 바랍니다. 그것이 생명의 길이며, 행복에 이르는 유일한 길입니다. 인생을 살면서 우리를 담대하고 자유롭게 해주는 것이 무엇인지 압니까? 바로 순결입니다. 한번 깨끗하게 살아보십시오. 그 짐이 얼마나 가벼운지 모릅니다. 얼마나 용기가 생기는지 모릅니다.

사탄은 지금도 세상 문화를 앞세워 하나님이 주신 축복들을 공격하고 있습니다. 인격에 근거하기보다 외모와 소유물을 더 생각하고, 상대를 배려하기보다 이기적인 욕심을 앞세우게 만듭니다. 온갖 방법을 동원하여 하나님이 정해주신 남녀 간의 사랑의 법도를 무너뜨리려 하고 있습니다. 그 결과는 지금 우리가 보고 있는 그대로입니다. 사탄을 따라 사는 삶이 어찌 행복할 수 있겠습니까?

오늘날 하나님이 우리에게 허락하신 축복의 근원이 흔들리고 있습니다. 어떻게 살아야 할까요? 오늘 결심합시다. "하나님, 제게 허락하신 인생의 가장 큰 축복을 어떻게 감당해야 하는지 룻기를 통해 보여주셔서 감사합니다. 보아스와 룻처럼 서로를 사랑하겠습니다."

23장
어두움을 비추시는 하나님

룻기 4:11-17

혹독한 시련이 찾아오면 우리 마음 깊은 곳에 의문이 생깁니다.
'도대체 하나님은 어디 계시는가, 무엇을 하고 계시는가?'
룻기의 주인공들이 지난한 삶을 지나 입을 모아
기쁜 찬양을 하게 된 과정을 따라가면 그 의문이 풀립니다.

성문에 있는 모든 백성과 장로들이 이르되 우리가 증인이 되나니 여호와께서 네 집에 들어가는 여인으로 이스라엘의 집을 세운 라헬과 레아 두 사람과 같게 하시고 네가 에브랏에서 유력하고 베들레헴에서 유명하게 하시기를 원하며 여호와께서 이 젊은 여자로 말미암아 네게 상속자를 주사 네 집이 다말이 유다에게 낳아준 베레스의 집과 같게 하시기를 원하노라 하니라 이에 보아스가 룻을 맞이하여 아내로 삼고 그에게 들어갔더니 여호와께서 그에게 임신하게 하시므로 그가 아들을 낳은지라 여인들이 나오미에게 이르되 찬송할지로다 여호와께서 오늘 네게 기업 무를 자가 없게 하지 아니하셨도다 이 아이의 이름이 이스라엘 중에 유명하게 되기를 원하노라 이는 네 생명의 회복자이며 네 노년의 봉양자라 곧 너를 사랑하며 일곱 아들보다 귀한 네 며느리가 낳은 자로다 하니라 나오미가 아기를 받아 품에 품고 그의 양육자가 되니 그의 이웃 여인들이 그에게 이름을 지어 주되 나오미에게 아들이 태어났다 하여 그의 이름을 오벳이라 하였는데 그는 다윗의 아버지인 이새의 아버지였더라(룻 4:11-17).

이 땅을 살아가는 동안 고난이 없다면 얼마나 좋을까요? 그러나 그런 삶은 존재하지 않습니다. 사람마다 차이가 있을지는 몰라도 이 땅을 살아가다보면 반드시 고난이 찾아오기 마련입니다. 저는 지금까지 사랑하는 사람들의 신음소리를 수없이 들어야 했습니다. 질병과 사고, 실패와 좌절, 상처와 아픔 가운데서 우리는 하루하루를 살아갑니다. 참기 힘든 혹독한 시련이 찾아올 때면 우리 마음 깊은 곳에 의문이 생기기 시작합니다. '이렇게 어려울 때 도대체 하나님은 어디 계시는가?' 우리가 고난 가운데 있을 때 하나님은 도대체 무엇을 하고 계실까요? 우리가 어두운 골짜기를 지나갈 때 하나님은 도대체 어디에 계실까요? 본문은 그에 대한 답을 들려주고 있습니다.

앞서 말한 대로 룻기의 주인공은 나오미와 룻 그리고 보아스와 베들레헴 거민들입니다. 룻기에 등장하는 네 부류의 주인공들에게는 한 가지 공통점이 있습니다. 모두가 시련 가운데 살았다는 점입니다. 나오미는 남편과 두 아들을 잃었고, 룻은 남편을 잃고 과부된 시어머니를 봉양하며 어렵게 하루하루를 살아가야 했습니다. 그 삶이 얼마나 힘들었을지 한번 짐작해보십시오.

보아스는 본문에 명확하게 나오지는 않지만 많은 성경학자들이 짐작하는 것처럼 일찍 아내를 여의고 자녀 없이 혼자 살고 있었던 것 같습니다. 그는 나이가 꽤 되도록 홀로 지내다가 차츰 걱정거리가 생겼습니다. 자신의 재산을 물려받을 사람이 아무도 없다는 것입니다. 그는 혼자 걱정을 안고 하루하루를 살았습니다.

룻기의 마지막 주인공인 베들레헴 거민들의 삶은 어떠했을까요? 그들 역시 어렵기는 매한가지였습니다. 그들은 나오미처럼 다른 나라로 떠나지는 못했지만 사사 시대의 어두움 속에서 하루하루 연명하고 있었습니다. 정치는 흔들리고, 경제는 바닥을 치고, 시국은 불안했습니다. 이것이 바로 룻기에 나오는 주인공들이 당면한 삶의 모습입니다. 한마디로 고난 그 자체였습니다.

하나님은 룻기를 통해 그런 삶이 비단 그들의 모습일 뿐 아니라 오늘 우리의 모습이라고 말씀하십니다. 살다보면 항상 고난이 찾아옵니다. 우리는 하나님께 고난이 찾아오지 않게 해달라고 기도합니다. 그러나 지나온 날들을 한번 돌이켜봅시다. 국가적으로, 개인적으로, 가정적으로 고난이 없던 때가 있었습니까?

그러나 룻기는 기쁜 소식을 전해주면서 끝을 맺습니다. 고난을 겪던 주인공들의 삶이 놀랍게 바뀌었다는 것입니다. 마지막 4장에 웅장한 합창이 울려 퍼집니다. 하나는 남성 합창이고, 다른 하나는 여성 합창입니다. 본문이 바로 그 노래입니다.

하나님, 어디에 계셨습니까?

등장인물 모두가 고난 속에 있었는데 웬 노래란 말입니까? 고통이 너무 심해서 정신이 이상해진 것은 아닐까요? 그토록 힘든 고난을 겪던 사람들이 모두 모여 합창을 부르다니 이상하지 않습니까? 그들에게 무슨 일이 일어난 것일까요? 그들은 무엇 때문에 이토록 기쁜 노래를 부르게 되었을까요? 누가 깜깜한 암흑의 무대를 이리 환하게 비추었을까요? 누가 그들의 눈에서 눈물을 거두어갔을까요?

바로 우리 하나님입니다. 여호와 하나님. 우리를 너무나도 사랑하시는 하나님. 우리를 구원하시고 지금도 눈동자처럼 지키시는 하나님. 암탉이 병아리를 품듯이 우리를 품으시는 하나님. 그렇습니다. 그분은 우리를 웃게 하시는 하나님입니다. 그러므로 룻기의 진정한 주인공은 그 누구도 아닌 하나님입니다.

룻기의 주인공이 하나님이시라면 우리 인생의 주인공도 마찬가지로 하나님입니다. 하나님은 룻기 속에서 그 모습을 드러내고 계십니다. 룻기에 나타난 하나님은 어떤 분입니까? 그분은 언제 어디서나 우리를 지켜보시는 분입니다. 아픔과 고난 속에 있는 사람들은 언제나 "이렇게 힘든 때 하나님은 과연 어디 계시는가?" 하는 질문을 합니다.

히틀러의 광기로 600만 명의 유태인들이 하나님을 찾으며 비참하게 죽어갈 때 하나님은 어디에 계셨을까요? 일제하에서 수많은 신앙인들이 핍박받고 투옥될 때 하나님은 어디에 계셨을까요? 공산주의자들이 수많은 믿음의 사람들을 살해할 때 왜 하나님은 침묵하셨을까요? 사랑하는 배우자가 병에 걸려 죽어가는데 하나님은 왜 가만히 계시기만 하실까요? 백화점이 무너지고, 다리가 끊어지고, 홍수와 지진으로 사랑하는 자녀들이 귀한 생명을 잃을 때 하나님은 왜 기적을 베풀지 않으시는 것일까요?

혹시 마음속으로 이런 의문을 가져본 적은 없습니까? 겉으로는 차마 표현하지 못해도 과거의 아픈 사건들을 떠올릴 때면 항상 이런 의문이 당신을 괴롭히지는 않습니까? "왜 그때 하나님이 도와주지 않으셨을까?", "그렇게 기도했는데 왜 내 아들을 데려가셨을까?" 그렇다면 룻기를 묵상해보십시오. 그냥 읽지 말고 기도하면서 깊이 묵상해보십시오. 간절한 마음으로 읽어보십시오.

룻기에 나타나는 하나님은 우리의 아픔을 다 지켜보고 계시는 분입니다. 우리가 힘들 때 마음 아파하며 우리가 못 견디고 무너질까봐 마음 졸이면서 지켜보고 계시는 분, 그분이 바로 우리가 믿는 하나님입니다. 하나님은 우리를 향한 당신의 마음을 이렇게 표현하십니다. 호세아 11장 8절을 보십시오.

"에브라임이여 내가 어찌 너를 놓겠느냐 이스라엘이여 내가 어찌 너를 버리겠느냐 내가 어찌 너를 아드마같이 놓겠느냐 어찌 너를 스보임같이 두겠느냐 내 마음이 내 속에서 돌이키어 나의 긍휼이 온전히 불붙듯 하도다."

우리를 이토록 사랑하시는 분이 왜 우리가 고난을 겪을 때 우리 앞에 나타나지 않으시는 것일까요? 그 이유는 바로 우리를 위해서입니다. 처음에는 이해가 되지 않았지만, 훗날 결혼하고 아이를 기르면서 비로소 그 이유를 이해할 수 있었습니다. 아이가 자라서 처음으로 유치원에 가던 날 제가 아이를 데리고 갔습니다. 미국에서는 아이가 네 살이 되면 유치원 전 단계 과정에 보내게 됩니다. 날마다 아빠 엄마랑 지내던 아이가 이제 그 품을 떠나서 머리 노란 아이들 속에 있으려니 얼마나 낯설겠습니까? 유치원 입구에서부터 제 손을 꽉 잡고 안 놓으려고 합니다. 얼굴이 하얗게 질려서 안 들어가려고 합니다. 어떡합니까? 그냥 떼어놓고 와야지요. 아이는 울먹였습니다. 지금 같으면 울든 말든 떼어놓고 돌아왔을 텐데 그때는 첫아이라 그런지 안쓰러워서 발길이 떨어지지 않았습니다. 울먹이는 아이를 교실에 들여보내고나서 교실 앞에서 두 시간 가까이 지켜보았습니다. 아이가 울 때 아이 앞에 나타나주고 싶었지만 그럴 수는 없었습니다. 그렇게 하면 아이가 영영 적응하지 못할 테니까요. 그래서 힘들어 하는 것을 그냥 지켜보기만 했습니다.

우리가 이렇다면 하물며 당신의 독생자를 십자가에 내주시기까지 우리를 사랑하시는 하나님은 오죽하시겠습니까? 하나님은 이사야서 48장에서 당신을 이렇게 소개하고 있습니다.

"너희의 구속자시요 이스라엘의 거룩하신 이이신 여호와께서 이르시되 나는 네게 유익하도록 가르치고 너를 마땅히 행할 길로 인도하는 네 하나님 여호와라" 사 48:17.

하나님은 어떤 분입니까? 우리에게 유익이 된다면 설령 그것이 우리에게 잠시 아픔이 된다 하더라도 반드시 가르치시는 분입니다. 또 우리를 마땅히 행할 길로 인도하시는 분입니다. 목자들은 양이 계속해서 잘못된 길로 가면 다리를 부러뜨린다고 합니다. 그렇게 잘못 가다가 수풀에라도 들어가서 낙오되면 사나운 짐승들에게 잡아먹히게 되니까 아예 그렇게 한다고 합니다. "너를 마땅히 행할 길로 인도하는 네 하나님 여호와라." 하나님은 그런 분입니다.

이것이 룻기에 나타난 하나님의 모습입니다. 그분은 나오미와 룻, 보아스와 백성들이 겪는 고난을 다 지켜보고 계셨습니다. 뿐만 아니라 아무도 모르게 돕기도 하셨습니다. 룻의 인생만 해도 그렇습니다. 룻에게 베들레헴은 한 번도 와보지 않은 타향입니다. 문화적 차이뿐 아니라 언어를 비롯해서 생경한 모든 것들이 룻을 움츠리게 만들었습니다. 그러나 룻은 마냥 움츠리고 있을 수만은 없었습니다. 당장 먹을 양식부터 구해야 했습니다. 그래서 타향에 온 그 이튿날부터 피곤한 몸을 이끌고 밖으로 나갔습니다. 마땅히 갈 곳이 있어서 나간 것이 아닙니다. 어느 밭에 가서 이삭이라도 주울 수 있을까 하고 무작정 나간 것입니다. 자신이 얼마나 초라하고 두렵고 답답했겠습니까?

그런데 룻이 아무 밭이나 찾아간 곳은 다름 아닌 보아스의 밭이었습니다. 그곳에서 룻은 정말 생각지도 못한 은총을 입습니다. 물과 음식을 대접받고, 추수가 끝날 때까지 이삭을 주어도 된다는 허락을 받고, 돌아갈 때는 볶은 보리까지 쥐어주는 호의를 받은 것이 과연 우연이었을까요? 아닙니다. 룻의 발걸음을 보아스의 밭으로 인도하신 분은 바로 하나님이었습니다. 하나님은 룻이 모압에서 떠날 때부터 그녀를 지켜보고 계셨습니다. 아니 훨씬 이전에 남편을 잃고 눈물로 밤을 지새울 때부터 룻을 보고 계셨습니다. 다만 룻을 위해 나타나지 않으셨을 뿐입니다. 아마 가슴 아파하면서 그런 룻을 뒤에서 지켜보고 계셨을 것입니다. 그러다가 룻이 너무 힘들어할 때 그녀의 발걸음을 보아스의 밭으로 인도하셨습니다. 룻은 우연이라고 생각했겠지만 말입니다.

그 하나님이 지금도 우리를 지켜보고 계십니다. 우리를 구원하신 하나님, 룻과 나오미와 보아스를 지켜보시던 그 하나님이 지금도 살아계셔서 동일하게 저와 당신을 지켜보고 계십니다. 하나님은 언제나 어디서나 우리를 지켜보고 계시는 분입니다.

걸작을 만들어내는 고난의 붓

마지막으로 룻기가 보여주는 하나님은 어떤 모습입니까? 하나님은 고난이라는 붓으로 걸작을 만들어내시는 분입니다. 이제 본문에 나오는 두 합창의 가사를 살펴보겠습니다. 먼저 남성 합창입니다.

"성문에 있는 모든 백성과 장로들이 이르되 우리가 증인이 되나니 여호와께서 네 집에 들어가는 여인으로 이스라엘의 집을 세운 라헬과 레아 두 사람과 같게 하시고 네가 에브랏에서 유력하고 베들레헴에서 유명하게 하시기를 원하며 여호와께서 이 젊은 여자로 말미암아 네게 상속자를 주사 네 집이 다말이 유다에게 낳아준 베레스의 집과 같게 하시기를 원하노라 하니라" 룻 4:11.

이 노래에 나오는 세 사람의 이름을 주목해서 보기 바랍니다.

첫 번째 이름은 다름 아닌 라헬입니다. 라헬은 아이를 갖지 못해서 오랫동안 애를 태웠던 여자입니다. 남편 야곱으로부터 많은 사랑을 받았지만 아이가 생기지 않았습니다. 그러나 훗날 하나님이 그녀에게 아이를 허락하셨습니다. 아들 둘을 낳았는데 그들이 바로 요셉과 베냐민입니다.

두 번째 이름은 레아입니다. 레아는 반대로 아이는 많이 낳았지만 항상 남편의 사랑에 굶주려 있었습니다. 남편은 늘 동생 라헬만 사랑하고 자기는 사랑해주지 않았습니다. 그러나 그가 낳은 아들들은 이스라엘 열두 지파의 반을 차지하는 여섯 지파의 조상이 되었고, 특별히 그 가운데 한 지파를 통해 메시아가 이 땅에 탄생했습니다.

그러면 베레스는 누구입니까? 유다와 다말 사이에서 태어난 아들입니다. 유다는 시아버지이고 다말은 그의 며느리였습니다. 앞서 설명했듯이 유다와 다말 사이에 벌어진 일은 음욕에 의한 일이 아니었습니다. 사정이야 어찌되었든 이렇게 태어난 베레스가 얼마나 많은 심적 부담을 느끼며 자랐을지 한번 상상해보십시오. 동네 사람들의 눈길이 얼마나 따가웠을까요? 다말의 동기가 아무리 정당한 것이었다 하더라도 시아버지와 며느리 사이에서 태어난 아들 베레스는 평생 무거운 짐을 지고 살았을 것입니다. 하지만 성경은 그런 그가 마침내 예수 그리스도의 조상이 되었다고 말합니다.

이 세 사람의 공통점은 무엇일까요? 그들은 모두 극심한 고난을 당했던 사람들입니다. 그러나 인생의 후반부에 가서 이전의 고난과 비교할 수 없는 영광을 얻었습니다. 베들레헴 거민들이 왜 이 세 사람을 언급하면서 룻과 나오미와 보아스를 축복하고 있습니까? 그것은 나오미와 룻 그리고 보아스가 당한 고난이 만만치 않았기 때문입니다. 베들레헴 거민들이 보기에는 그들이 당했던 고난이 라헬과 레아와 베레스가 당했던 고난에 필적했던 것입니다. 그러나 이 세 사람 역시 그들의 조상 세 사람과 같이 하나님의 은혜로 그 인생이 회복되었습니다. 그래서 베들레헴 거민들은 조상들의 이름을 구체적으로 언급하면서 찬양했던 것입니다.

이제 여성 합창을 살펴보겠습니다.

"여인들이 나오미에게 이르되 찬송할지로다 여호와께서 오늘 네게 기업 무를 자가 없게 하지 아니하셨도다 이 아이의 이름이 이스라엘 중에 유명하게 되기를 원하노라"룻 4:14.

그토록 암울했던 그들의 인생이 어떻게 찬양의 대상이 되었습니까? 그렇게 만드신 분이 누구입니까? 본문은 바로 우리가 믿는 하나님이 그렇게 만드셨다고 말하고 있습니다. 하나님은 고난을 사용하여 우리 인생을 걸작으로 만드시는 분입니다. 이것이 룻기가 말하고 있는 하나님입니다. 그러므로 고난이 찾아올 때 두려워하지 맙시다.

조각가가 길을 가다가 나무토막을 하나 주웠습니다. 그는 그 나무토막을 끌로 파고 망치로 때리고 불에 그슬렸습니다. 나무 입장에서는 아무 이유 없이 당하는 고통이 견디기 힘들었을 것입니다. 그러나 조각가에게는 그렇게 해야 하는 이유가 분명히 있었습니다. 길가에 버려진 나무토막과 근사한 예술 작품의 차이는 단 한 가지입니다. 고통을 거쳤느냐 그렇지 않느냐 하는 것입니다.

떠돌이 땜장이의 아들로 태어나 빈민촌에서 자라난 아이가 있었습니다. 너무나도 가난해서 굶기를 밥 먹듯이 하며 자랐습니다. 그러나 훗날 그 아이는 하나님을 알고나서 열심히 책을 읽으며 꿈을 키웁니다. 고난 속에서 낙심하지 않고 하나님을 바라봅니다. 마침내 그는 훗날 존 밀턴과 함께 영국에서 가장 위대한 작가라는 칭호를 받게 됩니다. 그가 바로 우리가 잘 아는 「천로역정」의 작가 존 번연입니다. 그는 한창 때인 33살에 억울하게 감옥에 갇혀 12년을 살았습니다. 당시는 지금처럼 수명이 그렇게 긴 때가 아닙니다. 그는 인생에서 가장 중요한 시기인 33살에서 45살까지를 감옥에서 보냈습니다. 그러나 감옥에서 불후의 명작 「천로역정」을 썼습니다. 그는 훗날 자서전에서 이렇게 얘기합니다. "나는 그렇게 목마르게 찾아다니던 보물을 고통의 감옥 안에서 비로소 찾을 수 있었다."

룻기는 이렇게 끝이 납니다.

"베레스의 계보는 이러하니라 베레스는 헤스론을 낳았고 헤스론은 람을 낳았고 람은 암미나답을 낳았고 암미나답은 나손을 낳았고 나손은 살몬을 낳았고 살몬은 보아스를 낳았고 보아스는 오벳을 낳았고 오벳은 이새를 낳고 이새는 다윗을 낳았더라" 룻 4:18-22.

여기서 다윗의 조상을 밝히면서 왜 베레스로 시작할까요? 신약 성경은 이렇게 시작됩니다. "아브라함과 다윗의 자손 예수 그리스도의 계보라" 마 1:1. 룻과 나오미와 보아스를 통해 다윗이 등장했고, 이 다윗을 통해 예수 그리스도가 이 땅에 태어나셨습니다.

혹시 고난 중에 있습니까? 아무도 모르게 눈물 흘리고 있습니까? 경제적으로 너무나도 힘듭니까? 그렇다면 지금 눈을 들어 당신을 지켜보고 계시는 하나님을 바라보기 바랍니다. 그래서 지금도 고난이라는 붓을 사용하여 작품을 만들고 계시는 하나님을 발견하기 바랍니다. 인생에 고난이 찾아올 때마다 하나님은 우리를 다듬으십니다. 그 하나님과 더불어 남은 인생을 승리하는 그리스도인, 룻기가 찬양으로 끝난 것처럼 우리 함께 하나님께 찬양의 합창을 올려드리는 그리스도인이 될 수 있기를 바랍니다.

인생의 반전을 꿈꾸라

1쇄 발행 2009년 10월 30일
2쇄 발행 2023년 7월 25일

지은이 박정근
펴낸이 고종율

펴낸곳 주)도서출판 디모데〈파이디온선교회 출판 사역 기관〉
등록 2005년 6월 16일 제 319-2005-24호
주소 서울특별시 서초구 서초대로 141-25(방배동, 세일빌딩)
전화 마케팅실 070) 4018-4141
팩스 마케팅실 02) 6919-2381
홈페이지 www.timothybook.com

ISBN 978-89-388-1448-7
ⓒ 2009 도서출판 디모데 All rights reserved. 〈Printed in Korea〉